Entscheidungen

des

Ober-Seeamts und der Seeämter

des

Deutschen Reichs.

Herausgegeben

im

Reichsamt des Innern.

Neunter Band.

Heft 2.

Hamburg.

Druck und Verlag von L. Friederichsen & Co.

1890.

Inhalt.

(Fortsetzung folgt auf der dritten Seite des Umschlags.)

29. Spruch des Seeamts zu Flensburg vom 12. October 1889, betreffend den Seeunfall des Schraubendampfers „Helene“ von Flensburg.

Der Spruch des Seeamts lautet:

Die Strandung ist durch eine von Osten nach Westen setzende Strömung herbeigeführt worden.

Der Schiffer hat den Unfall verschuldet, weil er es unterlassen hat, bei der Cursänderung nach SSW das Feuer von Sprogö sorgfältig zu peilen und weil er es versäumt hat, durch Lothungen seinen Schiffsort zu controliren.

Gründe. Der von dem Schiffer Lorenz Petersen geführte Flensburger Schraubendampfer „Helene“, Unterscheidungssignal LMDJ, ist am 2. November 1888 Morgens 2½ Uhr auf der Reise von Burntisland nach Flensburg im Großen Belt ungefähr ¾ Seemeilen östlich von Hoo, der Nordspitze Langelands, an Grund gekommen. Bei Tagesanbruch wurde das Schiff mit rückwärts gehender Maschine wieder flott; es setzte dann seine Reise fort und erreichte ohne weitere Unfälle den Bestimmungsort.

Bei dem Auflaufen war das Schiff nicht unerheblich beschädigt worden; mittschiffs unterm Boden im 2. Gang vom Kiel war ein Leck entstanden, in Folge dessen die Ballasttanks voll Wasser gelaufen waren; an Steuerbordseite waren mehrere Platten verbogen und von der Schraube war ein Flügel abgeschlagen. Das Schiff ist demnächst im Dock zu Lübeck mit einem Kostenaufwande von 16000 M. ausgebessert worden.

Nach den Aussagen des Schiffers vor dem Seeamt ist es mit dem Auflaufen folgendermaßen zugegangen.

Am 2. November Morgens 1 Uhr 20 Minuten, als der Schiffer selbst die Wache hatte, war man dwars von Knudshoved-Feuer im Großen Belt angekommen. Man schätzte den Abstand vom Feuer auf ungefähr 1½ Seemeilen. Der Wind wehte hart aus OSO und man merkte, daß einige Strömung war, welche nach Westen setzte. Mit voller Kraft — 7¾ Seemeilen in der Stunde —

und ohne zu lothen, wurde weitergefahren, zunächst mit dem Curse SO 2½ Seemeilen, dann SzO¾O 4 Seemeilen und darauf, nachdem man Sprogö-Feuer in N½O gepeilt hatte, mit dem Curse Süd 4 Seemeilen. Von da an, Morgens 2 Uhr 20 Minuten, als man Sprogö-Feuer in N¼O peilte, wurde SSW gesteuert. Mit diesem Curse stieß man nach 10 bis 12 Minuten auf den Grund.

Das Schiff lag hinten 15,3 und vorn 14,7 Fuß englisch tief. Während das Schiff festsaß, merkte man, daß eine sehr starke Strömung nach Westen setzte. Die Luft war so dunkel, daß man die Küste nicht sehen konnte, als man festkam. Lothungen ergaben, daß hinten und mittschiffs 15½ Fuß, vorn dagegen nur 14½ Fuß Wasser waren.

In das von dem Schiffer vorgelegte Journal sind von dem mittlerweile verstorbenen Steuermann Jepsen andere Curse eingetragen worden als die vor dem Seeamt angegebenen, nämlich folgende:

> 1 Uhr 20 Minuten quer vor Knudshoved-Feuer, steuerten dann mehr SSO¾O nach Logg 6 Seemeilen, peilten dann Sprogö-Feuer in mißweisend Nord und steuerten 10 Seemeilen Süd, änderten dann den Curs um 2 Uhr 20 Minuten auf SSW direct durch den Langeland-Belt. Nachdem wir diesen Curs 10 bis 12 Minuten gesegelt hatten, merkten wir, daß das Schiff den Grund streifte.

Am 7. November 1888 haben der Schiffer und drei andere zur damaligen Besatzung gehörende Leute, der Maschinist Wohlbrandt, der Steuermann Schröder und der Matrose Asmussen wegen der Strandung bei Hoo im hiesigen Königlichen Amtsgericht Verklarung abgelegt. In dieser Verklarung haben die Genannten die gefahrenen Curse ebenso angegeben, wie sie ins Journal eingetragen sind, und zwar unter eidlicher Bekräftigung der Richtigkeit ihrer Angaben.

Hierauf hingewiesen, hat der Schiffer erklärt, die Eintragungen ins Journal und die Angaben in der Verklarung müßten auf einem Mißverständnisse beruhen, die Curse seien thatsächlich so gesteuert, wie er vor dem Seeamt angegeben.

Wären die Curse wirklich gefahren, welche der Schiffer nach seinen Angaben vor dem Seeamt gesteuert haben will, so wäre die Strandung vermieden worden; denn die ausgesetzten Curse führen ungefähr 2½ Seemeilen östlich von der Strandungsstelle mitten durch den Langeland-Belt.

Daß das Schiff anstatt dessen an die Strandungsstelle kam, erklärt sich durch die nach Westen setzende Strömung, welche das Schiff dorthin vertrieben hat. Bei einiger Vorsicht und Sorgfalt hätte der Schiffer die Strandung vermeiden können. Da er schon bei Knudshoved gewahr geworden war, daß die Strömung nach Westen setzte, hätte er diesen Factor bei dem Fortschreiten des Schiffes in Rechnung ziehen müssen und seinen Schiffsort durch Peilungen und Lothungen sorgfältig controliren sollen.

Es ist unmöglich, daß er um 2 Uhr 20 Minuten, als er den Curs auf SSW setzte, Sprogö-Feuer in N $^1/_4$ O gepeilt hat, denn die Linie, auf welcher das Feuer in dieser Richtung gepeilt wird, liegt etwa 1 $^1/_2$ Seemeilen östlich von der Strandungsstelle und der Ort, wo das Schiff nach der ausgesegelten Entfernung um diese Zeit gestanden haben kann, liegt schon südlich von der Strandungsstelle, mithin so, daß man die Strandungsstelle schon würde hinter sich gehabt haben. Mag man nun auch zugeben, daß die genaue Peilung eines Feuers dann ziemlich schwierig ist, wenn, wie im vorliegenden Falle, die Peilung nach hinten geschehen mußte, weil der zwischen dem Compaß und dem Peilungsorte stehende Schornstein daran hindert, die Richtungslinie genau zu bestimmen, so bleibt doch allemal übrig, daß die angeblich genommene Peilung so weit von der Wirklichkeit sich entfernte, daß sie das höchste Maß der Ungenauigkeit erreicht haben muß. Hätte der Schiffer einigermaßen sorgfältig die Peilung genommen, so würde es ihm um 2 Uhr 20 Minuten nicht haben entgehen können, daß er viel weiter westlich gekommen war, als er kommen durfte. Er würde dann noch Zeit genug gehabt haben, dadurch, daß er sein Ruder hart steuerbord legte, von der Küste ab und wieder in die Mitte des Fahrwassers hinein zu kommen.

Hätte er außerdem vor dem Aufstoßen nur einige Male das Loth geworfen, so würde er gemerkt haben, daß er nicht in dem tiefen Wasser fuhr, wo er fahren sollte. Die Wassertiefen in dem Gewässer, welches er in den letzten Minuten vor der Strandung befuhr, betragen nach den Seekarten nur 7 m, während er mindestens 12 bis 14 m haben sollte.

Hiernach kann es nicht wohl zweifelhaft sein, daß der Schiffer den Unfall verschuldet hat, weil er darauf losfuhr, ohne durch die ihm zu Gebote stehenden Hülfsmittel, genaue Peilungen und Lothungen, seinen Schiffsort zu controliren.

Die Curse, welche im Journal und in der Verklarung angegeben sind, würden, wenn sie gefahren wären, das Schiff an eine Stelle gebracht haben, wohin es erst recht nicht kommen sollte, nämlich an die Nordseite der Insel Laaland. Diese Curse auf der Karte abgesetzt, führen an eine Stelle, welche ungefähr 8 Seemeilen SzO von der Strandungsstelle liegt, dicht unter der Nordküste der Insel Laaland.

Wie solche Curse, welche gar nicht gefahren sein konnten, Aufnahme ins Journal finden konnten, ist unerklärlich. Es bleibt kaum etwas anderes übrig, als anzunehmen, daß hier ein Mißverständniß zwischen dem Schiffer und dem eintragenden Steuermann vorliegt. Da der Schiffer die Wache hatte, wird der Steuermann lediglich nach den Angaben des Schiffers die Eintragung beschafft haben und es ist möglich, daß er hierbei den Schiffer nicht richtig verstanden hat. Auffallend bleibt aber immer, daß diese unrichtigen Curse auch ihren Weg in die Verklarung genommen haben. Dem Schiffer ist der Vorwurf nicht zu ersparen, daß er höchst leichtfertig und gewissenlos zu Werke ging, indem er Thatsachen in die Verklarung aufnehmen ließ und mit seinen Leuten als richtig bekräftigte, welche bei einiger Prüfung ihm selbst als unrichtig in die Augen fallen mußten.

Dem Seeamt ist es leider bekannt, daß bei Aufnahme von Verklarungen von den Betheiligten häufig recht leichtfertig und wenig gewissenhaft verfahren wird. Namentlich kommt es vor, daß Schiffsleute Thatsachen als richtig beschwören, von deren Bestehen sie aus eigener Wahrnehmung nicht die geringste Kunde haben.

30. Spruch des Seeamts zu Hamburg vom 18. Januar 1889 und Entscheidung des Kaiserlichen Ober-Seeamts vom 14. October 1889, betreffend den Seeunfall der Bark „Apollo" von Hamburg.

Der Spruch des Seeamts lautet:

Die Strandung der Bark „Apollo" am 17. November 1888 an der holländischen Küste auf den Haaks ist der nachlässigen Navigirung zuzuschreiben.

Dem Schiffer Johannes Eduard Bohn wird die Befugniß zur Ausübung des Schiffergewerbes entzogen.

Thatbestand und Gründe. Am 17. November 1888 strandete die Bark „Apollo" auf den bei der Insel Texel liegenden s. g. Nordergründen der holländischen Küste, den Haaks. Die aus 14 Mann bestehende Besatzung verließ das Schiff bei dem Eintritt stürmischen Wetters in dem herbeigekommenen Rettungsboot von Helder.

Einige Tage nach der Strandung gelang es, das Schiff voll Wasser wieder vom Strande ab und in Nieuwediep einzubringen.

Die über diesen Unfall stattgehabte Untersuchung hat folgenden Thatbestand ergeben.

Die Bark „Apollo", Heimathshafen Hamburg, Unterscheidungssignal RGHC, ist im Jahre 1877 zu Rangoon aus Teakholz erbaut und zu 1974,6 cbm oder 697,03 britischen Register-Tons Netto-Raumgehalt vermessen. Das Schiff führte vordem unter britischer Flagge denselben Namen, steht im Eigenthum einer Partenrhederei zu Blankenese und hatte bei dem Bureau Veritas die Classe 3/3 L. 1. 1. bis zum Mai 1892.

Unter Führung des Schiffers Johannes Eduard Bohn, welcher im Besitz eines von der Königlich preußischen Regierung zu Schleswig unter dem 16. März 1875 ausgestellten Befähigungszeugnisses zum Schiffer auf großer Fahrt war, verließ das Schiff am 4. November 1888 mit 130 Tons Ballast und einer Ladung Holz den Hafen von Gefle. Bei Fortsetzung der Reise traf die Bark in der Ostsee schönes Wetter bei frischem Westwinde und passirte den Sund ohne bemerkenswerthe Ereignisse. Am 9. November wurde Helsingör passirt, am 10. November Skagen und am folgenden Tage 4 Uhr Morgens Hanstholm. Das Chronometer wurde hier regulirt; die Länge stimmte mit dem Stand des Chronometers überein.

Man traf jetzt Sturmwetter aus SO an und konnte nur die Untermarssegel führen. In der hohen See arbeitete das Schiff schwer und nahm viel Wasser über; die Luft war dabei mistig und neblig, in Folge dessen man selten astronomische Beobachtungen hatte. Am 14. November hatte man eine zuverlässige Observation.

Hierbei erwies sich die mittelst Chronometers aufgenommene Länge um etwa 40 Minuten östlicher, als die Besteckslänge; das Besteck wurde noch durch eine Lothung controlirt. Der Wind war WSW, so daß man Süd anliegen konnte. Am Vormittag des 15. November kam man unter der holländischen Küste an und will Schiffer Bohn das Land gesehen haben, ohne dasselbe jedoch näher ausmachen zu können. Um 11 Uhr 30 Minuten Vormittags wurde gewendet; man lag dann wieder der englischen Küste zu, etwa WzN anliegend. Da es stürmische Witterung war, führte man nur kleine Segel, das Schiff machte angeblich etwa 2 bis 3 Knoten Fahrt. Am folgenden Morgen, den 16. November, als man sich der Besteckrechnung nach bald bei dem Leman- und Owers-Feuerschiff befinden mußte, worin man noch durch das Insichtkommen englischer Fischerfahrzeuge bestärkt wurde, von denen man annahm, daß sie bei den Yarmouth-Bänken fischten, halste man südwärts und lag vor beiden Untermarssegeln, Fock, Besahn-Stagsegel, SzO steuernd, wieder nach der holländischen Küste hinüber. Das Wetter war auch jetzt noch stürmisch aus SW mit dicker mistiger Luft. Gegen Mittag klärte es auf; man befand sich zufolge Observation, die jedoch keine zuverlässige war, auf 53° 25′ Nordbreite und von der letzten chronometrischen Länge rechnend, auf 2° 43′ Ostlänge. Die Chronometer-Höhe konnte man nicht bekommen, weil die Sonne gerade nach Mittag wieder bedeckt war. Der Wind war damals WSW, so daß man Süd anliegen konnte; später raumte der Wind und man konnte SSW bis SW anliegen. Gegen Abend wurde auch der bis dahin stürmisch wehende Wind etwas ruhiger. Man setzte mehr Segel bei und führte jetzt gereffte Marssegel, Fock, Großsegel, Klüver, Besahn und die Unterstagsegel. Zwischen 8 und 9 Uhr Abends loggte man 2¾ Knoten Fahrt und berechnete etwa ½ Strich Abtrift. • Um 9 Uhr ging Schiffer Bohn zur Koje; um 12 Uhr übergab der erste Steuermann Hansen dem zweiten Steuermann Schade die Wache mit dem Bemerken, er solle gut aufpassen und falls etwas besonderes sich ereignete, den Schiffer sofort benachrichtigen. Steuermann Hansen will vor Uebergabe der Wache den Schiffer Bohn zweimal gerufen haben und soll derselbe ihm auch geantwortet haben „es sei gut“. Bohn selbst erklärt indeß, daß ihm das Ansagen der Wache nicht zum Bewußtsein gekommen sei und er in Folge dessen weiter geschlafen habe. Zwischen halb ein und ein Uhr Nachts meldete der auf Ausguck befindliche Leichtmatrose Günther ein weißes Feuer voraus und nach Verlauf von 5 Minuten noch ein zweites weißes Feuer. Das erste Feuer war ungefähr 4 Striche an Backbord, das zweite erschien schwächer und etwas vorderlicher als das erste, beide waren jedoch nahe zusammen. Das schwächere Feuer verschwand nach 5 bis 7 Minuten. Steuermann Schade hielt jene Lichter für diejenigen von Fischerfahrzeugen und da Küstenfeuer oder Feuerschiffe nach dem Besteck nicht in Sicht kommen sollten, so ließ er bei dem Winde SSW½W weiter steuern. Am Horizont war die Luft einigermaßen bewölkt, auch wehte es noch immer frisch, die Nacht war indeß mondhell. Steuermann Schade beobachtete jenes helle Licht noch mehrfach durch das Nachtglas und blieb bei der Ansicht, daß es ein mitsegelndes Fischerfahrzeug sei. Zu dieser Zeit bemerkte man von der „Apollo“ aus unter Lee eine

Bark vor den beiden Untermarssegeln, jedoch ohne Laternen; es hatte den Anschein als ob jenes Schiff über den andern Bug lag. Um 3 Uhr 30 Minuten peilte jenes helle Licht mehr quer, etwa 6 Strich an Backbord. Ganz kurze Zeit nachher, etwa um 3 Uhr 45 Minuten, stieß nun der „Apollo" plötzlich, ohne daß vorher Brandung zu sehen gewesen wäre, auf Grund. Sofort kam Schiffer Bohn an Deck geeilt, beorderte die ganze Mannschaft auf Deck und da luvwärts jetzt Brandung zu sehen war, nach Lee aber tieferes Wasser zu sein schien, versuchte man zu halsen. Das Schiff fiel auch nach OzS ab und wurde während einiger Minuten wieder flott, stieß dann aber wiederum stärker und heftiger auf und blieb festsitzen. Verschiedene Versuche wurden noch mit den Segeln gemacht, um das Schiff zum Abfallen zu bringen, da an der Leeseite keine Brandung zu sehen war, allein das Schiff wollte dem Steuer nicht mehr gehorchen. Die Stöße des Schiffes nahmen bald so zu, daß man sich kaum aufrecht zu halten vermochte. Um Hülfe herbeizurufen, wurden Blaufeuer gezeigt, auch wurde der Anker klar gemacht, um denselben auswerfen zu können, falls das Schiff noch in tieferes Wasser käme. Das Schiff blieb indeß sitzen und stieß so furchtbar, daß die Compaßrose abgehoben wurde und das Compaßlicht erlosch. Die See brach jetzt an beiden Seiten über das Schiff hin.

Bei Tagwerden entdeckte man, daß man auf den Haaks saß und erblickte auch das des Nachts schon gesichtete Schiff, welches ebenfalls auf den Haaks gestrandet war und wie sich später ergab, die englische Bark „Gayton" war. Noch weiter dem Lande zu erblickte man auch einen gestrandeten Dampfer, welcher indeß schon ganz unter Wasser war. Das Feuer, welches man für dasjenige eines Fischerfahrzeuges angesehen hatte, erwies sich jetzt als das Landfeuer von Kykduin. Der „Apollo" hatte inzwischen angefangen, Wasser zu machen. Auf das halbtop geheißte Flaggensignal kam 8 Uhr 30 Minuten Morgens ein Dampfschiff mit dem Rettungsboot hinaus; letzteres konnte jedoch der Brandung wegen nicht an das Schiff herankommen. Erst nach längeren Versuchen gelang es demselben, den „Apollo" zu erreichen; doch da das Schiff zur Zeit ziemlich ruhig saß, wollte der Schiffer Bohn dasselbe noch nicht verlassen. Bis auf die Leichtmatrosen Michelsen und Günther erklärte auch die Mannschaft noch bleiben zu wollen. Das Rettungsboot fuhr nach Nieuwediep zurück, kehrte aber um zwölf Uhr Mittags abermals mit dem Dampfschiff zurück, auf welchem sich auch der Hafenmeister von Nieuwediep befand, um der Mannschaft das Verlassen des Schiffes anzurathen. Man hielt an Bord des „Apollo" Schiffsrath und da der Wind an Heftigkeit zunahm und für die Nacht das Aufbrechen des Schiffes zu befürchten war, so entschloß sich die Mannschaft endlich dazu, von Bord zu gehen.

Bei dem Verlassen des Schiffes wollte der erste Steuermann die beiden Schiffsjournale, Kladde und Reinschrift, an einer Leine in das Rettungsboot fieren. Die Bücher schossen indeß aus der Schlinge, fielen ins Wasser und trieben fort. Am nächsten Tage wurden verschiedene vergebliche Versuche gemacht, das Schiff, welches bereits 13 Fuß Wasser im Raum hatte, abzuschleppen. Erst am 19. November gelang es, das Schiff flott zu bekommen und in Nieuwediep einzubringen. Das Schiff ist schwer beschädigt; eine Anzahl Innhölzer und Bauchstücke sind zerbrochen und die Befestigungen haben sich begeben; das Schiff ist in Folge dessen schwer leck. Der Werth des früher auf 72000 M. taxirten Schiffes ist nach dem Urtheil Sachverständiger nur 7000 fl. = 12000 M. Voraussichtlich wird dasselbe daher als reparaturunwürdig condemnirt.

Da die Journale verloren gegangen sind, ist das Seeamt bezüglich der Einzelheiten der Reise lediglich auf die Aussagen der Mannschaft angewiesen und sind diese bezüglich der gesteuerten Curse und der gelaufenen Entfernungen sehr dürftig.

Einigen Anhalt gewährt die von Schiffer Bohn dem Seeamt vorgelegte, zur Navigirung benutzte Seekarte, eine englische Karte der Nordsee aus dem Jahre 1882. In dieser finden sich nach den Angaben des Schiffers und des ersten Steuermannes die Schiffsorte eingetragen. Nach jenen Absetzungen befand sich der „Apollo":

am 11. November	auf	56° 45′	Nordbreite	und	7° 5′	Ostlänge,
„ 12.	„	„	55° 15′	„	„	5° 36′	„
„ 13.	„	„	54° 13′	„	„	3° 58′	„
„ 14.	„	„	53° 41′	„	„	2° 41′	„

An diesem letzteren Tage soll die Observation eine zuverlässige gewesen und dieselbe auch noch durch einen einmaligen Lothwurf controlirt worden sein, welche Tiefe gefunden worden, war freilich nicht mehr festzustellen.

Nimmt man nun diesen Schiffsort als feststehend an und prüft von hieraus die weitere Navigirung, so zeigt es sich zunächst, daß man an Bord des „Apollo" in Folge des Umspringens des Windes genöthigt war zu kreuzen. In dieser Weise setzte man die Reise während der folgenden Tage fort; am 14. lag man nach der holländischen Küste zu, wendete angeblich in Sicht derselben, lag am 15. nach der englischen Küste hin und am 16. wieder nach der holländischen Küste zurück. Man kreuzte also dreimal die volle Breite der Nordsee, hatte hierbei stürmische Winde, welche nur geringe Segelführung gestatteten und in Folge dessen zweifellos eine erhebliche Abtrift. Die Stromverhältnisse der Nordsee waren dem Schiffer Bohn seiner eigenen Erklärung nach unbekannt. Berechnungen der Gezeiten-Verhältnisse wurden nicht gemacht, man wußte deshalb auch zur Zeit, als man sich in der Nähe der bezüglichen Sände und Küsten befand, weder ob der Fluth- oder der Ebbestrom auf das Schiff einwirkte. Genaue Observationen der Breite und Länge (am 16. November hatte man nur eine Breitenbestimmung) hatte man nach derjenigen am 14. November ebenfalls nicht weiter erhalten. Man hatte also zweifellos in Bezug auf die Länge ein ganz unsicheres Besteck.

Sieht man nun zu, was an Bord des „Apollo" zur Bestätigung des Bestecks geschah, so findet man, daß zwar geloggt worden ist; wenigstens ist dies den Angaben der Steuerleute zu entnehmen.

Genaueres über das Loggen wußte Schiffer Bohn nicht anzugeben, da, wie er sich ausdrückte, dies Sache der Steuerleute sei, eine Controle des richtigen Loggens wurde demnach von ihm nicht geübt. Nach dem Logg wurde nun die Besteckrechnung weitergeführt. Dies war aber auch alles was zur Feststellung des Schiffsortes geschah.

Des wichtigsten Hülfsmittels zur Controle des Bestecks, des Loths, bediente man sich indeß während all dieser Zeit nicht, und zwar, wie Schiffer Bohn selbst angiebt, einfach aus dem Grunde nicht, weil die Tiefen auf jenen Cursen überall gleiche wären.

Ist nun schon an sich diese Entschuldigung hinfällig, weil, wie nur ein Blick in die Karte zeigt, gerade die Gewässer, welche der „Apollo" durchkreuzte, durch ihre verschiedenen und abgegrenzten Tiefenverhältnisse und Grundbeschaffenheiten einen bestimmten Anhalt für die Controle des Bestecks durch das Loth ergeben, so widerspricht die Handlungsweise besonders noch dem für die Navigirung in der Nordsee gebotenen Verfahren. Für die Nordsee ist gerade das Lothen eines der vorzüglichsten Orientierungsmittel, daß es als Grundregel für die Navigirung in jenen Gewässern aufgestellt werden muß. Es ist dies auch eine so bekannte Thatsache und wird durch alle Segelanweisungen, vergleiche insbesondere auch das Segelhandbuch der Nordsee, herausgegeben von dem Hydrographischen Amt der deutschen Admiralität, Theil I Heft 3 S. 6 u. ff., so dringend empfohlen, daß die Anwendung dieses Hülfsmittels von jedem Schiffer gefordert werden muß.

Die Verantwortlichkeit für die Unterlassung der Anwendung dieses unentbehrlichen Hülfsmittels trifft aber im vorliegenden Fall in vollem Maße den Schiffer Bohn, da ihm als Schiffer, welcher diese Gegend wiederholt befahren, dies bekannt sein mußte. Jene Unterlassung muß denn auch als eine schwere Pflichtverletzung angesehen werden, da ganz wesentlich hierdurch die Strandung des Schiffes herbeigeführt ist. Hätte man durch Lothungen sich über die Lage des Schiffes näher orientirt, so hätte es sich sicher nicht ereignen können, daß das Schiff im Angesicht des hellen Leuchtfeuers, welches man hauptsächlich aus dem Grunde, weil man gar nicht wußte, wo man sich befand, für das Licht eines Fischerfahrzeuges hielt, auf den Strand segelte.

Das ganze Verhalten des Schiffers bei der Navigirung, wie solches im Einzelnen in der seeamtlichen Verhandlung hervortrat, zeigt überdies eine ganz unerklärliche Sorglosigkeit. Schiffer Bohn wußte, daß er seit einer Reihe von Tagen kein sicheres Besteck hatte, er wußte, daß er am Tage vor der Strandung seit Morgens 8 Uhr der holländischen Küste wieder zulag, er wußte, daß sein Schiff mit den gesteuerten Cursen den größten Theil des Tages direct auf die Küste zulag, er wußte, daß er mit seinem Schiffe bei der verhältnißmäßig geringen Fahrt und der hohen See, sowie bei der Führung von nur kleinen Segeln eine erhebliche Abtrift haben mußte (die gerechnete Abtrift von ½ Strich muß als viel zu gering bezeichnet werden) und dennoch kam ihm nicht der Gedanke, daß sein Schiff sich in gefährlicher Weise der Küste näherte. Seiner eigenen Angabe nach will Schiffer Bohn die Absicht gehabt haben, um Mitternacht seine Wache zu übernehmen und will er lediglich das Wecken des ersten Steuermannes überhört haben, obwohl dieser ihn seinerseits wiederum zweimal gerufen haben will und Bohn auch angeblich geantwortet haben soll. Daß der Wechsel der Wachen sich in so ungeeigneter Weise vollziehen konnte, zeigt überdies wie locker die ganze Disciplin an Bord gehandhabt wurde und insbesondere wie mangelhaft die den Steuerleuten von dem Schiffer hinterlassene Instruction war. Es war unter allen Umständen Pflicht des Schiffers, bei Antritt seiner Wache an Deck zu kommen und die Wache ordnungsmäßig von dem ersten Steuermann zu übernehmen, von diesem die gelaufenen Entfernungen zu erkunden, zu lothen, den Schiffsort in der Karte abzusetzen, kurz die Navigirung seines Schiffes genau zu beaufsichtigen. Von allen diesem geschah nichts; die Wache wurde von dem ersten

Steuermann dem zweiten Steuermann mit einigen allgemeinen Redensarten übergeben, im Uebrigen das Schiff in unbekümmerter Weise dem Strande zu gesegelt.

Zwar will Schiffer Bohn sonst stets bei seinen Wachen an Deck gewesen sein. Aus der Verhandlung hat das Seeamt indeß nicht den Eindruck gewonnen, daß hier nur ein vereinzelter Fall vorliege.

Schiffer Bohn hat noch angeführt, daß er die Strandung hauptsächlich einer starken Stromversetzung zuschreibe. Die Möglichkeit der Einwirkung einer nach Land zu setzenden Strömung auf das Schiff soll an sich auch nicht ganz in Abrede gestellt werden, insbesondere während der Zeit, während welcher das Schiff in der Nähe der holländischen Küste stand, da es eine bekannte Thatsache ist, daß die Strömungen bei westlichen Winden mit besonderer Stärke namentlich bei Fluth in die Seegatte hineinsetzen. Der ausschließliche Grund der Strandung ist indeß die Einwirkung von Strömungen nicht gewesen. Das Besteck des Schiffes mußte bei dem stürmischen Wetter, dem hohen Seegange und der Unmöglichkeit, wegen der Unsicherheit der Abtrift, Curs und zurückgelegte Distanz genau zu bestimmen, zweifellos schon seit mehreren Tagen ein unsicheres sein, besonders da man es an jeglicher Controle desselben durch vorgenommene Lothungen fehlen ließ.

Dadurch allein läßt sich aber die Versetzung des Schiffes nach der holländischen Küste erklären, ohne daß man eine ungewöhnliche Stömung oder eine andere nicht zu erkennende Ursache anzunehmen braucht.

Aus dem ganzen Verhalten des Schiffers geht aber ein Mangel an Umsicht, sowie eine große Nachlässigkeit und Oberflächlichkeit in der Ausübung der demselben obliegenden Pflichten hervor, daß das Seeamt zu der Ueberzeugung gelangt ist, daß dem Schiffer Bohn diejenigen Eigenschaften, die zur Ausübung des Schiffergewerbes erforderlich sind, fehlen. Dem Antrage des Reichscommissars auf Entziehung der Befugniß zum Schiffer war daher gegen den Schiffer Johannes Eduard Bohn Folge zu geben.

Doch auch dem Steuermann Schade ist der Vorwurf großer Sorglosigkeit in der Ausübung seiner Pflichten zu machen.

Steuermann Hansen giebt dem Schade freilich ein gutes Leumundszeugniß, doch kann das Seeamt hierauf kein Gewicht legen, da Schade vor dem Seeamt zugeben mußte, daß er während der ganzen Zeit, während welcher sich das Schiff in der Nordsee befand, also vom 11. bis 17. November nicht ein einziges Mal die Karte eingesehen habe. Ueber den wirklichen Ort des Schiffes war derselbe also durchaus nicht unterrichtet. Freilich will Schade die Besteckrechnungen, wenn er an Deck gewesen, mit vorgenommen haben; bei der Absetzung der Curse betheiligte derselbe sich indeß nicht. Ebensowenig war derselbe über die Leuchtfeuer an den Nordseeküsten unterrichtet. Andererseits ergab sich aus der Verhandlung, daß den Steuerleuten die Einsicht der Karte sowie der Navigationsbücher jederzeit freistand.

Daß Steuermann Schade sich unter den gegebenen Verhältnissen absolut nicht um die Navigirung des Schiffes bekümmerte, wo er anscheinend doch häufig selbständig Wache ging, verdient ernstlichen Tadel.

Hätte Steuermann Schade die Navigirung des Schiffes selbst verfolgt, hätte er in der fraglichen Nacht einige Male das Loth geworfen, wozu er ohne Zweifel selbst ohne Befehl des Schiffers berechtigt war, so hätte sich die Strandung trotz der Nachlässigkeit des in erster Linie verantwortlichen Schiffers vermeiden lassen, denn die Annäherung an die Küste hätte dann nicht unbemerkt bleiben können.

Als Milderungsgrund steht ihm freilich das Verhalten des Schiffers zur Seite.

Scharf zu rügen bleibt indeß dem Schade gegenüber die mangelhafte Beobachtung des stundenlang in Sicht gewesenen Feuers von Kykduin.

Daß Steuermann Schade jenes Licht erster Ordnung während der ganzen Zeit des Insichtseins nur für ein mitsegelndes Fischerfahrzeug halten konnte, zeugt von noch sehr geringer Erfahrung im Beobachten.

Schon die Windrichtung und die geringe Veränderung der Peilung des Feuers um nur zwei Strich hätten den Steuermann darauf bringen müssen, daß es kein mitsegelndes Fischerfahrzeug sein konnte, da dasselbe während des Fischens — und nur ein fischendes Fahrzeug konnte es dem Lichte nach sein — nicht am Winde, sondern mit raumem Winde oder vor dem Winde segeln mußte; in solchem Falle hätte sich aber die Peilung weit schneller verändern müssen.

Nach der Strandung ist seitens der Mannschaft alles geschehen, was der Lage entsprach; das Verhalten derselben nach der Strandung giebt zu keinen Ausstellungen Veranlassung.

Die Entscheidung des Ober-Seeamts lautet:

Auf die Beschwerde des Schiffers Eduard Johannes Bohn zu Blankenese gegen den Spruch des Seeamts in Hamburg vom 18. Januar 1889 über den Seeunfall der Bark „Apollo" von Hamburg, hat das Kaiserliche Ober-Seeamt in seiner zu Berlin am 14. October 1889 abgehaltenen öffentlichen Sitzung nach mündlicher Verhandlung der Sache entschieden,

daß der Spruch des Seeamts in Hamburg vom 18. Januar 1889 zu bestätigen und die baaren Auslagen des Verfahrens dem Schiffer Bohn zur Last zu legen sind.

Gründe. Dem seeamtlichen Spruche und seiner Begründung ist dahin beizutreten, daß die Strandung der Bark „Apollo" vom Schiffer Bohn verschuldet worden ist und daß dieselbe hätte vermieden werden können und müssen, wenn in Anbetracht des unsichtigen Wetters, das weder Observation noch Peilungen zur Feststellung des Schiffsorts gestattete, das Loth ausreichend und verständnißvoll gebraucht worden wäre.

Es ist aber von diesem ebenso einfachen als grade in der Nordsee sicheren Hülfsmittel zur Feststellung des Schiffsorts keinerlei Gebrauch gemacht worden, obwohl der „Apollo" dies Meer bei unsichtiger Luft, stürmischer Witterung und dadurch bedingter geringer Segelführung dreimal in seiner ganzen Breite durchkreuzte. Die Nordsee ist, wie bekannt, in allen ihren Theilen, besonders aber an den Küsten und auf den Bänken auf das sorgfältigste ausgelothet, worüber jede Nordseekarte die eingehendste Aufklärung giebt. Grade in diesem Gewässer, über welchem vielfach trübes unsichtiges Wetter herrscht, ist daher das Lothen das zuverlässigste Orientirungsmittel für die Navigirung, insbesondere zur Feststellung des Schiffsorts und der durch Strom, Abtrift und Seegang herbeigeführten Abweichung vom Schiffsbesteck. Dementsprechend wird denn auch in den Segelanweisungen für die Nordsee auf dieses für die Navigirung dort völlig unentbehrliche Hülfsmittel aufmerksam gemacht und dessen fleißiger Gebrauch empfohlen.

Es ist daher kaum erfindlich, was den Schiffer Bohn, der dem Ober-Seeamt den Eindruck eines erfahrenen und tüchtigen Schiffers gemacht und eine langjährige tadellose seemännische Vergangenheit hinter sich hat, veranlassen konnte, dieses einfache Hülfsmittel damals auf dem „Apollo" völlig zu verschmähen. Als einzige Erklärung hierfür könnte etwa nur das trügerische Gefühl unfehlbarer Sicherheit dienen, in das Bohn sich in Folge seiner langen Fahrzeit als Fischer in jenem Gewässer eingewiegt haben mag. Denn der von ihm vorgeschützte Grund, daß die Tiefen auf den gelaufenen Cursen überall gleich wären, ist nach den zutreffenden Ausführungen des Seeamts in Hamburg so hinfällig, daß er aus dem Munde grade eines ortskundigen Seemanns kaum ernst gemeint sein kann.

Durch jene Unterlassung hat sich Schiffer Bohn aber einer schweren Pflichtverletzung schuldig gemacht, die ungeachtet verschiedener unglücklicher Zufälligkeiten, welche die Strandung des „Apollo" begleiteten, auf einen solchen Mangel der für einen Schiffsofficier unbedingt erfordlichen Vorsicht urd Besonnenheit zurückgeführt werden muß, daß ihm dieserhalb die Befugniß zur Ausübung des Schiffergewerbes von dem Seeamte in Hamburg mit vollem Rechte entzogen worden ist.

Für die übrigen seeamtsseitig dem Schiffer Bohn gemachten Vorwürfe, als:

die Steuerleute in ungenügender Weise zur Navigirung herangezogen,

eine schlaffe und gelockerte Disciplin an Bord geduldet,

in der Nordsee die Abtrift ungenügend in Rechnung gezogen und die Gezeiten nicht berechnet zu haben,

bieten die Erhebungen nach Ansicht des Ober-Seeamts keine genügende Unterlage. Denn da während der Reise die Karten und Navigationsbücher zu freier Benutzung seitens der Steuerleute stets ausgelegen haben, so war es nicht Schuld des Schiffers Bohn, wenn der zweite Steuermann Schade sich aus denselben nicht genügend über die Reise unterrichtet hat. Zudem ist Schade, wenn auch nicht immer, zur Navigation herangezogen worden. Daß dies stets geschehe, ist nicht ausführbar und nicht zu fordern. Noch am Abend vor der Strandung haben der Schiffer und der erste Steuermann gemeinsam das Besteck festgestellt und in die Karte eingetragen, auch wurden die für die kommende Nacht zu erwartenden Verhältnisse gemeinsam einer näheren Prüfung unterzogen und der Schiffer ordnete an, daß er gerufen werde, sobald sich etwas Besonderes ereignen würde. Danach hat der Schiffer es an der Heranziehung seiner Steuerleute zur Navigirung nicht fehlen lassen. Auch der Vorwurf der Handhabung einer ungenügenden Disciplin und einer gewohnheitsmäßig mangelhaften Uebergabe der Wache an die Steuerleute ist gegen den Schiffer nicht aufrecht zu halten, insbesondere nicht für den Abend vor der Strandung. Zwar hätte der Schiffer unter den damaligen Umständen besser gethan, wenn er seine Steuerleute ausdrücklich auf die wahrscheinlich stattgehabte

Versetzung des Schiffs aufmerksam gemacht und sie angewiesen hätte, besonders aufmerksam zu sein, da dann möglicherweise das Feuer von Kykduin vom Steuermann richtig erkannt und der Unfall vermieden worden wäre; indessen kann ein Vorwurf mangelhafter Wachübergabe aus dem Unterlassen dieses besonderen Hinweises um so weniger hergeleitet werden, als die Steuerleute in Folge ihrer Betheiligung an der Navigirung die vorhandene Gefahr selbst kennen mußten.

Daß Schiffer Bohn in der Nordsee nur ½ Strich Abtrift in Rechnung gezogen habe, wird vom Seeamte versehentlich angenommen; actenmäßig steht vielmehr fest, daß eine Abtrift von 1½ Strich — und zwar, wie Bohn angiebt, nach der Richtung der Loggleine — angenommen worden ist.

Endlich ist dem Schiffer Bohn darin beizutreten, daß eine Berechnung der Gezeiten dort, wo sich der „Apollo" damals befand, keinen Werth für die Navigirung des Schiffs gehabt haben würde; auch hätte dazu der Schiffsort genauer bekannt sein müssen, als es der Fall war.

Die Kosten des Verfahrens waren dem Schiffer Bohn zur Last zu legen, da die Entscheidung über seine Beschwerde gegen ihn ausgefallen ist.

Da die Strandung des „Apollo" dadurch verursacht worden ist, daß das Leuchtfeuer von Kykduin nicht als solches erkannt, sondern für das Licht eines mitsegelnden Fischerfahrzeugs gehalten wurde, da ferner zur Zeit der Strandung des „Apollo", in dessen Nähe noch zwei andere Schiffe auf Grund gerathen waren und da endlich Seeunfälle in jener Gegend überhaupt nicht selten sind, so scheint es näherer Prüfung werth zu sein, ob etwa jenes Feuer mit einem stärkeren und von anderen leicht zu unterscheidenden Lichte zu versehen sein möchte. Das Ober-Seeamt hält es für seine Pflicht, die Aufmerksamkeit berufener Stellen hierauf hinzulenken.

31. Spruch des Seeamts zu Flensburg vom 1. Juni 1889 und Entscheidung des Kaiserlichen Ober-Seeamts vom 15. October 1889, betreffend den Zusammenstoß des Schraubendampfers „Franziska" von Kiel mit der norwegischen Bark „Honor".

Der Spruch des Seeamts lautet:

Der Steuermann Detlef hat den Zusammenstoß dadurch

verschuldet, daß er beim ersten Sichten des Feuers an Steuerbord voraus mit voller Kraft unter Backbord-Ruder weiter fuhr, anstatt zu stoppen und rückwärts zu gehen, bis es aufgeklärt war, was für ein Feuer er vor sich hatte.

Dem Steuermann Detlef wird die Befugniß zur Ausübung des Schiffergewerbes nicht entzogen.

Gründe. Der Kieler Dampfer „Franziska", Unterscheidungssignal LCKV, ist am 24. Februar 1889 Abends zwischen 11 und 12 Uhr im englischen Canal mit einer norwegischen Bark zusammengestoßen und in der Folge in einer Wassertiefe von 26 bis 30 Faden gesunken.

Der Zusammenstoß erfolgte unweit von Portland. Die „Franziska" wurde vorn an Backbordseite von der Bark getroffen; nach dem ersten Stoße prallte die Bark ab und schlug längsseit der „Franziska", dann ging sie hintenaus. Während die Schiffe beieinander lagen, sprang der Schiffer der Bark auf den Dampfer über. Auf dem Dampfer wurde gleich die Maschine gestoppt und untersucht, ob das Schiff dicht geblieben sei. Die Untersuchung ergab, daß die Regeling und andere Theile des Schiffskörpers an Backbordseite nach innen gedrückt waren, sowie daß sich an der Unterkante — etwa 15 bis 20 Fuß vom Steven — ein etwa ein Fuß langer Riß befand, daß jedoch das Schiff zur Zeit kein Wasser machte. Nachdem der Riß so gut wie möglich gedichtet war, hielt man auf das Segelschiff zu, um demselben, wenn nöthig, Hülfe zu leisten. An die Bark herangekommen, erhielt man auf Anfragen von derselben die Mittheilung, daß sie nicht stark leck sei. Der Schiffer der Bark wurde nunmehr im Boote an Bord seines Schiffes gebracht, nachdem man zuvor mit ihm verabredet hatte, er solle, wenn er keine Hülfe gebrauche, ein grünes Licht, im andern Falle ein rothes Licht zeigen. Weil gleich darauf ein rothes Licht gezeigt wurde, blieb die „Franziska" einstweilen in der Nähe. Während die Pumpen bis dahin immer lenz schlugen, meldete Morgens 3 Uhr der erste Maschinist, daß Wasser in den Maschinenraum dringe. Nach etwa einstündigem Pumpen gelang es, den Maschinenraum von Wasser zu befreien und das Tunnelschott zu schließen. Nach einiger Zeit kam indeß durch die Kohlenbunker von neuem Wasser in den Maschinenraum. Obgleich sofort mit sämmtlichen Pumpen wieder gearbeitet wurde, nahm das Wasser doch so zu, daß man sich gegen 5 Uhr Morgens veranlaßt sah, Nothsignale zu geben. Daraufhin kam der englische Dampfer „Minnie" aus Midlesbro heran und nahm die „Franziska" ins Schlepptau, um sie nach Portland zu bringen. Ehe Portland erreicht werden konnte, war die „Franziska" trotz unausgesetzten Pumpens so voll Wasser geworden, daß sie jeden Augenblick zu versinken drohte. Gegen 11 Uhr Morgens wurde die Schlepptrosse gekappt und eine Viertelstunde später sank die „Franziska" in die Tiefe. Die Mannschaft hatte sich kurz vorher in die Schiffsboote geborgen. Sie wurde dann von der „Minnie" aufgenommen, von dieser einige Zeit nachher an den Schleppdampfer „Alert" abgegeben und von letzterem mit den geborgenen Schiffsbooten nach Weymouth gebracht.

Die Stelle, wo die „Franziska" sank, peilt die Südspitze von Portland in Nord-West in einem geschätzten Abstande von 5 Seemeilen.

Die norwegische Bark erreichte ohne Assistenz den Hafen von Dartmouth. Sie war an ihrem Steuerbordbug stark beschädigt, hatte auch im Steven einen Spalt unter der Wasserlinie und verschiedene kleinere Schäden in der Takelage. Mit einem Kostenaufwande von 510 Pfund Sterling ist sie in Dartmouth ausgebessert. Am 10. April hat sie Dartmouth verlassen und ihre Reise fortgesetzt. Sie führt den Namen „Honor", ist heimathsberechtigt in Arendal, wurde geführt von dem Schiffer Paul Nicolai Olsen Dannevig und befand sich auf der Reise nach Brasilien.

Die „Franziska" gehörte zur Rhederei Sartori & Genossen in Kiel. Ihr Führer war der Schiffer Johann Heinrich Haye aus Muschendorf auf Fehmarn. Erster Steuermann war Matthäus Detlef aus Avendorf auf Fehmarn, welcher ein von der Königlichen Regierung in Schleswig am 10. September 1881 ausgestelltes Zeugniß über die Befähigung zum Schiffer auf großer Fahrt besitzt. Er hatte zur Zeit des Zusammenstoßens die Wache und ist demnach derjenige, welcher für die vorhergehende Navigirung verantwortlich erscheint.

Der Dampfer befand sich mit einer Ladung Steinkohlen auf der Reise von Cardiff nach Vlissingen. Nachmittags 4 Uhr 40 Minuten war Start Point dwars in einem geschätzten Abstande von 4 Seemeilen gepeilt. Man fuhr bei nordöstlichem Winde den Curs O¾S. Abends 8 Uhr übernahm der Steuermann Detlef die Wache, nachdem er zuvor oberflächlich die Karte angesehen und sich von dem Schiffer den Schiffsort nach den genommenen Peilungen und der ausgelaufenen Entfernung hatte zeigen lassen. Der Curs O¾S wurde beibehalten und mit voller Kraft, 8 bis 9 Seemeilen in der Stunde, weiter gefahren. Die Luft war anfangs diesig, gegen 10 Uhr wurde sie indeß klar. Zwischen 10 und 11 Uhr kamen die beiden Feuer von Portland, zuerst das höhere und dann das niedrige, nach einander in Sicht. Ohne die Feuer zu peilen und ohne die Karte zu Rathe zu ziehen, wurde weiter gefahren. Um 11 Uhr wurden die Feuer von Portland in NzO gepeilt. Gleichzeitig kam ungefähr ½ Strich an Steuerbord voraus ein Licht in Sicht, welches von Zeit zu Zeit verschwand und dann wieder auftauchte. In der Meinung, daß er das Feuer von Shambles-Feuerschiff vor sich habe, ließ Detlef das Ruder backbord legen. Dann begab er sich ins Kartenhaus, um sich darüber genauer zu unterrichten. Er gewann hier die Ueberzeugung, daß er das Feuer von Shambles-Feuerschiff vor sich habe. Nach etwa drei Minuten auf die Commandobrücke zurückkehrend, sagte ihm der Mann am Ruder auf seine Frage, wo das Blinkfeuer sei, es sei an Backbord. Bevor er die Commandobrücke erreicht hatte, ließ er das Ruder noch mehr nach Backbord legen. Das Schiff, welches bei seinem Weggange von der Commandobrücke schon SOzS angelegen hatte, fiel hierbei noch mehr nach Süden ab. Als er die Commandobrücke erreicht hatte, sah er plötzlich 2 bis 3 Strich an Backbord ein grünes Licht und ein mit vollen Segeln fahrendes Schiff. Er ließ nunmehr das Ruder hart backbord legen. Gleich darauf erfolgte der Zusammenstoß. Der Schiffer und der zweite Steuermann, welche sich in der Koje befanden, kamen, durch den Stoß aufgeweckt, gleich an Deck. Sie sahen die Bark erst, als sie hintenaus trieb und gewahrten, daß dieselbe an Steuerbordseite ein grünes Licht führte; nach der Aussage des zweiten Steuermanns hat das grüne Licht gut gebrannt.

Die Ereignisse an Bord des Dampfers vor dem Zusammenstoße, wie sie hier dargestellt sind, beruhen im Wesentlichen auf der eignen als glaubhaft angenommenen Aussage des Steuermanns Detlef. Was die Ereignisse an Bord der norwegischen Bark anbelangt, so ist das Seeamt in dieser Beziehung lediglich auf den ihm durch Vermittelung des Kaiserlich deutschen General-Consulats in London zugängig gemachten Auszug aus einem Proteste, welchen die Mannschaften der norwegischen Bark am 14. März 1889 vor einem britischen Notar in Dartmouth zu Protokoll gegeben haben, angewiesen. Dieser Auszug lautet in deutscher Uebersetzung folgendermaßen:

„Am Sonntag, den 24. Februar 11 Uhr Abends, wurde das Toplicht eines Dampfers 3½ Strich an Steuerbord gesichtet. Kurze Zeit nachdem es gesichtet war, änderte der Dampfer plötzlich seinen Curs und zeigte sein rothes Licht, auf diese Weise den Bug des „Honor" kreuzend. Der „Honor" wurde auf seinem Curse gehalten; seine Lichter, welche von der besten Sorte waren, brannten stets hell. Als der Comparent Helver Habrosser den Dampfer näher kommen sah und eine Collision unvermeidlich schien, gab er den Befehl, das Ruder hart steuerbord zu legen und dasselbe wurde so gelegt in der Absicht, die Stärke des Zusammenstoßes abzuschwächen und Schaden zu verhüten. Sobald eine Collision unvermeidlich zu sein schien, wurden alle Leute an Deck gerufen; sie kamen gleich an Deck und gerade als sie es thaten, stieß der Dampfer, von dem man sich nachher überzeugte, daß er die „Franziska" war, das Schiff am Steuerbordbug mit seinem Backbordbug. Beide Schiffe trieben dann längsseit von einander. Der genannte Dampfer schien mit voller Kraft zu fahren von der Zeit an, wo er zuerst gesichtet wurde bis zu der, wo die Collision stattfand. Der Comparent Paul Nicolai Olsen Dannevig sprang an Bord des Dampfers und der Schiffer des Dampfers, als er nachher gefunden hatte, daß sein Schiff dicht sei, fuhr zum „Honor" zurück. Während der Comparent Dannevig an Bord des Dampfers war, überzeugte er sich, daß derselbe die „Franziska" von Kiel sei; er bemerkte auch, während er an Bord war, daß das Steuergeschirr öfters in Unordnung war und einer von den Matrosen erzählte ihm, daß er wegen des Zustandes des Steuergeschirrs fürchtete, es müsse über kurz oder lang zu einem Unfall kommen. Der Comparent Dannevig drückte den Wunsch aus, daß die „Franziska" den „Honor" in einen Hafen schleppen möge, aber der Schiffer des Dampfers sagte, daß sie segeln könnten, da ihr Fahrzeug dicht sei. Der Comparent Dannevig wurde dann durch Leute vom Dampfer an Bord seines eigenen Schiffes zurückgebracht, nachdem er ungefähr ein paar Stunden an Bord der „Franziska" gewesen war."

Die norwegische Bark wurde nach ihrer Ankunft in Dartmouth von dem Schiffsbesichtiger Tollmann besichtigt. In dem, dem Seeamt abschriftlich vorliegenden Gutachten äußert sich der Schiffsbesichtiger über die Lichter an Bord des Schiffes folgendermaßen:

„Bei Prüfung der Lichterschirme und deren Befestigungen fand ich sie befestigt am Halbverdeck, aber an eisernen Stützen soweit ausgeführt, daß sie mit der größten Breite des Schiffes, welche mir ungefähr 27 Fuß zu messen schien, gleich waren. Als ich von dem Schiffe in einem Boote fortging, hatte ich eine volle Viertelmeile zu machen, bevor ich die an jeder Seite befestigten Lichter gleichzeitig sehen konnte."

Der Reichscommissar hat beantragt, daß dem Steuermann Detlef die Befugniß zur Ausübung des Schiffergewerbes entzogen werde.

Es ist als unzweifelhaft anzunehmen, daß dasjenige Licht, welches der Steuermann Detlef um 11 Uhr ungefähr 1/2 Strich an Steuerbord sichtete, das grüne Seitenlicht der Bark „Honor“ war. Shambles-Feuer konnte es nicht sein und da mehrere Feuer als das eine nicht gesichtet wurden, auch sonst keine Umstände auf die Nähe anderer Fahrzeuge hinweisen, bleibt nur das Feuer der genannten Bark als das gesichtete übrig. Die Bark fuhr mit raumem Winde westlich steuernd den Canal entlang, während der Dampfer den entgegengesetzten Weg nahm. Sache des Dampfers war es dem Segler aus dem Wege zu gehen und der Zusammenstoß ist dadurch herbeigeführt, daß der Dampfer, anstatt aus dem Wege zu gehen, den Curs des Seglers kreuzte. Daß letzteres geschah, ergiebt sich mit Evidenz aus den beiderseitigen Aussagen. Indem der O3/4S anliegende Dampfer sein Ruder backbord legte, als an Steuerbordseite das Licht der Bark in Sicht kam, mußte er unfehlbar in die Curslinie des Seglers kommen, wenn dieser, wie er verpflichtet war, seinen Curs beibehielt.

Zu der Annahme, daß man Shambles-Feuer vor sich habe, war keinerlei Anlaß gegeben, im Gegentheil eine solche Annahme konnte nur stattfinden, wenn man alle Vorsicht und Ueberlegung hintenansetzte. Das Feuerschiff von Shambles ist allerdings ein Blinkfeuer, es liegt aber 14 bis 15 Seemeilen weiter nördlich als die „Franziska“ um 11 Uhr Abends nach ihrem Besteck stehen mußte und ist nur 11 Seemeilen weit sichtbar. Nach dem Curse, welchen man nach der Peilung von Start Point um 4,40 Nachmittags gefahren war, sollte die „Franziska“ um 11 Uhr, wo man Portland-Feuer in NzO peilte, 15 Seemeilen südlich von Portland stehen, und es liegen keine Umstände vor, welche zu der Annahme berechtigten, daß dieses nicht der Fall war. War es aber der Fall, so war es für die „Franziska“ unmöglich, das Feuer von Shambles an Steuerbord zu haben und zwar aus zweierlei Gründen, einmal weil das Feuer so weit garnicht sichtbar war, und zweitens, weil es bei der Lage des Schiffes immer nur an Backbord sichtbar sein konnte.

Aber auch dann, wenn die „Franziska“ etwa durch Strom nach Norden versetzt worden wäre, hätte sie noch nicht in die Lage kommen können, das Feuer an Steuerbord zu haben. Shambles-Feuerschiff liegt ungefähr 5 Seemeilen OSO1/8O von der Südspitze von Portland. Sollte die „Franziska“ nun das Shambles-Feuer an Steuerbord haben, so wäre dies nur möglich gewesen, wenn sie ganz dicht unter Land und zwar so dicht unter Land gewesen wäre, daß sie auf den Klippen gesessen hätte.

Diese Verhältnisse sind so einfach und klar, daß es kaum begreiflich erscheint, wie der Steuermann Detlef dazu kommen konnte, an Shambles-Feuer zu denken.

Es mag richtig sein, daß das grüne Licht der Bark anfangs nicht als solches zu erkennen war, sei es, weil die grünen Lichter in der Ferne häufig weiß scheinen, sei es, weil es zeitweilig bei den Bewegungen des Schiffes von einem Segel verdeckt wurde und es mag zugegeben werden, daß der Steuermann Detlef Anlaß hatte, sich in der Karte umzusehen; daß er aber, nachdem er dies gethan, noch an der Meinung festhalten konnte, er habe Shambles-Feuer gesehen, ist geradezu unverständlich, denn ein Blick auf die Karte mußte genügen, um ihn von dieser Meinung abzubringen.

Sobald er sich darüber im Klaren befand, daß er weder Shambles-Feuer noch ein anderes Leuchtfeuer an Steuerbord haben konnte, mußte er sich sagen, daß er es nur mit einem Fahrzeuge zu thun haben konnte. Er hätte dann die Maschine stoppend und auf rückwärts stellend abwarten müssen, wie sich die Lage weiter entwickelte, anstatt das Ruder backbord zu legen und mit voller Kraft weiter zu fahren. Er würde dann zweifelsohne die Collision vermieden haben. Daß er sich nicht rechtzeitig im Klaren befand, ist seine eigene Schuld und daraus folgt, daß er den Unfall verschuldet hat.

Jeder einigermaßen vorsichtige und umsichtige Schiffsführer sieht sich nicht die Karte oberflächlich an, bevor er ein Gewässer befährt, sondern so, daß er möglichst genau über die Feuer, welche ihm unterwegs aufkommen müssen, unterrichtet ist. Der Steuermann Detlef muß nicht allein ganz besonders oberflächlich die Karte angesehen haben, wenn man sein Benehmen begreifen will, sondern auch so wenig Nachdenken geübt haben, wie es billigerweise bei einem Manne seiner Stellung nicht vorkommen sollte. Wie wenig sorgsam und pflichtgetreu er verfahren hat, ist insonderheit auch daraus ersichtlich, daß er damals, als die Feuer von Portland nach einander in Sicht kamen, sich nicht die Mühe nahm, dieselben zu peilen. Auf der Südspitze von Portland befinden sich zwei weiße Feuer, das höhere ist 21, das niedere 18 Seemeilen sichtbar. Hätte er, als diese Feuer in Sicht kamen, dieselben gepeilt, so hätte es ihm schon damals klar werden müssen, daß er viel zu weit südlich stand, als daß Shambles-Feuer an Steuerbord hätte gesehen werden können.

Darin, daß der Steuermann Detlef, als er das grüne Licht der Bark als solches erkannte, nicht stoppte und rückwärts ging, vermag das Seeamt einen Fehler nicht zu erkennen. Die beiden Schiffe waren damals offenbar einander schon so nahe, daß ein Zusammenstoß unvermeidlich war. Hätte Detlef in diesem letzten Momente die Maschine stoppen und auf rückwärts stellen lassen, so hätte wahrscheinlich sein Schiff die Bark mehr mittschiffs getroffen und sie dann voraussichtlich gänzlich durchschnitten. Das von ihm angewandte Manöver, mit hart Backbord-Ruder weiter vorwärts zu fahren, entsprach der Sachlage, weil es die Möglichkeit bot, die beiden Schiffe einander längsseit zu bringen und damit, wenn auch nicht die Collision gänzlich zu vermeiden, so doch erheblich abzuschwächen.

Ein concurrirendes Verschulden der Bark liegt nicht vor. Es ist zunächst durch den vorliegenden Protest der Leute der Bark und die damit übereinstimmenden Aussagen der Leute von der „Franziska" außer Zweifel gestellt, daß die Bark die vorschriftsmäßigen Lichter geführt hat, als der Zusammenstoß erfolgte. Die Meinung des Steuermannes Detlef, die Lichter seien erst kurz vor der Collision oder im Momente derselben gesetzt, hat in den vorliegenden Umständen keinen Halt. Das Licht, welches er für das Blinkfeuer von Shambles hielt, war unzweifelhaft das grüne Licht der Bark und damit ist zur Genüge dargethan, daß es nicht erst kurz vor der Collision oder im Momente derselben gesetzt sein kann. Es ist überdies anzunehmen, daß die Bark in einem so stark befahrenen Gewässer, wie der Canal, nicht ohne die vorschriftsmäßigen Lichter gefahren ist. Die Unrichtigkeit der Meinung des Steuermannes ergiebt sich ferner daraus, daß es practisch kaum ausführbar ist, die Lichter so schnell herbeizuschaffen und anzuzünden, wie es hätte geschehen müssen, um damit nicht zu spät zu kommen.

Sodann ist anzuerkennen, daß die Bark richtig handelte, als sie im letzten Momente, wo die Collision unvermeidlich schien, ihr Ruder steuerbord legte. Dieses Manöver war der Sachlage entsprechend, weil es ebenso wie das Backbord-Ruder auf dem Dampfer geeignet war, die beiden Schiffe in eine solche Lage zu bringen, daß sie möglichst mit- und nebeneiander fuhren. Da dieses das einzige Manöver war, um die Collision thunlich abzuschwächen, wird es gedeckt durch die Vorschriften des Artikel 23 der Verordnung zur Verhütung des Zusammenstoßens der Schiffe auf See, wonach zur Abwendung unmittelbarer Gefahr ein Abweichen von den sonstigen Vorschriften gestattet ist.

Hiernach liegt die Schuld allein beim Dampfer „Franziska", deren erster Steuermann Detlef durch seine Unachtsamkeit und Nachlässigkeit die Collision herbeigeführt hat. Inwieweit es ihm zur Entschuldigung dienen kann, daß das grüne Licht der Bark sich zuerst als ein weißes ab und zu erscheinendes Feuer zeigte, kommt hierbei kaum in Betracht. Bei der Nachlässigkeit und Oberflächlichkeit in der Navigirung, welche der Steuermann Detlef an den Tag gelegt hat, muß es immerhin zweifelhaft bleiben, ob er sich überall die nöthige Mühe gegeben hat, das auftauchende Feuer ordentlich zu peilen. Sollte er es aber gethan haben, so mußte er doch bei einigem Nachdenken sich sagen, daß auf Segelschiffen die Seitenlichter auch dann, wenn sie sonst vorschriftsmäßig angebracht sind, bei dem Schlingern des Schiffes hin und wieder aus Sicht kommen können.

Während sich ergiebt, daß die zur Verhütung des Zusammenstoßens der Schiffe auf See erlassenen Vorschriften im vorliegenden Falle von Seiten des Steuermanns Detlef nicht beachtet sind, muß anerkannt werden, daß die Vorschriften der Verordnung über das Verhalten nach einem Zusammenstoß von Schiffen auf See von dem Schiffer Haye befolgt worden sind, weil er mit seinem Schiffe so lange in der Nähe der Bark blieb, als er ohne erhebliche Gefahr für das eigene Schiff dazu im Stande war.

Trotz des ihm zur Last fallenden groben Verschuldens ist dem Steuermann Detlef die Befugniß zur Ausübung des Schiffergewerbes nicht entzogen worden. Es ist hierbei erwogen, daß seither nichts Nachtheiliges gegen ihn zur Sprache gekommen ist und sein Verhalten in dem vorliegenden Falle, weil vereinzelt dastehend, nicht dazu berechtigt, anzunehmen, der Mangel an Sorgfalt und Umsicht sei eine ihm anhaftende Eigenschaft.

Die Entscheidung des Ober-Seeamts lautet:

Auf die Beschwerde des Reichscommissars gegen den Spruch des Königlich preußischen Seeamts in Flensburg vom 1. Juni 1889 über den Zusammenstoß des Kieler Dampfschiffs „Franziska" mit der norwegischen Bark „Honor" hat das Kaiserliche Ober-Seeamt in seiner zu Berlin am 15. October 1889 abgehaltenen öffentlichen Sitzung nach mündlicher Verhandlung der Sache entschieden,

> daß der Spruch des Königlich preußischen Seeamts in Flensburg vom 1. Juni 1889 zu bestätigen und die baaren Auslagen des Verfahrens außer Ansatz zu lassen seien.

Gründe. Dem Seeamte muß darin beigetreten werden, daß der Zusammenstoß des Kieler Dampfschiffs „Franziska" mit der norwegischen Bark „Honor" dem Verschulden des auf dem ersteren als Steuermann in Dienst stehenden Schiffers auf großer Fahrt

Detlef beizumessen ist. Sein Verschulden beschränkt sich indessen in der Hauptsache darauf, daß er in allerdings schwer zu tadelnder Weise verabsäumt hat, bei Uebernahme seiner Wache sich in der Karte über den Schiffsort und den ihm vom Schiffer vorgeschriebenen Weg, insbesondere bezüglich der auf letzterem anzutreffenden Feuer bestimmt zu vergewissern. Hätte er dies gethan und die Linie seines Curses ordnungsmäßig in die Karte eingetragen, so würde das Insichtkommen eines Feuers ihn nicht so, wie es geschah, außer Fassung gebracht haben. Nachdem er jene Pflichtversäumniß aber einmal begangen hatte und ihm nun die erforderliche Sicherheit über den Standort seines Schiffes fehlte, war es verständlich und verzeihlich, daß er das ihm angeblich als Blinkfeuer erscheinende Licht für das einzige Blinkfeuer in jener Gegend des Canals, nämlich für das von Shambles-Feuerschiff hielt, und er handelte in dieser Annahme verständig und richtig, daß er Backbord-Ruder gab, um die Mitte des Canals zu gewinnen und so von der Gefahr abzudrehen. Detlef hätte aber gleichzeitig die Fahrt seines Schiffes mäßigen, am besten die Maschine so lange still stellen lassen sollen, bis er sich Rath aus der Karte geholt und seinen Schiffsort bestimmt hatte. Daß er auch diese durch die Sachlage gebotene Vorsicht verabsäumt hat, gereicht ihm ebenfalls zum Vorwurf, zumal bei einer solchen Hemmung der Fahrt der Zusammenstoß mit dem „Honor" wohl nicht eingetreten sein würde.

Für die weiteren mit dem Zusammenstoße abschließenden Ereignisse trifft den Steuermann Detlef kein Verschulden. Bei seiner Rückkehr aus dem Kartenhause an Deck waren die beiden Schiffe einander schon so nahe, daß ein Hemmen oder Rückwärtsdrehen der Maschine oder eine andere Ruderlage den Zusammenstoß nicht mehr verhindern, sondern, wie vom Seeamte zutreffend ausgeführt wird, nur noch folgenschwerer gestalten konnte.

Ist sonach allerdings der eingetretene Zusammenstoß der Pflichtversäumniß des als Steuermann auf der „Franziska" dienenden Schiffers Detlef zuzuschreiben, so kann diese Pflichtversäumniß doch nicht auf ihm abgehende nothwendige Berufseigenschaften zurückgeführt, sondern im Hinblick auf seine lange tadellose Thätigkeit als Schiffsofficier und sein ebenso offenes als festes Auftreten vor dem Ober-Seeamte auch von diesem nur als eine vereinzelte Nachlässigkeit aufgefaßt werden und deshalb keinen genügenden Grund abgeben, ihm die Befugniß zur Ausübung seines Gewerbes zu entziehen. Dabei giebt sich das Ober-Seeamt der Erwartung hin, daß Detlef das Erlebte für alle Zeit zu heilsamer Nutzanwendung ziehen und seine

Berufspflichten in Zukunft mit der größten Gewissenhaftigkeit erfüllen werde.

Die baaren Auslagen des Beschwerdeverfahrens sind außer Ansatz zu lassen gewesen, weil die Beschwerde vom Reichscommissar eingelegt worden ist.

32. Spruch des Seeamts zu Flensburg vom 13. Juni 1889 und Entscheidung des Kaiserlichen Ober-Seeamts vom 22. October 1889, betreffend den Seeunfall der Schaluppe „Arnold Ruge" von Barth.

Der Spruch des Seeamts lautet:

Der Schiffer hat den Unfall dadurch verschuldet, daß er darauf los gefahren ist, ohne die Fahrgeschwindigkeit seines Schiffes und das vor der Strandung sich ihm zeigende Feuer gehörig zu beachten.

Dem Schiffer wird die Befugniß zur Ausübung des Schiffergewerbes nicht entzogen.

Gründe. Der Schiffer Johann Christian Friedrich Orgel aus Zingst besitzt ein von der Königlichen Regierung zu Stralsund am 16. Februar 1876 ausgestelltes Zeugniß über die Befähigung zum Schiffer auf großer Fahrt.

Er führte früher die Barther Schoonerbrigg „Edward Waugh". Mit diesem Schiff strandete er auf der Reise von Haiti nach Falmouth am 9. Tage nach seiner Ausreise am 13. August 1884 bei Samana auf dem Riffe Atwoods Key nördlich von San Domingo; in Folge dieser Strandung ging das Schiff vollständig verloren, die Besatzung wurde indeß geborgen.

Vorher auf der Reise von Falmouth nach London, nämlich am 26. März 1882, hatte dieselbe Schoonerbrigg zwei andere Unfälle erlitten. Sie hatte zunächst den Fockmast verloren und darauf war ein Matrose über Bord gefallen und ertrunken.

Diese Unfälle sind im Jahre 1884 vom Königlichen Seeamt in Stralsund einer seeamtlichen Untersuchung unterzogen worden. Die Untersuchung wurde abgeschlossen durch folgenden, am 31. October 1884 abgegebenen Spruch:

Die Schoonerbrigg „Edward Waugh" hat am 26. März 1882 den Fockmast und demnächst den Matrosen Gardenn in Folge schweren Wetters verloren, sie ist am 13. August 1884 in Folge Stromversetzung gestrandet und wrack geworden. Bei dem ersten Unfalle ist die unterlassene Ausstattung mit Rettungsapparaten und bei dem zweiten Unfalle die Navigirung des Schiffers Orgel zu rügen.

Der Schiffer Orgel ist schon seit 35 Jahren zur See gefahren; er ist jetzt 67 Jahre alt. Außerdem, was ihm vom Seeamt Stralsund zur Last gelegt wird, ist seither etwas Nachtheiliges wider ihn nicht zur Sprache gekommen.

Nach dem Untergange der Schoonerbrigg „Edward Waugh" kaufte Orgel die Barther Schaluppe „Arnold Ruge", Unterscheidungssignal JLRK, von 31,36 britischen Register-Tons Netto-Raumgehalt.

Mit dem „Arnold Ruge" verließ er in Ballast am 19. April 1889 den Flensburger Hafen um nach Stolpmünde zu segeln. Außer ihm war nur noch ein etwas jüngerer, an Nervenschwäche leidender Seemann Namens Bruhn als Besatzung an Bord.

Als man Nachmittags 1 Uhr das Feuerschiff Kalkgrund an Steuerbord hatte, setzte man den Curs auf SOzO. Die Luft war diesig, der Wind wehte aus NW. Mit gerefftem Großsegel dem Klüver und der Stagfock, den großen Baum nach Backbord, die andern Schoten nach Steuerbord aus, segelte man den Curs SOzO vor dem Winde weiter, bis Abends 9 Uhr grade voraus ein weißes Licht in Sicht kam. In der Meinung, daß er das Leuchtfeuer von Fakkebjerg auf der Südspitze der Insel Langeland vor sich habe, legte der Schiffer das Ruder backbord, um sein Schiff von der Südspitze der Insel frei zu bringen. Da er gewahrte, daß er nunmehr dem Lande näher kam, ließ er gleich darauf den Backbordanker fallen. Der Anker wollte nicht fassen, das Schiff stieß auf den Grund und blieb mit der Backbordseite dem Lande zugekehrt, festsitzen.

Das Schiff war an der NWKüste der Insel Fehmarn, 1½ Seemeilen südwestlich vom Westermarkelsdorfer Leuchtthurm, ungefähr 15 m von der Küste, aufgelaufen. Dem Schiffer wurde solches erst klar, als er am andern Morgen in seinem Boote ans Land ging und dort von dem an den Strand gekommenen Feuerwärter erfuhr, wo er sei.

Nach einigen Tagen, als der Wind nach Osten umgegangen, stilles Wetter eingetreten und das Wasser etwas gestiegen war, gelang es einigen Fischern, die aus dem in der Nähe liegenden Hafenort Ohrt herbeigeholt waren, das Schiff flott zu machen und nach Ohrt zu bringen. Hier stellte sich heraus, daß die Scharfen sich an verschiedenen Stellen gelöst hatten, sonst aber das Schiff ziemlich unbeschädigt geblieben war. Am 3. Mai war das Schiff wieder soweit ausgebessert, daß man die Reise nach Stolpmünde fortsetzen konnte. Am 31. Mai wurde dieser Bestimmungsort ohne weitere Unfälle erreicht.

Die gesammten durch die Strandung erwachsenen Kosten belaufen sich nur auf reichlich 300 M.

Der Schiffer Orgel behauptet, er habe auf der Reise bis unmittelbar vor der Strandung ununterbrochen das Loth geworfen und das Handlogg gebraucht. Was die Benutzung des Lothes betrifft, giebt er zu, daß diese geschehen sei, ohne die jedesmaligen Tiefen zu beachten und nur zu dem Zweck, sich darüber zu vergewissern, daß man Wassertiefe genug habe. Bei dem Gebrauch des Loggs will er die zurückgelegten Entfernungen controlirt haben. Er will auf seiner Karte, einer alten dänischen Seekarte vom Jahre 1848 mit kleinem Besteck, die Entfernungen, welche er von 1 Uhr Nachmittags bis Abends 9 Uhr gesegelt ist, von Stunde zu Stunde aufgezeichnet haben. Nach diesen Aufzeichnungen hat das Logg eine durchschnittliche Fahrgeschwindigkeit von reichlich 2 Seemeilen in der Stunde ergeben; insgesammt beläuft sich danach die von 1 Uhr Nachmittags bis 9 Uhr Abends ausgelaufene Entfernung auf 16,7 Seemeilen. In der mündlichen Verhandlung vor dem Seeamt legte der Schiffer eine dänische Seekarte vor, in welche die Aufzeichnungen von Stunde zu Stunde eingetragen waren. Darauf hingewiesen, daß die vorgelegte Karte auffallend neu und ungebraucht aussehe, gab er zu, er habe diese Karte erst kurz vor dem Beginn der Verhandlung hier am Orte gekauft und dann die bezüglichen Eintragungen gemacht. Die zur Navigirung benutzte Karte soll mittlerweile verschlissen sein; die in die neue Karte eingetragenen Aufzeichnungen will er aus dem Gedächtnisse eingetragen haben, sein Notizbuch, in welches sie gleichfalls eingetragen gewesen sein sollen, hatte er nicht zur Stelle.

Daß er dahin kam, wo er strandete, führt er lediglich auf Stromversetzung zurück, er will auch am Wasser gesehen haben, daß Strömung vorhanden sei, hat sich aber nicht weiter darum bekümmert, wohin sie lief.

Ein Journal hat er nicht geführt, er will die vorgekommenen Ereignisse dagegen auf Papierlappen oder in sein Taschenbuch eingetragen haben.

Nach amtlicher Mittheilung des Feuerwärters zu Westermarkelsdorf waren Wind und Wetter am 19. April, wo die Strandung erfolgte, folgendermaßen beschaffen:

7 Uhr 30 Minuten Abends: Wind West, Stärke 5, Sichtigkeit 9 (dicke Luft).

12 Uhr Abends: Wind Nord-West, Stärke 4, Wetter bedeckt.

Der Reichscommissar hat beantragt, daß dem Schiffer Orgel die Befugniß zur Ausübung des Schiffergewerbes entzogen werde.

Der Nachmittags 1 Uhr beim Kalkgrund-Feuerschiff ausgesetzte und seitdem gesteuerte Curs war der richtige. Er mußte, wenn er thatsächlich gefahren wurde, das Schiff frei von der Fehmarn'schen Küste in den Fehmarn-Belt bringen; denn er führt ungefähr 2 Seemeilen nördlich von dem Westermarkelsdorfer Leuchtthurm bei Fehmarn vorbei.

Nach der Rechnung des Schiffers, wie er sie sich zurecht gemacht hat, konnte er Abends 9 Uhr noch lange nicht in der Nähe der Fehmarn'schen Küste sein. War er wirklich, wie er unter Berufung auf sein Logg angiebt, seit 1 Uhr Nachmittags um 9 Uhr Abends, wo das Feuer in Sicht kam, nur 16,7 Seemeilen durch das Wasser gefahren, so mußte er noch ungefähr 25 Seemeilen weiter westlich stehen, als er thatsächlich stand. Er mußte dann noch etwa 10 Seemeilen westlich von der Südspitze Langelands sein und er würde in diesem Falle mit einigem Recht haben annehmen können, daß das gesichtete Feuer das von Fakkebjerg sei. Die Erklärung dafür, daß er in Wirklichkeit 25 Seemeilen weiter gefahren sei, würde nur darin zu finden sein, daß er in Folge Strömung rascher über den Grund gefahren sei, als das Logg anzeigte. Seine Angaben darüber, was das Logg zeigte, sind indessen unzweifelhaft unwahr und offensichtig nur erfunden, um die Leichtigkeit seiner Navigirung zu verdecken.

Es ist zunächst unglaublich, daß er im Stande sein sollte, die Ergebnisse des Loggs, wie er sie am 19. April gefunden haben will, am Tage der Verhandlung vor dem Seeamt am 13. Juni 1889, also 7 Wochen später, so im Gedächtniß zu haben, daß er sie genau nach Stunden in die von ihm neu angeschaffte Karte einzutragen vermochte. Sodann widersprechen die Aufzeichnungen den thatsächlichen Verhältnissen. Bei einer Windstärke zwischen 4 und 5, also bei einer mindestens starken Briese vor dem Winde segelnd, mußte das nur in Ballast gehende Schiff in der Stunde viel mehr als reichlich 2 Seemeilen durchs Wasser machen. Es muß mindestens 4 bis 5 Seemeilen in der Stunde durchs Wasser gefahren sein.

Das Feuer, welches 9 Uhr Abends recht voraus in Sicht kam, war das Feuer von Westermarkelsdorf. Kam das Schiff, nachdem man beim Sichten des Feuers das Ruder backbord gelegt hatte, 1 1/2 Seemeilen südwestlich von diesem Feuer auf den Strand, so muß es um 9 Uhr Abends noch ungefähr eine Seemeile NWzW von dem Feuer gestanden haben, weil es bei geringerer Entfernung mit Backbordruder vom Curse SOzO abgehend weiter nördlich auf den Strand hätte laufen müssen. Es ist dies durch die Formation der von Nordost nach Südwest sich erstreckenden Fehmarnschen Küste gegeben.

Stand er hiernach 9 Uhr Abends 1 1/2 Seemeilen NWzW von dem Westermarkelsdorfer Feuer, so stimmt die zu 4 bis 5 Seemeilen in der Stunde angenommene Fahrgeschwindigkeit des Schiffes mit der Entfernung, die seit 1 Uhr Nachmittags ausgelaufen war, überein und bedarf es in dieser Beziehung nicht der Annahme einer Stromversetzung, um den Schiffsort zu erklären. Der solchergestalt gewonnene Schiffsort weicht nur insofern von dem gesteuerten Curse ab, daß er ungefähr 2 Seemeilen südlich von der Curslinie zu stehen kommt. Dies wird lediglich auf Rechnung einer nach Süden setzenden Strömung zu bringen sein.

Aus Obigem ergiebt sich, daß der Schiffer Orgel darauf los gefahren ist ohne die Fahrgeschwindigkeit seines Schiffes zu beachten und seinen Schiffsort durch die ihm zu Gebote stehenden Mittel zu beaufsichtigen. Mag auch die Diesigkeit der Luft ihn gehindert haben, Peilungen vorzunehmen, so hätte er doch durch sorgfältiges Loggen und Lothen sich leicht einigermaßen zurechtfinden können. Er hat weder das Eine noch das Andere gethan; denn Lothungen, wie er sie vornahm, konnten einen Erfolg überall nicht haben, weil ohne Kunde von den Wassertiefen keine Anhaltepunkte für den Schiffsort zu finden sind. Er hat damit den Unfall verschuldet.

Wäre er nur einigermaßen über den Schiffsort unterrichtet gewesen, so hätte er 9 Uhr Abends niemals das Ruder backbord legen dürfen, da er dann wissen mußte, daß das Feuer, welches er voraus hatte, kein anderes als das an der Nordwestküste Fehmarns befindliche sein könne. Ihm fällt hierbei auch zur Last, daß er das Feuer von Westermarkelsdorf nicht als solches ausmachen konnte. Hätte er sich überall nur ein wenig über die auf seinem Reiseweg vorkommenden Feuer bekümmert, so hätte er gewußt, daß das Feuer von Fakkebjerg ein festes Feuer war, das von Westermarkelsdorf dagegen von der Seite, woher er kam, sich als ein Blinkfeuer zeigen mußte. Bei einiger Aufmerksamkeit hätte es ihm dann nicht entgehen können, daß er kein festes Feuer, sondern ein Blinkfeuer vor sich habe. Wie groß sein

Mangel an Umsicht gewesen ist, wird dadurch bestätigt, daß er am Morgen nach der Strandung noch nicht einmal wußte, wo er war.

Abends 9 Uhr, als das Feuer gesichtet wurde, bedurfte es nur eines sehr einfachen Manövers, um die Strandung zu vermeiden. Es hätte das Ruder anstatt backbord steuerbord gelegt werden müssen; mit diesem Manöver wäre das Schiff nördlich von der Fehmarnschen Küste von allen Untiefen freigegangen. Daß der Schiffer nicht so manövrirte, läßt sich nur dadurch erklären, daß er sich über den Schiffsort und das gesichtete Feuer völlig im Unklaren befand. Die Diesigkeit der Luft entschuldigt ihn nur wenig, weil er immerhin auf eine Entfernung von etwa einer Seemeile das Feuer sichten konnte, folglich auch bei einiger Aufmerksamkeit sich über die Art desselben zu unterrichten vermochte.

Die Bemannung des Schiffes war ungenügend, weil zwei alte Leute, von denen der eine noch dazu nervenschwach ist, nicht im Stande sind, ein Schiff von der Größe des „Arnold Ruge" ordnungsmäßig zu handhaben. Nach dem Handbuch für die deutsche Marine für 1888 sind denn auch drei Mann als Besatzung für das Schiff vorgesehen. Zu rügen ist ferner, daß der Schiffer kein Journal geführt hat; Schiffe aus den älteren preußischen Provinzen sind von der Journalführung niemals befreit.

Obgleich der Schiffer im vorliegenden Falle einer geradezu bodenlosen Leichtfertigkeit und Nachlässigkeit sich schuldig gemacht hat, welche die Strandung seines Schiffes herbeiführte, so ist ihm doch die Befugniß zur Ausübung des Schiffergewerbes nicht entzogen worden. Es ist hierbei erwogen worden, daß er bereits 35 Jahre mit der Seefahrt sich beschäftigt hat, ohne daß seither etwas besonderes Nachtheiliges gegen ihn zur Sprache gekommen wäre und daß sich aus seinem Verhalten im vorliegenden Falle noch nicht darauf schließen lasse, die ihm zur Last gelegten Fehler beruhten auf einer unverbesserlichen Eigenschaft. Auch ist in Betracht gezogen worden, daß der Unfall nicht von erheblichen Folgen war, sowie daß der Schiffer, da er in Ballast fuhr, nicht fremdes Gut sondern nur sein eigenes Schiff gefährdete.

Die Entscheidung des Kaiserlichen Ober-Seeamts lautet:

Auf die Beschwerde des Reichscommissars gegen den Spruch des Königlich preußischen Seeamts in Flensburg vom 13. Juni 1889 über den Seeunfall der Schaluppe „Arnold Ruge" von Barth hat das Kaiserliche Ober-Seeamt in seiner zu Berlin am 22. October 1889 abgehaltenen öffentlichen Sitzung nach mündlicher Verhandlung der Sache entschieden,

daß der Spruch des Königlich preußischen Seeamts in Flensburg vom 13. Juni 1889 zu bestätigen und die baaren Auslagen des Verfahrens außer Ansatz zu lassen seien.

Gründe. Es unterliegt keinem Zweifel, daß Schiffer Orgel die Strandung des von ihm geführten Schaluppschiffs „Arnold Ruge" verschuldet hat, dieselbe aber hätte vermeiden können, wenn er, wie wie es seine Pflicht war, die Fahrt des Schiffs gewissenhaft bestimmt und beobachtet, auch das Loth sachgemäß gebraucht hätte.

Die Fahrt, welche das unbeladene und daher besonders leicht und schnell segelnde Schiff am Unfallstage mit frischer achterlicher Briese machte, muß erheblich mehr, als die vom Schiffer Orgel nur in Rechnung gezogenen 2 Knoten betragen haben. Orgel hätte dies bei einiger Aufmerksamkeit selbst dann erkennen müssen, wenn er nicht das Logg, sondern nur das Loth benutzt hätte, denn bei der geringen Wassertiefe mußte die Richtung der Lothleine nicht nur den Fahrtunterschied in genügender Weise, sondern auch Richtung und ungefähre Stärke des Stroms anzeigen. Demgegenüber kann die Angabe Orgel's, er habe die Fahrt seines Schiffs mit einem in Ordnung befindlichen Logg zum Oeftern festgestellt, so daß die stattgehabte Versegelung auf Stromversetzung zurückgeführt werden müsse, nur als willkürlich und unrichtig gelten, wie denn die Angaben Orgel's sich überhaupt als ungenau und unzuverlässig darstellen. Die Versegelung erklärt sich vielmehr einfach aus der zu gering angenommenen Fahrt, während die Annahme einer so ungewöhnlich starken Strömung, wie von 27 Seemeilen in 8 Stunden, durch nichts unterstützt, vielmehr durch die Aufzeichnungen der regelmäßigen Tagesschwankungen am electrischen Pegel der Kaiserlichen Werft zu Kiel widerlegt wird. Hier wurden nämlich beobachtet:

Am	12 Uhr Nachts.	6 Uhr Vormittags.	12 Uhr Mittags.	6 Uhr Abends.
17. April.	19 cm + Null.	8 cm + Null.	10 cm — Null.	12 cm + Null.
18. „	± „	12 „ + „	9 „ — „	4 „ + „
19. „	6 „ — „	4 „ + „	11 „ — „	1 „ — „
20. „	15 „ — „	8 „ — „	11 „ — „	5 „ — „

Aber auch die Angabe des Schiffers Orgel, das Loth unausgesetzt gebraucht zu haben, kann nur als unglaubwürdig gelten, denn jeder am Abend des 19. April von ihm ordnungsmäßig ausgeführte Lothwurf würde nur 6 bis 7 m Wassertiefe ergeben, ihn also belehrt haben, daß das damals gesichtete Licht nicht das von Fakkebjerg sein könne, in dessen Nähe die Tiefe gegen 10 m mehr beträgt. War, wie Orgel angiebt und wie es nach der obwaltenden Witterung auch wahrscheinlich ist, das gesichtete Licht nur ab und zu undeutlich zu erkennen, so mußte er dasselbe eher für ein Blinkfeuer, als für das feste Fakkebjerger Licht halten und war dann um so mehr verpflichtet, sich durch das Loth zu vergewissern, wo er sich befand, als er die Möglichkeit einer Stromversetzung selbst schon in Erwägung gezogen hatte.

Trifft den Schiffer Orgel hiernach zwar der vom Reichscommissar und vom Seeamte gegen ihn erhobene Vorwurf, durch geradezu bodenlose Leichtfertigkeit und Nachlässigkeit bei der Navigirung die Strandung des Schaluppschiffs „Arnold Ruge" verschuldet zu haben, so kann doch dieses sein Verhalten gegenüber der Thatsache, daß er seit 35 Jahren Schiffsführer gewesen und nichts ihn als solchen Belastendes bekannt geworden ist, nicht auf das Fehlen von Berufseigenschaften, wie sie zur Ausübung des Schiffergewerbes erforderlich sind, zurückgeführt werden.

Bei den vom Reichscommissar zum Beweise des Gegentheils angezogenen Seeunfällen, welche der Schiffer Orgel mit der Barther Schoonerbrigg Edward Waugh erlitten hat, ist ihm nach dem Spruche des Seeamts zu Stralsund vom 31. October 1884 (vergl. Entscheidungen der Seeämter pp., Band 5, Seiten 795 bis 797) nur ein entschuldbarer Mangel an Vorsicht vorzuwerfen. Auch die Annahme des Reichscommissars, daß Schiffer Orgel durch sein hohes Alter bereits stumpf geworden sei und die zum Betriebe des Schiffergewerbes erforderlichen Eigenschaften unwiderbringlich eingebüßt habe, erscheint nach dem Auftreten des letzteren vor dem Ober-Seeamte nicht zutreffend. Er hat dem letzteren zwar den Eindruck eines in seinen Angaben unzuverlässigen und selbst unwahren, aber zugleich eines noch völlig geistes- und thatkräftigen Mannes gemacht.

Sonach war der angefochtene seeamtliche Spruch lediglich zu bestätigen, ein Kostenansatz aber nicht zu machen, weil die Beschwerde vom Reichcommissar eingelegt ist.

33. Spruch des Seeamts zu Bremerhaven vom 23. October 1889, betreffend den Seeunfall des Schraubendampfers „Minister Maybach" von Geestemünde.

Der Spruch des Seeamts lautet:

Der Tod des Maschinisten-Assistenten Göke, welcher am 25. Juni 1889 auf dem Petroleumtankdampfer „Minister Maybach", auf der Reise von New-York nach Geestemünde verunglückte, ist dadurch verursacht, daß Göke im Sicherheitsraum durch Petroleumgase betäubt wurde und mit dem Kopfe in das dort befindliche Wasser fiel und ertrank. Ein Verschulden dritter Personen liegt nicht vor, vielmehr hat Göke, als er sich an dem fraglichen Morgen allein in den Sicherheitsraum begab, der auf dem Schiffe bestehenden und ihm wiederholt eingeschärften Vorschrift, daß Niemand ohne Begleitung einer zweiten Person den Sicherheitsraum betreten dürfe, zuwidergehandelt. Mängel in der Beschaffenheit des Schiffes liegen nicht vor, auch ist nach Ansicht des Seeamts die strenge Befolgung der eben erwähnten Vorschrift ein genügendes Mittel, um Unglücksfällen der hier vorliegenden Art, welche in Folge von Betäubung durch Petroleumgase entstehen können, vorzubeugen.

Thatbestand und Gründe. Der in Geestemünde beheimathete, den Rhedern W. A. Riedemann daselbst und Alb. Nic. Schütte & Sohn in Bremen gehörige Schraubendampfer „Minister Maybach", Unterscheidungssignal KRBW, welcher zu 4974,2 cbm = 1755,89 britischen Register-Tons Netto-Raumgehalt vermessen ist und von dem Schiffer Johann Heinrich Bünger aus Geestemünde geführt wird, dient zum Transport von Petroleum und besitzt zu diesem Zweck sieben Tanks zur Aufnahme des Petroleums, welche fast den ganzen Vor- und Mittelraum des Schiffes einnehmen, während im hinteren Theile des Schiffes die Maschine untergebracht ist. Zwischen dem hintersten Petroleumtank und dem Maschinenraum befindet sich eine besondere, vom Deck bis zum Kielschwein durchgehende Abtheilung, deren obere Hälfte den Pumpraum, die untere den sog. Sicherheitsraum bildet. Durch den letzteren Raum führen sämmtliche Röhren zum Pumpen des Petroleums wie auch des Wasserballastes, welcher größtentheils unter den Petroleumtanks eingenommen wird, hindurch. Wenn die Ventile dieser Röhren im Sicherheitsraum zufällig nicht ganz dicht sind, sammelt sich unten auf dem Boden dieses Raumes etwas

Petroleum und Wasser. In diesem Raum verunglückte am 25. Juni 1889 auf der Reise des Dampfers von New-York nach Geestemünde der Maschinisten-Assistent Karl Göke aus Geestemünde.

Bei der über diesen Unfall eingeleiteten Untersuchung sind vor dem Seeamt als Zeugen vernommen worden der Schiffer Bünger, erster Steuermann B. Schierhorst, zweiter Steuermann B. G. Tholen, Zimmermann B. D. Meyer und Matrose Wachsmuth sowie als Sachverständiger der Vorsteher des hiesigen Petroleum-Testbüreaus Junker. Auch lag dem Seeamt ein Bauriß des Schiffes vor. Das Resultat der Untersuchung ist folgendes:

Dem Maschinisten-Assistenten Göke lag das Amt eines sog. Pumpenmeisters ob, als welcher er die Tanks, Rohrleitungen u. s. w. unter Controle zu halten und für deren Reinigung und Reparatur zu sorgen hatte. Für das Betreten des Sicherheitsraumes bestand auf dem Schiffe die strenge Vorschrift, daß Niemand hinuntergehen durfte, ohne sich ein Tau um den Körper zu befestigen und einen anderen Mann zur Begleitung mitzunehmen. Diese Vorschrift war getroffen, um Unglücksfällen, welche durch die sich dort entwickelnden Petroleumgase entstehen können, vorzubeugen. Nach Aussage sämmtlicher vernommenen Zeugen ist diese Vorschrift stets streng befolgt worden; auch dem Göke war sie eingeschärft worden, zuletzt von dem Steuermann Tholen im Auftrage des Schiffers; bei einer früheren Gelegenheit, als Göke einmal allein in den Sicherheitsraum gehen wollte, war ihm dies vom Schiffer, wie dieser bezeugt hat, untersagt worden.

Der Dampfer verließ am 22. Juni 1889 mit gefüllten Tanks New-York. Es stellte sich heraus, daß einige Ventile im Sicherheitsraum nicht ganz dicht waren, sodaß sich in letzterem Petroleum und Wasser gesammelt hatte. Am 22. und 24. Juni arbeitete Göke an der Reparatur dieser Ventile. Zu seiner Begleitung befand sich in dem Raume der Matrose Wachsmuth, welcher, wie dies regelmäßig geschah, vom ersten Steuermann dazu bestimmt worden war. Wachsmuth bekundet, daß Göke bei der Arbeit auf einem Rohre unten im Raume gestanden, während er selbst seinen Standpunkt mehr oben gehabt habe. Er habe an einem dieser Tage einmal bemerkt, daß Göke angefangen habe, betäubt zu werden, was an seiner Sprache zu merken gewesen sei, weshalb er ihn schnell nach oben geholt habe. Göke habe bei dieser Gelegenheit geäußert, er hätte es wohl noch länger aushalten können, es sei aber doch besser gewesen, daß er heraufgekommen sei.

Am 25. Juni Morgens gegen 6 Uhr 30 Minuten fragte der

erste Steuermann den Göke, ob er noch einmal in den Sicherheitsraum hinein müsse, was Göke verneinte mit dem Bemerken, es könne nach einigen Minuten gepumpt werden. Um 7 Uhr 45 Minuten kam der Göke mit der Frage zum ersten Steuermann, ob nun gepumpt werden solle, worauf jener erwiderte, er möge das Wasser auspumpen, das Oel aber im Schiffe lassen. Göke lieh sich von dem Zimmermann Meyer einen Schraubenschlüssel, ohne zu sagen, zu welchem Zwecke, und entfernte sich dann. Gegen 9 Uhr 30 Minuten meldete der zweite Maschinist dem Schiffer, es müsse gestoppt werden, um etwas an der Maschine zu repariren, der hierzu nöthige Schraubenschlüssel sei aber nicht vorhanden, auch sei Göke, der ihn sich geliehen, nicht zu finden. Man suchte nun nach Göke und fand, daß das eine der zum Sicherheitsraum führenden Mannlöcher offen stand, durch welches ein oben befestigtes Tau hindurchhing. Beim Ziehen an diesem Tau bemerkte man, daß etwas daran befestigt sei. Der zweite Steuermann stieg nun in den Sicherheitsraum hinunter und fand Göke auf dem Boden desselben, mit dem Kopfe im Wasser und mit den Beinen über einem Rohre hängend, liegen. Um den Leib hatte er ein Tau geschlungen, welches aber bis auf die Füße heruntergerutscht war. Er war todt und die sofort angestellten Wiederbelebungsversuche blieben erfolglos. Das Wasser und Oel war an jener Stelle etwa 2 Fuß tief. In der Tasche des Verunglückten fand man 3 Schrauben, welche in einem Ventile fehlten. An diesem Ventile, welches sich etwa 3 Fuß über dem Boden befand, hatte Göke offenbar gearbeitet. Der Schiffer vermuthet, daß Göke das Ventil früher falsch eingesetzt habe und sich daher, um den Fehler zu verbessern, heimlich in den Sicherheitsraum begeben habe.

Der vernommene Sachverständige ist der Meinung, daß Göke durch die Petroleumgase, welche aus Kohlenwasserstoff bestehen und wegen des Mangels an Sauerstoff das längere Verweilen eines Menschen in ihnen nicht gestatten, vielmehr zuletzt tödtlich wirken, zunächst betäubt worden und in das unten im Raume befindliche Wasser gefallen sei, wo er dann durch Ertrinken seinen Tod gefunden habe.

Das Seeamt schließt sich dieser Ansicht über die Todesursache vollständig an. Daß sich in dem fraglichen Raume starke Petroleumgase entwickeln, ist zweifellos. Wie sehr dieselben geeignet sind, einen Menschen zu betäuben, ergiebt sich aus den oben mitgetheilten Wahrnehmungen des Matrosen Wachsmuth, die derselbe schon früher an Göke, als dieser im Sicherheitsraum arbeitete, gemacht hatte.

Die Gefahren, welche sich daraus für jeden, der den Sicherheitsraum betritt, ergeben, können nach der Ansicht des Seeamts (die auch von dem Sachverständigen getheilt wird) schwerlich durch technische Schutz- oder Sicherheitsvorrichtungen beseitigt werden. Wenigstens vermag das Seeamt, in Uebereinstimmung mit den Sachverständigen, keine solche Vorrichtung zu bezeichnen, die als practisch zu empfehlen wäre. Es besteht aber auch kein dringendes Bedürfniß darnach, sofern nur die Vorsichtsmaßregeln, welche auf dem Schiffe zur Verhütung von Unglücksfällen durch Petroleumgase vorgeschrieben sind, streng befolgt werden. Denn wenn Niemand ohne einen Begleitmann, welcher sich stets mehr oben hält, in den Sicherheitsraum hinuntergeht, wird ein Unglücksfall durch Betäubung fast zur Unmöglichkeit.

Es geht aus dem Gesagten hervor, daß das Verschulden eines Dritten an dem Tode des Göke nicht vorliegt. Es muß vielmehr gesagt werden, daß Göke leider das Opfer seiner eigenen Unvorsichtigkeit geworden ist, indem er eine ihm wiederholt eingeschärfte Vorsichtsmaßregel außer Augen setzte, trotzdem er die betäubende Wirkung der Petroleumgase einige Tage vorher an sich selbst verspürt hatte.

34. Spruch des Seeamts zu Hamburg vom 26. October 1889, betreffend den Seeunfall des Dreimastschooners „Rudolf" von Papenburg.

Der Spruch des Seeamts lautet:

Der Unfall des Dreimastschooners „Rudolf" am 26. September 1889 in der Nordsee ist durch das Uebergehen des Ballastes in Folge einer Sturzsee erfolgt.

Es ist ernstlich zu rügen, daß der Ballast nicht in genügender Weise befestigt worden war.

Thatbestand und Gründe. Am Abend des 26. September 1889 traf der deutsche Dreimastschooner „Rudolf" im Schlepptau des Hamburger Lootsenschooners No. 3 vollständig entmastet auf der Cuxhavener Rhede ein.

Die über diesen Unfall eingeleitete Untersuchung ergab, daß der „Rudolf", Unterscheidungssignal KHGS, in Papenburg heimathsberechtigt und im Jahre 1889 auf der Schiffswerft des Schiffsbaumeisters H. W. Meyer in Papenburg erbaut ist und diesem sowie

8 Mitrhedern gehört, unter welchen auch Schiffer Rorf Jansen Oltmanns ist, welcher den Schooner führt.

Das Schiff ist aus Eichen- und Pitchpine-Holz mit buchenem Kiel und Boden in Kraveelart erbaut, hat ein durchgehendes Deck und drei Aufbauten und ein glattes Heck, einen überfallenden Bug mit Gallion, ist mit einer Kupferhaut versehen und als Dreimastschooner getakelt. Das Schiff hat eine Länge von 31,83 m, eine Breite von 7,27 m, eine Tiefe von 3,050 m und einen Netto-Raumgehalt von 570,0 cbm oder 201,20 britischen Register-Tons.

Das Schiff machte seine erste Reise und war von Papenburg nach Cadiz in Ballast bestimmt. Die Besatzung bestand außer dem gedachten Schiffer Oltmanns aus 5 Mann. Das Casco des Schiffes war auf 58427 M. taxirt; hiervon waren bei verschiedenen Versicherungsgesellschaften 9/10 versichert. Bei dem Bureau Veritas hatte das Schiff die Classe ✠ 3/3 A. 1. 1. auf 15 Jahre erhalten.

Am 24. September, Morgens 8 Uhr 30 Minuten, lichtete man den Anker, setzte bei leichtem SSW-Winde alle Segel bei und steuerte unter Führung eines Seelootsen die Ems hinunter. Nachmittags 2 Uhr passirte man Borkum; der Wind flaute ab und ging dann auf SO. Um 5 Uhr 30 Minuten wurde die äußerste Boje der Wester-Ems erblickt; der Lootse verließ dort das Schiff. Gegen 6 Uhr war die Außenboje dwars, man steuerte nun NW nach See zu; um 7 Uhr nahm der Wind zu, die Luft wurde böig. Beide Gaffeltopsegel wurden eingenommen und Außenklüver sowie Besahn und Flieger festgemacht. Gegen 10 Uhr wurde auch das Bramsegel festgemacht. Um Mitternacht ging der Wind nach NNW herum, es wehte eine starke Briese. Fock, Obertopsegel und Klüver wurden festgemacht, auch ein Reff in das Großsegel und den wieder gesetzten Besahn gebunden. Als der Wind noch weiter zunahm, lag man vor dicht gerefften Segeln NNO an.

Am folgenden Morgen machte man die Luken dicht und verschalkte dieselben; Mittags 12 Uhr am 25. September halste man westwärts, warf um 1 Uhr das Loth und ermittelte 20 Faden Tiefe. Es wehte jetzt schwer; gegen 2 Uhr zerriß die neue Klüfock. Abends 6 Uhr lothete man 21 Faden Wassertiefe. In dem sehr hohen Seegange arbeitete das Schiff gewaltig; Abends 8 Uhr halste man ostwärts. Um Mitternacht übernahm Steuermann Niehoff die Wache, mit ihm der Matrose Kloster und der Leichtmatrose de Buhr. Man lag beigedreht; das Ruder war festgebunden, doch befand sich Matrose Kloster in nächster Nähe des Ruderhauses. Ungefähr 1 Uhr

45 Minuten Nachts, während Steuermann Niehoff vom Hinterdeck nach der Kombüse ging, um nachzusehen, ob der vom Leichtmatrosen bereitete Kaffee noch nicht fertig sei und eben die Kombüse erreicht hatte, traf eine schwere Sturzsee den Schooner an der Backbordseite in der Nähe des Fockwants und warf denselben vollständig nach Steuerbordseite über, derart, daß das Wasser in Lee bis an die Luken stand. Sofort waren alle Mann an Deck gekommen. Schiffer Oltmanns befahl, die Piek und Klaufall vom Großsegel, sowie auch den Besahn loszuwerfen oder zu schneiden, doch gelang es nicht die Segel herunterzuholen und waren alle Anstrengungen vergeblich, das Schiff vor den Wind zu bringen. Schiffer Oltmanns ließ nun den Backbordanker werfen, doch konnte nicht so viel Kette gesteckt werden, um den Grund zu bekommen, weil die Kette durch das Ueberliegen des Schiffes unklar geworden war. Da jeden Augenblick das Kentern erwartet werden mußte, befahl Schiffer Oltmanns jetzt die Boote klar zu machen und zunächst die im Großboot stehende Schaluppe zu lösen. In der Verwirrung und in der Angst kappte indeß einer der Matrosen die Luvzurrings des Großbootes; dadurch kenterten die Boote aus ihren Klampen und schlugen über Bord. Durch die Leezurrings noch gehalten, arbeiteten sie in diesem gekenterten Zustande beständig in dem hohen Seegange schwer gegen das Deck und die Luken und stießen letztere ein. Das Schiff legte sich immer mehr auf die Seite, so daß die Luken in Lee unter Wasser lagen, auch lagen die Nocken der Topsegelraaen bereits unter Wasser.

Die Mannschaft konnte sich an Deck nicht mehr halten und kroch bereits auf die Luvverschanzung. Jetzt ließ Oltmanns als letztes Rettungsmittel die Masten kappen. Nach großen Anstrengungen gelang es endlich, die drei Masten über Bord zu bekommen; das Schiff richtete sich nun etwas gerader auf. Man ging hiernach daran, die Kette des Backbordankers zu klaren, welcher dann auch den Grund faßte. Mit der gesammten Mannschaft arbeitete man sodann daran, den im Raum übergegangenen Ballast zu trimmen und es gelang endlich, das Schiff wieder gerader aufzurichten. Nach einer Stunde brach die Ankerkette auf 45 Faden. Mit Tagwerden band man an den abgebrochenen Fockmast ein Leesegel und an den Stumpf des Großmastes ein Oberbramsegel und steuerte mit SO-Kurs auf Helgoland und die Elbe zu.

Gegen 2 Uhr Nachmittags kam ein Hamburger Lootsenschooner in Sicht, welcher dem „Rudolf" zwei Lootsen zur Hülfsleistung gab und denselben dann in die Elbe einschleppte.

In Hamburg wurde das Schiff auf den Slipp geholt, nachgesehen und mit einer neuen Takelage versehen.

Der erlittene Schaden stellte sich zwischen 16 bis 18 000 M.

Da das Schiff seine erste Reise machte, erschien es wünschenswerth, eine eingehende Untersuchung auch darüber eintreten zu lassen, ob in der Bauart des Schiffes Mängel vorhanden wären, welche mit dem vorliegenden Unfall in Causalität ständen. Der Reichs-Schiffsvermessungs-Inspector Steinhaus wurde als Specialsachverständiger über die Bauart des Schiffes vernommen; derselbe erklärte, daß die Bauart des Schiffes selbst zu besonderen Bemerkungen keinen Anlaß gebe. Die Curven der Wasserlinien und diejenigen des Mittelspantes, sowie der ganze Verlauf derselben, wenngleich etwas völlig gehalten, entsprächen den lange schon als bewährt sich gezeigten Formen. Die Bemastung mit der Segelfläche sei der Form des Schiffskörpers entsprechend angeordnet.

Die Untermasten waren aus bestem Holz, (aus Pitchpine hergestellt), der Fockmast mit einem Durchmesser von 18 Zoll und der Großmast von 16 Zoll; der Sachverständige erklärte jene Stärke bei der vorhandenen Länge für genügend. Die Unterwanten aus Draht hatten einen Umfang von 3¼ Zoll englisch und waren deren Taljereepen vierschäftig geschlagen; auch dies entsprach den Vorschriften des Bureau Veritas und genügte den practischen Zwecken. Wie die Beweisaufnahme ergeben, hatte das Schiff mit dem eingenommenen Sandballast einen mittleren Tiefgang von 7 Fuß englisch erlangt; bei der nur verhältnißmäßig geringen Tiefe des Schiffes muß derselbe indeß als genügend für die Seefähigkeit angesehen werden.

In der Bauart, Bemastung und Takelage des „Rudolf" waren somit nach der Erklärung des Specialsachverständigen keine technischen Mängel vorhanden, durch welche die starke Ueberneigung des Schiffes herbeigeführt worden sei. Jenes Ueberfallen des Schiffes ist daher lediglich der schweren Sturzsee, von welcher das Schiff getroffen wurde, und dem damit zusammenhängenden Ueberschießen des Ballastes zuzuschreiben.

Nun hat die Beweisaufnahme ergeben, daß der „Rudolf" 120 Tons Sandballast eingenommen hatte; nach der Erklärung des Rheders den Inhalt von 6 Muttschiffen zu je 20 Tons, wie solche auf der Ems fahren. Der erste Theil des Ballastes war am Lande trocken eingenommen, der größere Theil im nassen Zustande, wie dies gewöhnlich von den Schiffen auf der Ems geschieht. Der Ballast befand sich 10 bis 12 Tage vor dem Abgange in dem Schiff; das aus dem Ballast sickernde Wasser wurde ausgepumpt. Derselbe lag nicht ganz von vorn bis nach hinten; hinten war er noch ungefähr 20 bis 25 Fuß vom Hintersteven entfernt, vorn wohl etwas weniger. Die Raumtiefe im Schiff beträgt etwa 10 Fuß; der Ballast lag noch ungefähr 2 Fuß über dem Kielschwein, welches 18 bis 20 Zoll hoch ist, so daß vom Ballast bis unter Deck noch ein freier Raum von ungefähr 6 Fuß verblieb. Mit Leesegelspieren und Raaen sowie losen Brettern und Feuer- und Stauholz war der Ballast bedeckt, um ihn festzulegen. Die verschiedenen auf dem Ballast liegenden Gegenstände wurden durch in den Sand getriebene Pflöcke gehalten. Nach oben hin war der Ballast nicht abgestützt; die im Schiff befindlichen Stützen sind unten mit Pitchpine-Leisten von 4 bis 5 Zoll Dicke befestigt und oben sind die Stützen mit einem Zapfen in die Deckbalken eingelassen. Zwischen diesen Stützen waren keine Längsschotten; nur ganz vorn und hinten im Schiff waren Querschotten angebracht. Durch das Uebergehen des Ballastes waren die unteren Klampen der Stützen weggebrochen.

Schiffer Oltmanns erklärte dem Seeamt, daß er während seiner langjährigen Fahrten wohl 50 mal mit Ballast von der Ems ausgesegelt sei und daß er nie den Ballast in anderer Weise wie bei der fraglichen Reise befestigt habe, auch ein anderweitiges Befestigen des Ballastes bei den von der Ems aus fahrenden Schiffen nicht gebräuchlich wäre, da der Emssand besonders gut festliege und nur wenn Wasser eindringe, zu laufen anfinge. Im vorliegenden Fall sei kein Wasser vor dem Ueberschießen des Ballastes in den Raum gedrungen. Die Luken seien, wenn auch erst später geschalkt, doch mit Presenningen gedeckt gewesen und es sei, selbst bei dem schweren Arbeiten des Schiffes, überhaupt kein Wasser an Deck gekommen.

Trotzdem Schiffer Oltmanns es für ganz gebräuchlich hält, den Ballast in der von ihm bezeichneten Weise zu fahren, kann das Seeamt diese Art der Befestigung nicht billigen. Mag der Sand an sich auch festliegen, so ist ein Ueberschießen immerhin doch leicht möglich. Im vorliegenden Fall traf das Schiff ganz besonders schweres Wetter, denn am 25. September kam ein schwerer Nordweststurm in dem südlichen Theil der Nordsee zum Ausbruch mit wilder See. Der Möglichkeit des Eintretens solcher elementaren Ereignisse indeß ist jedes Schiff stets ausgesetzt und muß es als Versäumniß gelten, welches ernstliche Rüge verdient, daß der Ballast nicht ordnungsmäßig durch Längsschotten gesichert war. Schiffer Oltmanns hatte besonders zu berücksichtigen, daß er die Segeleigenschaften jenes Schiffes noch nicht kannte und wenn auch ein Schwesterschiff, wie Schiffer Oltmanns dem Seeamt mittheilte, sich auf seinen Reisen stets gut bewährt hatte, so entband dies den Schiffer Oltmanns keinenfalls von der nöthigen Vorsicht. Bei ordnungsmäßiger Anbringung von Längsschotten hätte der Ballast nicht übergehen können; jener große Schaden am Schiff wäre nicht entstanden und auch die Mannschaft nicht in die große Gefahr gerathen, aus welcher sie nur mit genauer Noth entkommen ist.

Das Seeamt muß sich schließlich noch mißbilligend darüber äußern, daß das Ruder während des Beigedrehtliegens in solchem Wetter festgebunden war. Das Schiff würde sicher handiger gewesen sein, wenn das Ruder ordnungsmäßig besetzt gewesen wäre.

35. Spruch des Seeamts zu Bremerhaven vom 30. October 1889, betreffend den Seeunfall des Vollschiffes „Juno" von Bremen.

Der Spruch des Seeamts lautet:

Der Totalverlust des deutschen Vollschiffes „Juno" aus Bremen, welches im August 1889 in der Nähe von Cap Horn in Brand gerieth und von der Besatzung verlassen werden mußte, ist durch die Selbstentzündung der Steinkohlenladung herbeigeführt. Diese Selbstentzündung ist wahrscheinlich durch den Umstand befördert worden, daß die Kohlen sich schon verhältnißmäßig lange Zeit im Schiff befunden hatten. Die angewandte Oberflächen-Ventilation der Kohlenladung war eine zweckentsprechende. Auch im Uebrigen hat es die Besatzung an den erforderlichen Vorsichtsmaßregeln bei der Beladung zur Verhütung der Feuersgefahr wie auch an Maßregeln zur Unterdrückung des Feuers nach der Entdeckung desselben nicht fehlen lassen. Ein Verschulden an dem Unfall trifft daher Niemanden.

Die Matrosen Johann Elmiger aus Bremerhaven und Erton Eukaner aus Finnland sind ohne Zweifel auf dem brennenden Schiff verunglückt, weil sie dasselbe nicht verlassen wollten. Zu ihrer Rettung sind alle den Umständen nach möglichen Maßregeln getroffen worden.

Gründe. Das Vollschiff „Juno", Unterscheidungssignal QDWB, Heimathshafen Bremen, war im Jahre 1861 aus Eisen gebaut, hatte einen Netto-Raumgehalt von 3850 cbm = 1324,32 britischen Register-Tons, eine regelmäßige Besatzung von 19 Personen und stand im

Eigenthum der Rhederei von Diedrich Schilling in Bremen. Führer des Schiffes war der Schiffer C. Schwarting aus Vegesack. Dasselbe war in Lloyd's Register mit ✲ A. 1. classificirt und zuletzt im October 1886 in Cardiff einer Specialbesichtigung unterworfen worden.

In der über den Verlust dieses Schiffes eingeleiteten seeamtlichen Untersuchung sind als Zeugen vor dem Seeamt vernommen der Schiffer Schwarting, der zweite Steuermann Lange, Zimmermann Mumme, Leichtmatrose Peters und Steward Plittner, während im Vorverfahren außerdem der erste Steuermann Gerckens, der Segelmacher Lackeberg, die Matrosen zu Klampen, Hermann, Gangelhoff, Köfters und Büsselberg vernommen worden sind. Das Schiffsjournal ist bei dem Unfall verloren gegangen.

Aus der Verhandlung hat sich folgender Thatbestand ergeben.

Die „Juno" verließ am 5. Februar 1889 Newcastle on Tyne mit einer Ladung von 2045 Tons Kohlen, bestimmt nach Iquique. Die Kohlen kamen frisch aus der Grube, waren von mittlerer Größe, zeigten, soviel der Schiffer und Steuermann wahrgenommen haben keine Schwefeladern und wurden anfangs gestürzt, dann aber langsam in das Schiff eingelassen. Die Ladung wurde bei trockenem Wetter eingenommen. Daß die Kohle ihrer Art nach eine besonders leicht entzündliche gewesen wäre, ist dem Schiffer nicht bekannt. Das Schiff war nicht vollbeladen, vielmehr blieb vorn und hinten ein freier Raum, wenngleich hinten nur ein geringer, übrig. Im Vorderraum zwischen dem Collisionsschott und der Vorderluke war ein größerer freier Raum übrig geblieben, wo altes Tauwerk, Reservehölzer und verschiedene Proviantgegenstände verstaut waren. Beim Trimmen der Kohlen wurde, so oft Licht erforderlich war, nur umschlossenes Licht gebraucht. Zum Zweck der Oberflächen-Ventilation der Ladung führten vom Deck aus drei Ventilatoren in den Raum, von denen zwei drehbar waren. Außerdem wurden während der Reise, so oft das Wetter es gestattete, die Luken geöffnet. Der Tiefgang des Schiffes betrug vorn 20 Fuß 9 Zoll und hinten 21 Fuß 5 Zoll. Das Schiff war vollständig dicht und machte kein Wasser.

Bis zum 30. Grad Südbreite verlief die Reise ziemlich günstig; von da ab bis zum 35. Grad Südbreite war die Witterung sehr unbeständig und herrschte häufig stürmisches Wetter.

Etwa auf dem 36. Grad Südbreite verlor das Schiff durch eine Windhose alle drei Bramstängen und die Kreuz-Marsstänge, die große Ober-Marsraa und die Vor-Unter-Marsraa, sowie die meisten Segel. Um den Schaden zu repariren, wurde beschlossen, Rio de Janeiro als Nothhafen anzulaufen. Hier kam das Schiff am 6. Mai an und setzte nach beendeter Reparatur am 24. Juni die Reise nach Iquique fort. Es herrschte anfangs flauer Wind, dann trat schlechtes Wetter ein, von 45 Grad Südbreite dagegen wieder günstige Witterung. Am 7. August wurde bei Frostwetter Cap Horn passirt. Am 8. August Vormittags meldete der Steward Plittner, daß er im Proviantraum einen eigenthümlichen Geruch bemerkt habe. Beim Oeffnen der Hinterluke wurde dieser Geruch auch dort wahrgenommen, zugleich stieg ein leichter Rauch aus der Luke empor. Dieselbe Beobachtung machte man beim Oeffnen der großen Luke. Es wurde nun während des ganzen Tages Wasser auf die Kohlen gegossen und zwar sowohl durch die Luken als auch durch Löcher, welche in das Deck geschlagen wurden. Als in Folge dessen der Rauch nachließ und das Wetter in der Nacht schlechter wurde, schloß man die Luken wieder; das Schiff segelte bei mäßiger Briese mit Ober-Marssegeln bei dem Winde. Gegen 11 Uhr Nachts wurde die Insel Ramirez etwa NNW in ungefähr 7 Seemeilen Entfernung gepeilt. Gegen 6 Uhr Morgens am 9. August wurden plötzlich die Luken durch die heiße Luft und den Dampf in die Höhe geschleudert, wobei aus der Hinterluke, die über Bord geschleudert wurde, auch Funken emporflogen. Der Schiffer hielt nun, da der Wind südlich war, auf das Land zu und ließ alle drei Boote fertig machen, mit Proviant versehen und zu Wasser führen. Der Wind nahm allmälig zu und artete zum Sturme aus, auch trat zeitweise dichtes Schneegestöber ein. In dem hohen Seegange gingen zwei Boote, ein größeres und das kleine verloren. Der aus dem Schiff aufsteigende Rauch nahm fortwährend zu, so daß die Besatzung es in der Nähe der Luken nicht aushalten konnte. Das Deck krachte bei jedem Fußtritt und man gewann die Ueberzeugung, daß es die höchste Zeit sei, das Schiff zu verlassen. Gegen 5 Uhr Morgens am 10. August passirte man False Cap Horn. Als das Ventil zum Wassertank geöffnet wurde, um das noch übrige größere Boot mit Wasser zu versehen, schlug die Flamme aus dem Tank heraus. Die Besatzung bestieg nun vom Hinterdeck aus das Boot, der Steuermann und Schiffer zuletzt. Als man glaubte, daß alle Mann im Boote seien und die Fangleine schon losgemacht war, hieß es plötzlich, es seien noch zwei Mann an Bord. In der That befanden sich noch der Matrose J. Elmiger aus Bremerhaven und der Matrose E. Eukaner aus Finnland an Bord. Man rief denselben, während sie auf dem Hinterdeck standen, vom Boot aus zu, sie möchten ins Wasser springen, damit sie in das Boot aufgenommen würden. Sie thaten dies jedoch nicht. Dann wurde ihnen zugerufen, sie möchten nach vorn gehen, dann sollten sie dort aufgenommen werden. Das Boot wurde sodann in die Nähe des Vordertheils des Schiffes gerudert und hielt sich dort in einer Entfernung von etwa 20 bis 25 Fuß vom Schiffe eine Zeit lang auf. Es wurde wiederholt den beiden Leuten zugerufen, sie möchten ins Wasser springen, doch antworteten sie darauf nicht, auch wurde nur einer von ihnen vorn bei der Treppe stehend bemerkt. Das Boot ruderte nun nochmals nach hinten, um sie dort aufzunehmen. Alle Zurufe blieben jedoch erfolglos. Nachdem das Boot sich in dieser Weise etwa eine Viertelstunde lang in der Nähe des Schiffes aufgehalten und tief beladen, bei der hochgehenden See mehrere Male Wasser übergenommen hatte, dabei auch leckte, sah sich die Bootbesatzung genöthigt vom Schiffe fortzurudern und dem Lande zuzusteuern. Schon bevor das Boot abfuhr, war von den beiden Zurückgebliebenen nichts mehr zu sehen und zu hören. Die vernommenen Zeugen sind der Ueberzeugung, daß die beiden Zurückgebliebenen in den Flammen umgekommen sind. Der Schiffer meint, daß sie wahrscheinlich durch das Deck durchgebrochen seien. Etwa 10 Minuten nach der Abfahrt des Bootes sah man aus dem Schiffe die Flammen emporschlagen und kurze Zeit darauf den Großmast über Bord stürzen. Das Boot ruderte an der Küste entlang und landete am folgenden Morgen bei der Missionsstation Victoria.

Von hier wurden die Schiffbrüchigen 2 Tage später nach Ushuaia und sodann nach St. Johns weiter befördert. Hier nahm ein Transportdampfer sie auf und brachte sie nach Sanday Point, von wo sie später mit einem Hamburger Dampfer nach Hamburg befördert wurden. Von ihren Effecten hatten sie nur wenig gerettet.

Zu bemerken ist noch, daß auf dem Schiffe zwei eiserne Röhren zum Zweck von Temperaturmessungen angebracht waren, welche von Deck in den Laderaum führten. Die vordere dieser Röhren führte etwa 5 Fuß unter das Zwischendeck hinab, während die hintere bis zum Kielschwein hinunterreichte.

In der vorderen Röhre ist während der Reise die Temperatur der Ladung nicht gemessen worden, in der hinteren auch nur einige wenige Male, und zwar zuletzt, als der verdächtige Geruch im Proviantraum und das Aufsteigen von Rauch aus den Luken zuerst bemerkt wurde. Bei dieser Messung zeigte das Thermometer ganz unten etwa 0 Grad, oben dagegen bis 50 Grad Reaumur. Die Temperatur der Luft betrug damals 8 Grad unter Null.

Was nun die Ursachen dieses Seeunfalles betrifft, so liegt offenbar ein Fall von Selbstentzündung der Kohlenladung vor. Da die Zeugen bestimmt versichern, daß der Schiffsraum niemals mit offenem Lichte betreten worden sei und daß auch in dem oben erwähnten Vorderraum, welcher zeitweilig zum Schleißen von Tauwerk benutzt wurde, stets nur eine geschlossene Laterne gebraucht worden sei, so erscheint die Annahme einer durch Unvorsichtigkeit beim Gebrauch von Licht herbeigeführten Entzündung der Ladung als ausgeschlossen.

Durch welche Ursachen die Steinkohlen sich selbst entzündet haben, läßt sich auf Grund des vorliegenden Materials nicht bestimmt angeben. Doch ergiebt die Verhandlung zunächst, daß die Selbstentzündung nicht etwa durch ein fehlerhaftes Verfahren bei Einnahme der Ladung verursacht oder befördert worden ist, da die Kohlen nur zu allererst gestürzt, dann aber langsam geschüttet sind, und da man bei Einnahme der Ladung trockenes Wetter hatte. Ferner ist auch in Bezug auf die so wichtige Oberflächen-Ventilation der Ladung gegen die auf der „Juno" vorhanden gewesenen Einrichtungen nichts zu erinnern. Die drehbaren Ventilatoren sind nach Aussage der Zeugen stets in Thätigkeit gewesen, und da außerdem bei einigermaßen gutem Wetter eine Lüftung durch die Luken stattfand, so war die derartig bewirkte Ventilation eine genügende. Daß die Kohlen solche gewesen sind, welche besonders stark zur Selbstentzündung neigen, daß sie insbesondere reich an Schwefelkies gewesen sind, hat sich aus der Verhandlung nicht ergeben. Auch ist nicht anzunehmen, daß Wasser von unten an die Kohlen gekommen ist, da das Schiff kein Wasser machte. Ferner hat sich aus der Verhandlung nicht ergeben, daß das Schiff vor und bei der Umsegelung des Cap Horn anhaltend besonders schlechtes Wetter gehabt hätte, und trifft daher auch dieser Grund, welcher zur Erklärung der gerade bei Cap Horn so auffallend häufig vorkommenden Fälle von Selbstentzündung geltend gemacht wird (vergl. Döring, „Feuer im Schiff", Hamburg 1888 S. 10. 11) hier nicht zu. Dagegen ist ein Umstand hervorgetreten, welcher im vorliegenden Falle die Entzündung, wenn auch nicht bewirkt, so doch befördert hat, nämlich die lange Dauer der Reise, welche durch das Anlaufen von Rio de Janeiro als Nothhafen noch erheblich verzögert wurde, wovon die Folge war, daß die Kohlen besonders lange im Schiff lagen. Auch der Schiffer schreibt den Unfall diesem Umstande zu sowie ferner dem Umstande, daß bei Cap Horn ein starker Temperaturwechsel eintrat, indem dort, wie erwähnt, das Thermometer auf 8 Grad unter Null sank. Zu tadeln ist, daß wie aus der Verhandlung hervorgeht, die Messungen der Temperatur der Ladung mittelst des in den eisernen

Röhren herabzulassenden Thermometers nur sehr vereinzelt vorgenommen worden sind. Das Seeamt hat schon in einem früheren Falle („Erwin“ Entscheidungen Bd. 5 S. 440) es als wünschenswerth bezeichnet, daß bei Steinkohlenladungen in regelmäßigen Zwischenräumen Temperaturmessungen vorgenommen werden, weil dadurch bei eintretender Erhitzung der Kohlen eine Aussicht zur Rettung des Schiffes durch Anlaufen eines Nothhafens noch vorhanden ist.

Wird dagegen, wie dies auf der „Juno“ geschehen ist, die Temperatur der Kohlen erst dann gemessen, wenn sie schon Rauch ausströmen, also bereits brennen, so hat die Messung keinen Zweck mehr. Im Uebrigen waren die Maßregeln, welche man traf, um das ausgebrochene Feuer wieder zu löschen, zweckentsprechend. Da dieselben keinen Erfolg hatten, so war das Verlassen des brennenden Schiffes seitens der Besatzung gerechtfertigt.

Die Matrosen Elmiger und Eukauer sind ohne Zweifel auf dem brennenden Schiffe umgekommen. Das Seeamt vermag ein Verschulden an ihrem Tode Niemandem beizumessen. Zwar wäre es richtiger gewesen, wenn die Fangleine des Bootes erst dann losgemacht worden wäre, nachdem man sich überzeugt hatte, daß die ganze Besatzung sich in dem Boote befand. Allein bei der herrschenden Dunkelheit und dem hohen Seegange, der ein schnelles Abstoßen des Bootes erheischte, erscheint jene Unterlassung entschuldbar. Auch scheint es, daß die beiden Verunglückten absichtlich zurückgeblieben sind, da sie trotz des fortgesetzten Zurufens sich passiv verhielten und nichts zur Rettung ihres Lebens unternahmen.

Die Bootsbesatzung dagegen hat, indem sie längere Zeit hindurch mit dem Boot in möglichster Nähe des Schiffes hielt, alles gethan, was zur Rettung der beiden Zurückgebliebenen geschehen konnte. Uebrigens soll nach Aussage des zweiten Steuermanns der Matrose Eukauer stark betrunken gewesen sein. Es wird vermuthet, daß Elmiger, welcher nüchtern war, vor Angst und Verwirrung den Kopf verloren habe.

36. Spruch des Seeamts zu Hamburg vom 1. November 1889, betreffend den Seeunfall des Schraubendampfers „Gellert“ von Hamburg.

Der Spruch des Seeamts lautet:

Der Kohlenzieher Richard Emil Gutmann ist nach ärztlichem

Ausspruch am 23. Juni 1889 an Bord des Dampfers „Gellert“ unter den Anzeichen eines Gehirnschlages verstorben.

Technische Mängel in der Beschaffenheit des Kesselraumes des „Gellert“ haben sich durch die Verhandlung nicht herausgestellt. Die nach dem Kesselraum des Dampfers führenden Ventilatoren sind ihrer Zahl, Stärke und Unterbringung nach hinreichend und genügend, um jenen Kesselraum zu lüften. Auch hat sich aus der Verhandlung nicht ergeben, daß Gutmann in Folge Ueberbürdung mit Arbeit erkrankte, es war vielmehr der Dienst in der Maschine des „Gellert“ ein durchaus geregelter. Gutmann, welcher vor seiner Anmusterung in New-York, um sich als Kohlenzieher herüberzuarbeiten, vom Schiffsarzt untersucht worden, erschien zu dem fraglichen Dienst körperlich durchaus geeignet zu sein.

Thatbestand und Gründe. Am 23. Juni 1889, Nachmittags 3 Uhr 15 Minuten, verstarb auf dem Dampfschiff „Gellert“ auf der Reise von New-York nach Hamburg der als Kohlenzieher angemusterte Richard Emil Gutmann aus Zgierz in russisch Polen, nach dem Ausspruche des Schiffsarztes muthmaßlich in Folge Gehirnschlages.

Da auf dem „Gellert“ während jener Reise noch weitere Erkrankungen von Heizern in Folge großer Hitze vorgekommen waren, erschien es wünschenswerth in technischer Beziehung eine Prüfung der Ventilationseinrichtungen im Kesselraum des „Gellert“ eintreten zu lassen, zur Feststellung, ob jene Vorkommnisse insbesondere der Tod des Gutmann im ursächlichen Zusammenhange mit etwaigen Mängeln in jenen Einrichtungen ständen.

Die eingeleitete seeamtliche Untersuchung hat Folgendes ergeben:

Das Dampfschiff „Gellert“, Unterscheidungssignal RFBM, ist im Jahre 1874 zu Glasgow erbaut und im Jahre 1881 zu Hamburg in seinen inneren Einrichtungen umgebaut. Das Schiff ist aus Eisen, als Schooner getakelt und mit einer Maschine von 3000 indicirten Pferdestärken versehen. Der Netto-Raumgehalt des Schiffes beträgt 6658,7 cbm oder 2350,53 britische Register-Tons. Die Räume, welche von der Maschine und den Dampfkesseln sowie von den festen Kohlenbehältern eingenommen werden, betragen 2953,6 cbm oder 1042,62 britische Register-Tons. Das Schiff hat eine Länge von 114,02 m bei einer Breite von 12,23 m und einer Tiefe von 9,83 m. Die Länge des Maschinenraums beträgt 42,70 m.

In dem Kesselraum des Dampfers „Gellert“ befinden sich acht cylindrische Kessel mit rückkehrenden Siederohren von 3,88 m Durchmesser und 3,20 m Länge. Dieselben liegen zu je vieren an Steuerbord- und an Backbordseite und werden von dem mittschiffs liegenden und von Schott zu Schott reichenden Heizraum aus bedient. Die Rauchgase von je zwei Steuerbord- und Backbord-Kesseln sind in einen der beiden Schornsteine geführt, deren untere Theile je einen Ueberhitzer enthalten. Jeder Kessel hat 3 Feuerrohre und die höchste zulässige Dampfspannung beträgt 5,27 Atmosphären.

Der Kohlenverbrauch in 24 Stunden beläuft sich auf etwa 65 Tons bei „volle Kraft“ gehender Maschine. Die Kohlenbunker befinden sich vorn zwischen Kesselraum und Laderaum, hinten zwischen Kesselraum und Maschinenraum, außerdem sind Reservebunker im Maschinenraum und im Zwischendeck über den Kesseln an beiden Seiten vorhanden. Der vordere Querbunker faßt 430 Tons, der hintere 232 Tons, die Reservebunker fassen 251 Tons, zusammen 913 Tons Kohlen. Die bis zum Oberdeck von Schott zu Schott reichende 16 beziehungsweise 14 Fuß englisch breite Kesselluke enthält nur die Rauchfänge, Ueberhitzer und weiter aufwärts die Schornsteine und ist der Kesselaufbau auf dem Oberdeck, welcher vorn eine Küche und zwischen den beiden Schornsteinen den Donkeykessel enthält, ganz frei bis auf die durchgeführten Schornsteine und Ventilatoren und vollständig mit Grätings abgedeckt. Die Zuführung der frischen Luft zu den Heizräumen erfolgt durch auf dem Kesselbau aufgestellte und nach unten bis zur Höhe der aufgeklappten Rauchkammerthür geführte Ventilatoren, deren Köpfe erheblich über das höher als der Kesselaufbau liegende Kartenhaus und die seitlich befindlichen Boote in die Höhe hinausragen, so daß Wind und Luft von allen Seiten zu den Köpfen freien Zutritt haben. Der Zahl und Größe nach sind folgende Ventilatoren vorhanden: Vor dem vorderen Schornstein stehen, 8 Fuß 9 Zoll von einander entfernt, zwei solche von 27 Zoll englisch Durchmesser, welche unterhalb der Gräting in ein Rohr von 24 Zoll Durchmesser zusammengeführt sind; hinter dem vorderen Schornstein und vor dem Donkeykessel stehen zwei weitere Ventilatoren von 27 Zoll Durchmesser, je 5 Fuß von der Mitte des Schiffes gelegen, welche unterhalb der Gräting mit 24 Zoll Durchmesser einzeln bis zur Tiefe der vorigen geführt sind; zwischen dem Donkeykessel und dem hinteren Schornstein befindet sich mittschiffs ein Ventilator von 24 Zoll Durchmesser, welcher in gleicher Weite bis zur Tiefe der vorigen geführt ist; endlich befindet sich hinter dem hinteren Schornstein noch mittschiffs ein Ventilator von 24 Zoll Durchmesser wie der zuletzt beschriebene. Außerdem befindet sich an der Backbordseite in der Nähe des letzten Ventilators ein Ventilatorrohr ohne Kopf von 20 Zoll Durchmesser, welches lediglich zum Asche-aufhieven benutzt wird.

Nach der Musterrolle und den Angaben des vor dem Seeamt vernommenen zweiten Maschinisten bestand das Maschinenpersonal auf der fraglichen Reise aus 4 Maschinisten, 3 Maschinenassistenten, 21 Heizern und 19 Trimmern und Kohlenziehern, unter diesen letzteren 8 sogenannte Ueberarbeiter, welche gegen eine geringe Vergütung für die Reise ihre Passage durch Arbeiten sich verdienten. Ob diese Ueberarbeiter im vorliegenden Fall sämmtlich unbefahren waren, ließ sich durch die Untersuchung nicht mehr feststellen. Nach der Erklärung des vernommenen Maschinisten sind selbst unter den Ueberarbeitern sehr häufig befahrene Leute, welche von anderen Schiffen desertirt sind. Die Heizer, Trimmer und Kohlenzieher hatten auf dem „Gellert" 4 Stunden Dienst und alsdann 8 Stunden Freiwache. Die unbefahrenen Ueberarbeiter wurden meistens vorn und hinten bei den Bunkern beschäftigt und mußten die Kohlen in die Körbe einschaufeln, welche dann von den Trimmern vor die Feuer gebracht wurden. Mit dem Einschaufeln von Kohlen ist auch der verstorbene Gutmann beschäftigt gewesen.

Wie aus dem Maschinenjournal und dem von dem Schiffsarzt geführten Krankheitsjournal und der Vernehmung des zweiten Maschinisten sowie des Schiffsarztes hervorgeht, erkrankten außer dem Gutmann, der Heizer Himmelreich und der Ueberarbeiter Moje und zwar beide am 21. Juni, einen Tag nach der Abfahrt des Schiffes von New-York. Beide waren nach kurzer Zeit, der eine nach drei, der andere nach 4 Tagen, vollkommen wieder hergestellt. Himmelreich wurde dann als Feuermanns-Steward mit verwandt und hatte somit theilweise leichteren Dienst, während Moje während des Restes der Reise den Dienst als Kohlenzieher gut versah und vollkommen gesund blieb.

Nach dem ärztlichen Krankheitsjournal ist Gutmann vor seiner Einstellung als Kohlenzieher ärztlich untersucht und auf die Schwierigkeit des Dienstes aufmerksam gemacht worden.

Da Gutmann für vollkommen gesund befunden wurde und von normalem, kräftigem Körperbau war, so stand seiner Anmusterung als Kohlenzieher nichts weiter im Wege. Am 20. Juni Vormittags war der „Gellert" von New-York abgefahren und passirte um 1 Uhr 40 Minuten Sandy Hook. Auf der ersten Wache, an welcher Gutmann theil nahm, am 20. Juni, wurde derselbe von der Hitze überwältigt und mußte von seinen Mitarbeitern an Deck getragen werden. Auf ärztliche Anordnung wurde Gutmann sofort bis auf Weiteres vom Dienst entbunden; er erholte sich in der freien Luft rasch wieder. Nach den Zeugenaussagen war es an jenem Tage recht warm, obwohl es in Folge des Windes in dem Maschinenraum nur zeitweise besonders heiß war. Messungen über die Temperatur der Luft haben am Abgangstage nicht stattgefunden, auch wurden Temperaturmessungen im Kesselraum nicht vorgenommen, da die Temperatur infolge der Einströmung frischer Luft durch die Ventilatoren sehr verschieden ist. Am 21. Juni stieg die Lufttemperatur im Freien von 21° auf 26° Celsius, am 22. Juni sank die Temperatur von 27° auf 24° Celsius, am 23. Juni schwankte dieselbe zwischen 24° und 26° Celsius. Am 23. Juni, nachdem ärztlicherseits das völlige Wohlbefinden des Gutmann festgestellt worden, meldete sich derselbe von selbst wieder in der Maschine und fragte an, ob er wieder unten arbeiten könne. Gutmann wurde in Folge dessen zur Nachmittagswache von 12 bis 4 Uhr herangezogen. Nachdem er etwa 30 bis 45 Minuten gearbeitet, kam er zum Maschinisten mit der Meldung, er würde schwach und bat, ob er nicht wieder nach oben gehen könne. Maschinist Pête entließ denselben sofort und ging Gutmann hierauf ohne fremde Hülfe nach oben und zur Koje. Gegen 3 Uhr Nachmittags sprang Gutmann dann plötzlich aus der Koje heraus und fiel zu Boden. Mehrere in der Nähe befindliche Passagiere hielten Gutmann noch, damit er sich bei dem Umsichschlagen nicht verletze. Als der Schiffsarzt auf die Meldung von dem Geschehenen durch den Zwischendecks-Steward wenige Minuten später bei Gutmann eintraf, konnte er nur den Tod desselben feststellen. Eine Section der Leiche vorzunehmen, war aus äußeren Gründen nicht möglich. Die Leiche wurde nach Seemannsbrauch ins Meer versenkt.

Als warscheinliche Todesursache konnte der Schiffsarzt nur einen Gehirnschlag feststellen, der durch übermäßige Blutüberfüllung des Gehirns und seiner Häute hervorgerufen worden sei.

Im Laufe der Untersuchung war auf Antrag des Reichscommissars ein Gutachten von Maschinentechnikern über die Lüftungseinrichtungen im Kesselraum des „Gellert" herbeigeführt worden, aus welchem hervorging, daß die in den Kesselraum des Dampfers „Gellert" führenden Ventilatoren ihrer Zahl, Stärke und Unterbringung nach hinreichend und geeignet wären, um den Kesselraum zu lüften, vornehmlich auch in Berücksichtigung des Umstandes, daß für das Entweichen der erwärmten Luft besonders günstige Verhältnisse bei dem „Gellert" vorlägen. Der Kesselaufbau ist ungefähr 7 Fuß englisch über die Höhe des Oberdecks aufgeführt und können daher selbst bei stürmischem Wetter die Grätings zum Abzug der heißen Luft unbedeckt gehalten werden. Die durch den Reichscommissar angeregte Frage, ob durch Verlängerung der Ventilatoren nach unten hin die frisch zuströmende Luft nicht etwas tiefer in den sehr schmalen Raum zwischen den Kesseln hineingeführt und die Ventilation dadurch verstärkt werden könne, erklärten die Specialsachverständigen für nicht ausführbar, weil dieselben nicht tiefer als bis zu den aufgeklappten Rauchkammerthüren reichen können und auch eine Passage von guter Manneshöhe verbleiben müsse. Ein Tieferführen der Ventilatoren würde die Abkühlung der Heizräume auch nicht verbessern, da sich die zugeführte kalte Luft zu ungünstig vertheilen würde.

Die Frage, ob durch Aufstellung von Centrifugal-Ventilatoren der Luftumlauf in dem Kesselraum des „Gellert" gefördert werden könne, gab zu dem Bedenken Anlaß, daß die Folgen einer solchen künstlichen Zufuhr von Luft zu den Kesselräumen nicht vorauszusehen seien und Schwierigkeiten anderer Art, Störungen und Aenderungen im Betriebe der Kessel als z. B. Leckagen, größerer Kohlenverbrauch, plötzliche Abkühlung der Feuerzüge beim Feuerreinigen ꝛc. nach sich ziehen könnten. Die Frage der künstlichen Lüftung der Heizräume auf Seedampfschiffen sei noch nicht gelöst und maßgebende Erfolge seien noch nicht erzielt worden.

Nach den obigen Feststellungen und den mitgetheilten gutachtlichen Aeußerungen kann darüber kein Zweifel bestehen, daß technische Mängel weder in der Beschaffenheit der Kesselräume des „Gellert" noch in deren Lüftung vorhanden sind, sondern daß die Lüftung der Heizräume jenes Schiffes völlig den an solche zu stellende Anforderungen entspricht.

Nach dem ärztlichen Gutachten muß es auch als erwiesen gelten, daß der Trimmer und Kohlenzieher Gutmann unter den Anzeichen eines Gehirnschlages verstorben ist und daß somit an dem Tode dieses Mannes Niemand von der Besatzung ein Verschulden trifft.

Der Reichscommissar hat aber erinnernd hervorgehoben, daß Gutmann kein Trimmer von Beruf, sondern nur ein Ueberarbeiter gewesen sei; da solche Ueberarbeiter aber nicht für den Dienst im Heizraum sich eigneten, so würde die Anstellung solcher Leute als ein Mangel in der Ausrüstung des Schiffes anzusehen sein, wodurch unter Umständen die Sicherheit des Schiffes in Frage gestellt werden könnte.

Allerdings war Gutmann kein befahrener Heizer und Kohlenzieher. An und für sich konnte derselbe aber nicht als untauglich für den fraglichen Dienst angesehen werden, da die genaue ärztliche Untersuchung vor der Anmusterung ihn als völlig gesund ergab und Gutmann körperlich groß und kräftig gebaut, somit zur Ertragung größerer Anstrengung wohl geeignet erschien.

Offenbar war aber auch der Gehirnschlag, von welchem Gutmann betroffen wurde, nicht die Folge übermäßig schwerer Arbeit, da die übrigen Ueberarbeiter während der fraglichen Reise die ihnen zugewiesene Arbeit gut bewältigen konnten. Auch die auf jener Reise erkrankten Trimmer und Kohlenzieher haben nach mehrtägiger Erholung ohne irgend welchen Nachtheil für ihre Gesundheit den Dienst wieder aufnehmen und bis zu Ende der Reise fortführen können. Wie sich des Näheren aus der Verhandlung ergab, war der Dienst in der Maschine des „Gellert" ein durchaus geregelter. Gutmann scheint auch die Arbeit an sich nicht zu viel gewesen zu sein; er war willig bei der Arbeit, meldete sich aus freien Stücken am Sonntag wieder zum Dienst, nachdem er am Donnerstag zuerst schwach geworden war. Nach Trimmer Proy's Aussage konnte er nur nicht so hart arbeiten, sobald es im Raum unten besonders warm wurde. Gutmann setzte sich dann hin, fing aber immer wieder an zu arbeiten, sobald er sich erholt hatte. Ein solches Flauwerden kommt aber auch bei befahrenen Leuten vor; daß dies dem Gutmann auf seiner ersten Wache passirte, ist daher nichts besonders Auffälliges.

Ueber das Vorleben Gutmann's hat nichts festgestellt werden können. Ob Gutmann nicht vor dem Antritt seines Dienstes unter höchst ungünstigen Verhältnissen gelebt hat und daher weniger widerstandsfähig gewesen, steht dahin. Aus dem Umstand, daß der große kräftige, nach voraufgegangener ärztlicher Untersuchung als gesund befundene Mensch dann plötzlich im Dienst wieder schwach und kurz darauf vom Tode ereilt wird, vermag das Seeamt noch nicht den Schluß zu ziehen, daß der Betreffende zum Trimmerdienst völlig ungeeignet gewesen sei und daß hierin ein Mangel in der Ausrüstung des Schiffes gefunden werden müsse. Im vorliegenden Falle scheint der Tod des Gutmann mit dem von ihm als unbefahrener Heizer und Kohlenzieher übernommenen Dienst nicht ursächlich zu sein.

Allerdings ist auch das Seeamt der Ansicht, daß die Einstellung vieler solcher unbefahrenen Heizer und Kohlenzieher in den Maschinendienst der großen Seedampfer nicht wünschenswerth sei, da dadurch leicht Unzuträglichkeiten und Ueberbürdung des befahrenen Heizer- und Trimmerpersonals eintreten würden.

Andererseits geht das Seeamt nicht so weit, der Einstellung

unbefahrener Leute in das Maschinenpersonal grundsätzlich entgegenzutreten. Allerdings müßten gewisse Gewährleistungen geschaffen werden, daß die unbefahrenen Leute im Stande seien, den immerhin anstrengenden Dienst zu versehen. In erster Linie würde thunlichst eine ärztliche Untersuchung über die körperliche Fähigkeit der für diesen Dienst anzumusternden Leute stattzufinden haben und ferner würde ein entsprechender Ersatz für ein etwaiges Ausscheiden eines solchen Unbefahrenen geschaffen werden müssen, damit eine Ueberbürdung der übrigen Mannschaften vermieden würde. Auch würde dadurch eine Erleichterung im Dienst für die Unbefahrenen selbst einzutreten vermögen.

Die Rhederei des „Gellert" hat dem Seeamt mitgetheilt, daß bei den vielfach vorkommenden Desertionen unter dem Heizpersonal, zumal auf der New-Yorker Linie, auf ihren Schiffen der Regel nach für einen entwichenen befahrenen Heizer, wenn nicht ein entsprechender Ersatz zu beschaffen ist, — und dies ist oft mit den größten Schwierigkeiten verknüpft, — zwei unbefahrene Leute angenommen würden, um die zu leistende Arbeit zu vertheilen und auf die weniger geeigneten Elemente thunlichst Rücksicht zu nehmen, selbstverständlich nach voraufgegangener ärztlicher Untersuchung.

Die große Schwierigkeit, ein geschultes Heizerpersonal für den stetig wachsenden Handelsverkehr zu beschaffen, kann nicht verkannt werden, es ist dieser Schwierigkeit daher auch thunlichst Rechnung zu tragen. Es liegt ja auch im wohlverstandenen Interesse der Rhedereien selbst, von der Einstellung unbefahrener Leute, wenn irgend möglich, abzusehen, da denselben durch die Unfälle, welche aus der Heranziehung zu schwachen Menschenmaterials für den Maschinendienst entstehen, selbst Haftpflichten erwachsen.

37. Spruch des Seeamts zu Rostock vom 1. Februar 1889 und Entscheidung des Kaiserlichen Ober-Seeamts vom 13. November 1889, betreffend den Zusammenstoß der Brigg „Gloria" von Rostock mit der russischen Bark „Sennätär" in der Nordsee.

Der Spruch des Seeamts lautet:

Der am Morgen des 16. December 1887 in der Nordsee stattgehabte Zusammenstoß der Brigg „Gloria" mit der finnischen

Bark „Sennätär", welche den Verlust der Brigg zur Folge hatte, ist durch ein Verschulden des Steuermanns Johann Mohn von hier, welcher den Ausguck an Bord der Brigg ohne Noth eine Zeit lang unbesetzt ließ, verursacht. Dem Steuermann Mohn, welcher auch im Besitze des Schifferpatentes ist, die Befugniß zur ferneren Ausübung des Schiffer- und des Steuermannsgewerbes oder eins derselben zu entziehen, dafür lag dem Seeamte keine ausreichende Veranlassung vor.

Entscheidungsgründe. I. In der stattgehabten Hauptverhandlung ist Nachstehendes thatsächlich festgestellt:

1. Am 14. December 1887 verließ die in Rostock beheimathete, von Schiffer Ludwig Zelck daselbst geführte Brigg „Gloria", Unterscheidungs-Signal MCGR, ein in den Jahren 1864/65 zu Ribnitz erbautes, zu 665,3 cbm = 235 britischen Register-Tons Netto-Raumgehalt vermessenes, wohlerhaltenes Schiff Hull, um mit einer Ladung Steinkohlen im Gewicht von 341 Tons nach Wismar zu segeln. Zu der aus 7 Personen bestehenden Mannschaft gehörte der geprüfte, auch mit Schifferpatent versehene, 65 Jahre alte Steuermann Johann Mohn aus Rostock, welcher seit dem Frühling 1887 an Bord war und sich nach dem Zeugniß des Schiffers Zelck bis dahin stets als sehr tüchtig und zuverlässig erwiesen hatte. Am Morgen des 16. December befand sich die Brigg unweit des Skagerak. Der Wind wehte mit frischer Brise aus SW, die Luft war in der Kimm diesig, jedoch oben klar und gut feuersichtig. Die Seitenlaternen brannten hell. Der Curs der Brigg war NOzO, die Fahrt betrug 5—6 Knoten.

Seit Mitternacht hatte Steuermann Mohn die Wache. Leichtmatrose Hermann Anderson aus Oeland stand auf dem Ausguck, der Junge Richard Großkopf seit 3 Uhr am Ruder. Matrose P. Kriegel, welcher bis dahin dasselbe gehandhabt hatte, ging nach seiner Ablösung müßig auf dem Deck umher. Schiffer Zelck hatte sich gleich nach Mitternacht, nachdem er zuvor den Steuermann angewiesen, während seiner Wache NOzO steuern zu lassen, in der Kajüte zum Schlafen niedergelegt.

Bald nach 3 Uhr Morgens begab sich Steuermann Mohn zu dem auf der Back stehenden Leichtmatrosen Anderson und befahl ihm an, Kohlen aus dem Raum zu holen und damit den Ofen in der Kajüte nachzuheizen. Beide gingen zusammen von der Back auf das Achterdeck, worauf Anderson in den Raum hinunterstieg. Ehe diese Personen die Back verließen, hatten sie noch sorgfältig ausgeschaut, aber voraus kein Licht bemerkt. Einen anderen Mann an Stelle des abgerufenen Matrosen Anderson auf den Ausguck zu beordern, unterließ der Steuermann. Als dieser, und zwar, wie er behauptet, fast unmittelbar nachdem Anderson in den Raum gestiegen war, wieder nach vorn hinaussah, bemerkte er einige Striche an Steuerbord voraus ein rothes Licht, welches ihm nur noch wenige Schiffslängen entfernt zu sein schien. Auf seinen Befehl legte der Junge Großkopf das Ruder sofort nach Steuerbord. Die Brigg drehte denn auch einige Striche nördlich, ward dann aber von dem Gegensegler — (der Gegensegler war die auf der Reise von Abo nach Tarragona mit einer Ladung Holz begriffene und ca. WNW beim Winde steuernde finnische Bark „Sennätär", Schiffer Schwela) — an Steuerbordseite beim Krahnbalken angerannt. Durch den Zusammenstoß wurden der Brigg die Steuerbordwanten der beiden Masten fortgerissen, welche letzteren sodann in Folge der heftigen Bewegungen der stark nach Backbord übergedrückten und nach dem Freikommen beider Schiffe von einander wieder nach Steuerbord zurückfallenden Brigg oberhalb Deck brachen und auf der Regeling liegen blieben. Auch Schanzkleidung, Regeling, Krahnbalken und ein Theil des Schanddecks wurden an Steuerbord zertrümmert, während die Bark ihrerseits bei dem Zusammenstoße den Klüverbaum verlor und diverse sonstige Beschädigungen, insbesondere an Segeln und Tauwerk, sowie einen starken Leck davontrug.

Von Bord der Bark rief man der Brigg die Frage zu, was für ein Schiff dieselbe sei, worauf Steuermann Mohn zurückrief: „ein deutsches". Dann entschwand die Bark der Brigg aus dem Gesicht. Auf letzterer kappte man nun alles Tauwerk fort, um sich zunächst von den Masten zu befreien und weiteren Beschädigungen des Schiffes durch diese vorzubeugen. Wie die Peilung der Pumpe ergab, war die Brigg dicht geblieben. Als es Tag wurde, richtete man Nothmasten auf und steuerte vor dem Winde in das Skagerak hinein. Am 18. Dezember Mittags näherte sich der auf der Reise nach Newcastle begriffene Dampfer „Komet" aus Königsberg, welcher, nachdem zwischen dessen Führer und Schiffer Zelck vereinbart worden, daß der Bergelohn durch das Gericht in Christiansand festgestellt werden solle, die Brigg in Schlepptau nahm und am 19. December dort einbrachte.

2. In Christiansand, wo inzwischen auch die Bark „Sennätär" zu Nothhafen eingekommen war, wurde die Brigg von zwei durch das dortige Rathhausgericht bestellten Sachverständigen einer Besichtigung unterzogen. Die Besichtiger constatirten, daß die beiden Masten fort, an Steuerbordseite 18 Stützen, Krahnbalken, Regeling, Finkenetts und

ein großer Theil des Schanzkleides weggebrochen seien und die Brigg noch sonstige erhebliche Beschädigungen erlitten habe. Sie veranschlagten die Kosten der nothwendigen Reparaturen auf 12500 Kronen und taxirten den Werth des Schiffes in seinem beschädigten Zustande auf 800 Kronen. Das Rathhausgericht erklärte hierauf gestützt durch Beschluß vom 9. Januar 1888 die Brigg für reparaturunwürdig, da deren Werth nach Ausführung der veranschlagten Reparaturen den Betrag der aufgewendeten Reparaturkosten nicht erreichen würde. Dasselbe bestimmte sodann den an den Königsberger Dampfer zu entrichtenden Bergelohn zu 1400 Kronen. Die Brigg ist demnächst mit Inventar öffentlich meistbietend für 1320 Kronen verkauft worden.

II. In der von ihnen am 29. December 1887 vor dem Rathhausgericht zu Christiansand eidlich abgelegten Verklarung haben sich der Schiffer, die beiden Steuerleute und 2 Matrosen von der Besatzung der Bark „Sennätär" folgendermaßen über den Zusammenstoß und die voraufgehenden und nachfolgenden Vorgänge ausgesprochen:

Am 16. December 1887 habe sich die Bark Morgens nach 3 Uhr auf 55 ° 45 ' Nordbreite und 4 ° 30 ' Ostlänge befunden und mit Backbordhalsen bei dem aus SSW wehenden Winde gelegen. Die Luft sei halb klar gewesen, die Seitenlaternen hätten hell gebrannt. Ungefähr um 3 Uhr 20 Minuten Morgens hätte man 3 Striche an Backbord voraus ein grünes Licht gesehen, welches nach ca. 20 Minuten bis auf 1 Strich an Backbord vorgerückt sei. Die Bark hätte ihren Curs unverändert festgehalten und jetzt die Schiffsglocke geläutet, damit der Gegensegler den seinigen ändere. Als dies jedoch auch nach weiteren 5 Minuten nicht geschehen sei, und man es nicht mehr für möglich gehalten hätte, das andere Schiff vor dessen Bug zu passiren, habe Schiffer Schwela anluven lassen, allein trotzdem sei einige Minuten später der Zusammenstoß erfolgt. Auf Anfragen sei ihnen von dem fremden Schiffe zugerufen, daß es eine deutsche Brigg sei, weitere Nachrichten über dasselbe seien ihnen aber nicht gegeben worden. Die Bark habe dann den Tag abgewartet und, als sie von der Brigg nichts mehr gesehen, den Curs auf Christiansand gesetzt, welches sie am 18. December schwer leck erreicht habe.

III. Bei der Verklarung der Brigg vor dem deutschen Consulat zu Christiansand sind die Leute, welche zusammen mit dem Steuermann auf Wache waren, über die dem Zusammenstoß voraufgehenden Thatumstände einzeln vernommen worden. Von ihnen haben ausgesagt:

1. Matrose P. Kriegel:

er habe, während er auf Deck hin und her gegangen sei,

das rothe Licht der Bark erst gesehen, als er deren Glocke gehört habe, und gleich darauf sei dann der Zusammenstoß erfolgt;

2. Junge R. Großkopf:
auch er habe am Ruder stehend das rothe Licht der Bark erst bemerkt, als dort die Schiffsglocke geläutet worden, aber schon vorher das Ruder Steuerbord legen müssen;

3. Leichtmatrose H. Anderson:
er habe sich zur Zeit des Zusammenstoßes im Raum befunden, wohin ihn der Steuermann vom Ausguck abgerufen habe, um Kohlen zu holen, und seiner Meinung nach seien von dem Augenblicke an, wo er das Deck verlassen, bis zum Zusammenstoß gut 5 Minuten verflossen.

Kriegel und Anderson haben diese ihre Aussagen eidlich bekräftigt.

IV. Wie festgestellt ist, segelte die Brigg mit raumem Winde, die Bark dagegen beim Winde. Nach Artikel 14a der Kaiserlichen Verordnung zur Verhütung des Zusammenstoßens der Schiffe auf See vom 7. Januar 1880 war daher die Brigg verpflichtet, der Bark aus dem Wege zu gehen. Weiter steht fest, daß die Luft, wenn auch unten etwas diesig, so doch gut feuersichtig war, und auf Grund der eidlichen Verklarung der Besatzung der Bark sieht das Seeamt als erwiesen an, daß Seitenlichter des russischen Schiffes von ordnungsmäßiger Beschaffenheit gewesen sind und bis zur Collision hell gebrannt haben. Wenn nun ordnungsmäßig eingerichtete Seitenlichter, zumal die rothen, Nachts 2 Seemeilen weit sichtbar sein sollen, so nimmt das Seeamt an, daß das rothe Licht der Bark trotz der unten etwas diesigen Luft auf der Brigg, wenn auf letzterer gehöriger Ausguck gehalten worden wäre, gut 5 Minuten vor der Collision erblickt sein würde, und dieser Zeitraum genügte, da beide Schiffe damals noch beinahe eine Seemeile auseinander gestanden haben werden — bei fast entgegengesetzten Cursen durchliefen sie in einer Stunde zusammen 10 bis 12 Seemeilen, also in 5 Minuten 5/6 bis 1 Seemeile, — für die Brigg vollauf, mit Backbordruder um das Heck der Bark wegzugehen.

Nach der beschworenen Aussage des Leichtmatrosen Anderson sollen von dem Augenblick an, wo er das Deck verlassen, um in den Raum zu steigen, bis zu der Collision gut 5 Minuten verflossen sein, und nach der Verklarung der russischen Besatzung will man das grüne Licht der Brigg bereits 25 Minuten vor dem Zusammenstoß gesehen haben. Mag nun auch, wie anzunehmen ist, diese letztere Zeitangabe auf einer erheblichen Ueberschätzung beruhen, und auch der Leichtmatrose

Anderson die Dauer seines Aufenthaltes im Raum überschätzt haben, so ist doch, wie Steuermann Mohn zugestanden hat, infolge der von ihm getroffenen Anordnung der Ausguck auf der Brigg mindestens 2 Minuten lang unbesetzt geblieben, und dieses sein Zugeständniß legt das Seeamt für die Feststellung der Dauer der Zeit, während welcher der Ausguck unbesetzt war, zu Grunde. Daß es auf Grund einer abermaligen Vernehmung des Leichtmatrosen Anderson zu einer weiter gehenden Feststellung in dieser Beziehung gelangen werde, nimmt dasselbe bei der inzwischen verflossenen, das Erinnerungsvermögen des genannten Zeugen nothwendig beeinträchtigenden Zeit nicht an, und hat es daher den auf eine nochmalige Vernehmung des pp. Anderson gerichteten Antrag des Reichscommissars um so mehr ablehnen zu sollen geglaubt, als der Aufenthaltsort des Anderson unbekannt ist, und die Ermittelung desselben, wenn sie überall gelingen sollte, jedenfalls eine sehr zeitraubende sein würde.

Geht man nun davon aus, daß Steuermann Mohn den Ausguck mindestens 2 Minuten lang unbesetzt ließ, so ist schon hierin ein pflichtwidriges Verhalten desselben zu finden. Der Ausguck darf Nachts überall nicht unbesetzt bleiben, wenn die Schiffe von der Gefahr einer Collision bewahrt sein sollen, und vorliegend durfte das um so weniger geschehen, als die Luft unten diesig war. Dazu kommt, daß für Steuermann Mohn keinerlei zwingender Grund vorlag, von dieser die Sicherheit der Schiffahrt bedingenden Regel abzuweichen. Der Matrose Kriegel war unbeschäftigt und konnte zu dem Anholen der Kohlen verwendet werden. Wollte aber Steuermann Mohn damit gerade den Ausguckmann beauftragen, so stand nichts im Wege, für die Dauer der Abwesenheit desselben den pp. Kriegel auf den Ausguck zu beordern oder letzteren selbst so lange zu übernehmen.

Kann nun nicht bezweifelt werden, daß die Brigg, wenn der Ausguck während der auch nur zu 2 Minuten angenommenen Dauer der Abwesenheit des Leichtmatrosen Anderson von der Back in der einen oder anderen Weise besetzt gewesen wäre, noch hinreichende Zeit gehabt haben würde, mit Backbordruder der Bark auszuweichen, so muß der Unfall auf die Schuld des Steuermanns Mohn zurückgeführt werden.

Ob es, nachdem beide Schiffe einander bereits bis auf wenige Schiffslängen nahe gekommen waren, richtiger gewesen wäre, auf der Brigg das Ruder, anstatt Steuerbord, Backbord zu legen, läßt sich schwer beurtheilen. Wenn dies aber auch der Fall gewesen sein sollte, so wird dem Steuermann gleichwohl aus seinem Rudercommando kein Vorwurf zu machen sein, da derselbe, als er letzteres gab, nur das rothe Licht der Bark sah und über deren genaueren Curs noch keine Gewißheit erlangt hatte, also auch mit der Möglichkeit rechnen mußte, daß dieselbe mehr nördlich anliege, und dann war mit Steuerbordruder eine Collision, wenn nicht zu vermeiden, so doch in ihren verderblichen Folgen erheblich abzuschwächen.

Nach § 2 der Kaiserlichen Verordnung über das Verhalten der Schiffer nach einem Zusammenstoße von Schiffen auf See vom 15. August 1876 hat nach einer Collision jeder Schiffer dem anderen vor der Fortsetzung der Fahrt den Namen, das Unterscheidungssignal, sowie den Heimaths-, Abgangs- und Bestimmungshafen seines Schiffes anzugeben, wenn er dieser Verpflichtung ohne Gefahr für das letztere genügen kann. Steuermann Mohn, welcher zur Zeit der Collision die Deckswache hatte, also Schiffsführer im Sinne jener Verordnung war, hat der Vorschrift derselben insofern zuwidergehandelt, als er auf die Frage des Führers der Bark, was die Brigg für ein Schiff sei, lediglich erwiderte, sie sei eine deutsche Brigg, ohne die weiter gesetzlich erforderlichen Angaben zur Bestimmung ihrer Identität hinzuzufügen.

Diese Zuwiderhandlung erscheint indeß entschuldbar, da dem Steuermann wie er glaubwürdig versichert, nach dem Zusammenstoß infolge der durch letzteren in ihm hervorgerufenen Erregung die Vorschriften der allegirten Verordnung nicht sofort in die Erinnerung kamen, und eine spätere Nachholung des Versäumten durch die völlige Manövrirunfähigkeit der entmasteten Brigg und das schnelle Entschwinden der Bark unmöglich gemacht wurde.

Hat nun zwar nach Vorstehendem Steuermann Mohn durch sein pflichtwidriges Verhalten den Zusammenstoß verschuldet, so ist doch nach Ansicht des Seeamtes sein Verschulden kein derartiges, um den Schluß rechtfertigen zu können, daß es ihm an solchen Eigenschaften mangele, welche zur Ausübung des Schiffer- und des Steuermannsgewerbes oder eines derselben erforderlich sind. Steuermann Mohn, ein Mann von 65 Jahren, hat sich, soweit dem Seeamte bekannt geworden, weder als Schiffer noch als Steuermann jemals etwas zu Schulden kommen lassen, und Schiffer Zelck ertheilt ihm das Zeugniß, daß er sich während einer fast dreivierteljährigen Fahrzeit auf der Brigg stets als sehr tüchtig und gewissenhaft erwiesen habe. Wenn nun hinzukommt, daß er den Ausguck nur auf kurze Zeit unbesetzt lassen wollte und sich, ehe er mit dem Ausguckmann von der Back fortging, sorgfältig nach etwaigen Schiffslichtern umgesehen hat, so kann aus seiner hier in Rede stehenden einmaligen Verfehlung gegen die Pflicht der Vorsicht noch nicht mit Grund geschlossen werden, daß er ein leichtfertiger, unzuverlässiger Schiffsofficier ist, welchem die Führung eines Schiffes, sei es als Schiffer oder auch nur als Steuermann nicht weiter anvertraut werden darf. Das Seeamt hat sich daher nicht veranlaßt sehen können, ihm dem Antrage des Reichscommissars gemäß auf Grund des § 26 des Gesetzes, betreffend die Untersuchung von Seeunfällen, vom 27. Juli 1877 die Befugniß zur ferneren Ausübung des Schiffer- und Steuermannsgewerbes oder auch nur eines derselben zu entziehen.

Die Entscheidung des Ober-Seeamts lautet:

Auf die Beschwerde des Reichscommissars gegen den Spruch des Großherzoglich mecklenburgischen Seeamts in Rostock vom 1. Februar 1889 über den Zusammenstoß der Brigg „Gloria" von Rostock mit der russischen Bark „Sennätär" hat das Kaiserliche Ober-Seeamt in seiner zu Berlin am 13. November 1889 abgehaltenen öffentlichen Sitzung, nach mündlicher Verhandlung der Sache entschieden,

> daß der Spruch des Großherzoglich mecklenburgischen Seeamts in Rostock vom 1. Februar 1889 zu bestätigen und ein Ansatz der baaren Auslagen des Verfahrens nicht zu machen sei.

Gründe. Das Seeamt führt den Zusammenstoß der Brigg „Gloria", Schiffer Zelck, mit der russischen Bark „Sennätär" darauf zurück, daß der wachhabende Steuermann, Schiffer auf großer Fahrt Mohn, den Ausguck auf der Brigg ohne Noth eine Zeit lang unbesetzt ließ. Wäre dies nicht geschehen, so hätte man von der Brigg aus das rothe Seitenlicht der entgegenkommenden Bark unzweifelhaft gesehen und mit Backbordruder zeitig um deren Heck weggehen können. Da aber der 65 jährige Mohn sich bis dahin nichts habe zu Schulden kommen lassen, vom Schiffer Zelck, unter dem er 3/4 Jahre als Steuermann thätig gewesen, als tüchtig und zuverlässig bezeichnet werde, den Ausguck nur auf kurze Zeit habe unbesetzt lassen wollen und vorher noch sorgfältig nach Schiffslichtern ausgeschaut habe, so könne aus diesem einmaligen Versehen nicht geschlossen werden, daß Mohn ein unzuverlässiger Schiffsführer sei, dem man die selbständige Führung eines Schiffs nicht weiter anvertrauen dürfe.

Vom Reichscommissar ist hiergegen mit vollem Recht eingewandt, daß der Ausguckspoften ein so wichtiger sei, daß er niemals unbesetzt bleiben dürfe. In der That beruht auf sorgfältigem Ausguck die

Sicherheit von Schiff, Besatzung und Ladung, wie der vorliegende Fall einleuchtend darthut; erkennt oder beachtet ein Schiffsofficier dies nicht, nimmt er ohne jeden genügenden Grund einen tüchtigen Ausgucksmann von seinem Platze fort, ohne ihn zugleich zu ersetzen, so macht er sich nicht eines bloßen Versehens schuldig, sondern er verabsäumt eine seiner ersten und wichtigsten Pflichten.

Dem Schiffer Mohn steht hierbei indessen entschuldigend zur Seite, daß er vor dem Abrufen des Ausgucks sorgfältig Umschau gehalten und das rothe Licht des „Sennätär" noch vor dessen Glockensignal zuerst erkannt, also sich selbst den Aufgaben des Ausgucksmanns unterzogen hat. Auch muß das Licht des „Sennätär" nicht deutlich zu sehen gewesen sein; denn selbst wenn der Ausguck 5 Minuten lang unbesetzt geblieben wäre, so hätte unter normalen Verhältnissen das rothe Licht doch schon vor dem Abrufen des Ausgucksmanns gesehen werden müssen.

Die Gesammtgeschwindigkeit beider Schiffe betrug annähernd 10 bis 12 Knoten, in 5 Minuten also 5/6 bis 1 Seemeile. Da ein rothes Licht vorschriftsmäßig aber wenigstens 2 Seemeilen sichtbar sein muß, so hätte das des „Sennätär" schon 5 Minuten vor Abrufen des Ausgucksmanns gesehen werden müssen. Kommt nun noch hinzu, daß Schiffer Mohn sich bisher nichts hat zu Schulden kommen lassen, so kann unter den vorliegenden Umständen die einmalige Pflichtversäumniß um so weniger auf einen Mangel der erforderlichen Berufseigenschaften zurückgeführt werden.

Daß Mohn nach dem Erblicken des rothen Lichts das Ruder nach Steuerbord legen ließ, war an sich durchaus unrichtig, denn es fehlte an jedem Grunde zu der Annahme, der „Sennätär" werde seinerseits ausweichen und zu dem Ende in den Wind schießen. Indessen können in jenem Augenblicke die beiden Schiffe einander schon so nahe gewesen sein, daß Backbordruder den Zusammenstoß keinenfalls mehr zu hindern, Steuerbordruder ihn aber vielleicht noch auszuschließen, mindestens aber weniger folgenschwer zu gestalten vermochte. Unter dieser Voraussetzung würde das letztere Manöver nach Artikel 23 der Kaiserlichen Verordnung über die Verhütung des Zusammenstoßens von Schiffen auf See vom 7. Januar 1880 gerechtfertigt erscheinen.

Das Verhalten des Schiffers Mohn nach stattgehabtem Zusammenstoße ist für die Folgen dieses Seeunfalls ohne jede Bedeutung geblieben und daher hier nicht weiter in Betracht zu ziehen. Ob Mohn dabei gegen die Vorschriften der bezüglichen Kaiserlichen Verordnung vom 15. August 1876 verstoßen hat, darüber ist vom Strafrichter zu befinden.

Die baaren Auslagen des Beschwerdeverfahrens waren außer Ansatz zu lassen, weil die Beschwerde vom Reichscommissar eingelegt worden ist.

38. Spruch des Seeamts zu Stettin vom 16. Mai 1889 und Entscheidung des Kaiserlichen Ober-Seeamts vom 14. November 1889, betreffend den Seeunfall des Schraubendampfers „Pionier" von Königsberg.

Der Spruch des Seeamts lautet:

„Der Seeunfall, welchen das Schraubendampfschiff „Pionier" — RDTJ — auf der Fahrt von Stettin nach Königsberg i/Pr. am 19. April 1889 durch Strandung bei Rügenwaldermünde erlitten hat, ist durch Handlungen und Unterlassungen des Schiffers und Steuermanns verschuldet und dadurch von beiden ein Mangel der zur Ausübung ihres Gewerbes erforderlichen Eigenschaften an den Tag gelegt. Auf Antrag des Reichscommissars ist dem Schiffer Zothner die Befugniß zur Ausübung des Schiffergewerbes entzogen, zur Ausübung des Steuermannsgewerbes belassen, dem Schiffer und Steuermann Bollow ist die Befugniß zur Ausübung des Schiffergewerbes und Steuermannsgewerbes entzogen."

Gründe. Der Schraubendampfer „Pionier", Heimathshafen Königsberg i/Pr., Unterscheidungs-Signal RDTJ, vermessen zu 857,3 cbm = 302,63 britischen Register-Tons Netto-Raumgehalt, ist auf der Fahrt von Stettin nach Königsberg i/Pr. am 19. April 1889 in der Ostsee 2½ bis 3 Seemeilen östlich von Rügenwaldermünde auf Grund gekommen und leck gestoßen, mit Hülfe eines Schleppdampfers und nach Werfen von Ladung jedoch wieder abgebracht und ausgebessert. Das Schiff ist im Jahre 1873 aus Eisen erbaut. Die Maschine hat 220 indicirte Pferdekräfte, und verleiht dem Schiff eine Fahrt von 9 Knoten bei Volldampf.

Der „Pionier", welcher zur Rhederei von Robert Kleyenstüber & Co. zu Königsberg i/Pr. gehört, hatte vom 16. bis 18. April 1889 zu Stettin eine Ladung von 9000 Centnern Stückgüter für Königsberg eingenommen. Darunter befanden sich auf Deck 29 Colli Maschinentheile und 1771 Colli Stahlscharren. Der Tiefgang betrug vorn 10 Fuß ein Zoll, achter 13 Fuß ein Zoll. Die Deviation der Compasse war seit 1884 nicht regulirt worden, und wurde nach den Landpeilungen bisheriger Reisen bei östlichem Curse auf 3/4 Strich westlich angenommen, was um so unsicherer war, als die Steuerung inzwischen von unten nach oben verlegt worden war. Bei der nach dem Unfalle erfolgten Regulirung hat sich nur eine westliche Abweichung von 1/4 Strich auf den Cursen Ost und OzN ergeben. Im Uebrigen verließ sich Schiffer Zothner, der die 144ste Fahrt zwischen Stettin und Königsberg unternahm, auf seine genaue Kenntniß des Fahrwassers und der Landmarken, während er seiner Angabe nach mit dem Steuermann Bollow auf gespanntem Fuße stand und alle Ursache hatte, denselben scharf zu beaufsichtigen. Bollow, der selbst das Patent als Schiffer auf großer Fahrt besitzt und seit Juni 1888 als Steuermann auf dem „Pionier" angemustert war, hatte nach Zothner's Aussage sich wiederholt eigenwillig und dünkelhaft gezeigt. Er hatte auf einer früheren Reise von Pillau nach Stettin den vom Schiffer aufgegebenen Curs eigenmächtig um zwei Striche nach dem Lande zu geändert und das Schiff in eine Strandungsgefahr gebracht, die vom Schiffer noch eben rechtzeitig bemerkt und durch Absteuern des Schiffes vom Lande abgewendet wurde. Auch jetzt hatte Bollow bei dem Einnehmen der Ladung auf Zucker ohne Abmattung desselben Taback gelegt und die Vorhaltung seines Schiffers so grob erwidert, daß Zothner ihn des Dienstes enthob, auf Bollow's Bitten jedoch ihn wieder einsetzte.

Am 19. April 1889 Morgens fünf Uhr verholte der Dampfer durch die Brücken des Stettiner Hafens, ging unter Leitung eines Revierlootsen nach Swinemünde und von dort bald nach 11 Uhr Vormittags in See. Auf dem Papenwasser war es ganz dick von Nebel und blieb auch in der See die Luft dick und diesig bei leichter Brise aus NW und geringem Seegange. Es wurde unter Volldampf zuerst 3/4 Stunden nach See hinaus ONO 1/2 O n. d. Compaß gesteuert, sodann O 3/4 N n. d. Compaß längs der Küste. Nach See zu wurde die Luft klar, blieb aber landwärts diesig und die Peilung der Küste daher unsicher. Nach Aussage des Bootsmanns Spiegel wurde Misdroy etwa zehn Seemeilen ab passirt, wovon aber weder im Schiffstagebuche noch in der Verklarung oder den Aussagen der andern Zeugen etwas erwähnt ist. Schiffer Zothner, der seiner Angabe nach in der letzten Nacht nicht geschlafen hatte und daher ermüdet war — nach dem Schiffstagebuche war bis 1 Uhr Nachts Ladung eingenommen — ging um ein Uhr Nachmittags unter Deck, ohne dem Steuermann die Wache gehörig zu übergeben. Der Schiffer hat mit dem Steuermann garnicht gesprochen, sondern nur in Anwesenheit desselben zu dem am Ruder befindlichen Matrosen Palm gesagt, daß er den Curs

O¾N festhalten solle, was Steuermann Bollow dann auf Befragen von Palm erfahren haben will und einstweilen gelten ließ. Um 2 Uhr 30 Minuten Nachmittags wurde Groß-Horst in einem auf 6 bis 7 Seemeilen geschätzten Abstande passirt, um 4 Uhr 15 Minuten der Colberger Kirchthurm in dunklen Umrissen gesehen. Jetzt ließ der Steuermann den Curs auf Ost ändern, seiner Angabe nach, um Funkenhager Feuerthurm sehen zu können; dieser Thurm kam denn auch um 5 Uhr 25 Minuten Nachmittags in schwachen Umrissen in Sicht. Bald darauf soll das Land dann ganz aus Sicht gekommen sein, wie dies auch im Schiffstagebuche und der Verklarung bemerkt ist. Bollow schätzte sich von Funkenhagen 5—6 Seemeilen ab und behauptet, daß Schiffer Zothner, der inzwischen um 5 Uhr oder 5 Uhr 30 Minuten Nachmittags an Deck gekommen war, von dem Maschinisten Tielch auf Funkenhagen aufmerksam gemacht sei. Zothner bestreitet dies und Tielch hat seiner Aussage nach den Feuerthurm von Funkenhagen weder gesehen noch dem Schiffer gezeigt, sondern nur mit dem Finger die muthmaßliche, nach dem Zeitverlauf seit der Sichtung von Colberg geschätzte Lage desselben bezeichnet. Der Ostcurs war schon vor dem Erscheinen des Schiffers wieder auf O¾N zurückgelegt und hat Schiffer Zothner davon, sowie von den früheren Peilungen, nichts erfahren, indem er bei Wiederübernahme des Befehls den Steuermann nicht gefragt, noch dieser etwas berichtet hat. Nach Aussage des Matrosen Palm ließ der Steuermann den Curs auf O¾N zurücklegen, als Schiffer Zothner auf Deck hörbar wurde, auch habe Bollow gesagt, daß Palm von der Cursänderung nicht sprechen möge, da doch schon Rederei genug sei. Steuermann Bollow will den Curs auf O¾N zurückgelegt haben, bevor Schiffer Zothner an Deck zurückkehrte oder überhaupt sich bemerkbar machte. Unstreitig ist mindestens eine Stunde unter Volldampf Ost gesteuert. Schiffer Zothner übernahm die Wache um 7 Uhr 30 Minuten Abends, ließ den Curs auf OzN ändern und befahl dem Bootsmann zu lothen, da es immer dicker wurde und vom Lande nicht das Geringste zu sehen war. Das Loth lag fertig auf Deck und die Maschine war eben gestoppt, als das Schiff auflief und feststand. Das Rückwärtsschlagen der Maschine blieb erfolglos und das Ausbringen eines Warpankers unterblieb, weil es wegen der zunehmenden Brandung am Schiffe gefährlich erschien. Es wurde Decklast geworfen und mit der Maschine bald vorwärts, bald rückwärts gearbeitet. Um 9 Uhr 30 Minuten Abends wurde das Feuer von Rügenwaldermünde in West etwa 2½ bis 3 Seemeilen ab sichtbar. Das Schiff lag jetzt

NWzN an, stieß in dem stärker werdenden Seegange mitunter heftig auf und nahm Brechseen über, welche Sachen und Geräthe von Deck wegspülten. Je mehr geleichtert wurde, um so mehr trieb das Schiff dem Lande zu, gerieth vom Außenriff auf das innere Riff und dann, nachdem durch Werfen von 1500 Centnern Ladung der Tiefgang um einen halben Fuß gemindert war, bis unmittelbar an den Strand, dem es nun den Bug zuwendete. Zu ankern hielt Schiffer Zothner nicht für zweckmäßig, weil das Schiff auf den Anker hätte stoßen können und der Anker doch nicht gehalten hätte. Es wurde Nothfeuer abgebrannt und mit Tagesanbruch die Nothflagge geheißt, worauf ein Raketenapparat zu Hülfe kam und ein Jollentau über das Schiff warf, welches am Maste befestigt, aber nicht benutzt wurde, da vom zweiten Riffe aus eine mitreisende Frau und später auch die Mannschaft mit ihren Sachen mit dem Schiffsboote an Land gesetzt werden konnte. Schiffer, Steuermann und Maschinenpersonal blieben an Bord, wohin auch die übrige Besatzung zurückkehrte. Erneutes Leichtern aus dem Achterraume und Ausbringen eines Warpankers vermochte das Schiff nicht abzubringen, welches erst am 21. April durch den von Greifswald herbeigeholten dänischen Bergungsdampfer „Skandinavien" ausgeführt wurde. Der „Pionier" wurde, nach Verstopfung eines im Boden gestoßenen Lecks, nach Rügenwaldermünde eingeschleppt. Hier wurde das Loch vom Taucher einstweilen abgedichtet, der „Pionier" nach Stettin zurückgebracht und vom Vulcan ausgebessert, nachdem seine Ladung auf den Dampfer „Adler" übergebracht war. Die Bergungskosten betrugen 30000 M., der ganze Schade wird auf etwa 60000 M. angegeben. Unter der geworfenen Decklast befanden sich 29 Colli Maschinentheile, 1771 Colli Stahlscharren, sieben Colli Eisenröhren. Am Abend des 19. April 1889 war bei Rügenwaldermünde sehr nebliges Wetter, frischer Westwind mit hoher See auf den Binnenriffen und starker Strömung von West nach Ost.

Der Reichscommissar macht es der Schiffsleitung zum Vorwurfe, daß bei unsicherem Compaß und dickem Nebel zu dicht unter Land gesteuert und gar nicht gelothet sei, während sich mit zwei Lothungen der Schiffsort hätte genau bestimmen lassen. Schiffer Zothner habe sich den ganzen Nachmittag über nicht um sein Schiff gekümmert, dem Steuermann keine Weisungen gegeben noch denselben gehörig beaufsichtigt, obwohl er doch wußte, daß er ihm nicht trauen konnte. Der Steuermann aber habe die Strandung dadurch mitverschuldet, daß er den Curs eigenmächtig näher dem Strande zu setzte, ohne dem Schiffer davon Mittheilung zu machen. Ob dies aus Furcht oder Niederträchtigkeit unterlassen worden, sei gleichgültig. Die Strandung würde freilich auch auf dem von Zothner angeordneten Curse erfolgt sein, sei aber durch den Steuermann jedenfalls verfrüht worden. Der Reichscommissar stellt den Antrag:

1. dem Schiffer Zothner die Befugniß zur Ausübung des Schiffergewerbes zu entziehen, zur Ausübung des Steuermannsgewerbes zu belassen;
2. dem Schiffer und Steuermann Bollow die Befugniß zur Ausübung des Schiffergewerbes und Steuermannsgewerbes zu entziehen.

Schiffer Gustav August Christian Zothner aus Stettin ist geboren am 10. Juli 1852, evangelisch, Schiffer auf großer Fahrt, und bereits zweimal vor dem hiesigen Seeamte gewesen und zwar

1. am 31. Juli 1882 als Steuermann des wegen ungehöriger Beladung und Stauung gekenterten Schraubendampfers „Stadtrath Geese", wofür dem Steuermann ein Verschulden nicht beigelegt wurde;
2. am 12. Juli 1887 als Schiffer des Schraubendampfers „Pionier" wegen eines Zusammenstoßes mit dem schwedischen Schraubendampfer „Nornan", wobei die Schiffsleitung des „Pionier" vom Reichscommissar getadelt, vom Seeamte aber durch die Umstände gerechtfertigt erklärt wurde.

Schiffer Zothner giebt die mangelnde Berichtigung der Deviationstabelle und die Unterlassung des Lothens zu, findet aber den Grund der Strandung nicht darin, sondern lediglich in der eigenmächtigen Cursänderung und ihrem Verschweigen seitens des Steuermanns. Mit dem Curse O¾N sei der „Pionier" auf allen früheren Fahrten nach Königsberg von Jershöft frei geblieben, was auch diesmal geschehen wäre, wenn nicht zwischendurch Osten gesteuert wäre. Bollow habe die Gefahr sehr wohl gekannt und nach der Strandung zu dem Schiffer gesagt: „daß Sie mit dem Curse nicht frei kommen konnten, hätte ich Ihnen gleich sagen können."

Steuermann Johann Christian Gustav Heinrich Bollow aus Grabow a/O. ist am 26. August 1846 geboren, evangelisch, hat das Befähigungszeugniß als Schiffer auf großer Fahrt und ist seiner Angabe nach einmal vor dem Königlichen Seeamte zu Stralsund gewesen, aber freigesprochen. Er will schon früher in Pillau auf die Nothwendigkeit der Compaßregulirung hingewiesen haben und entschuldigt sich damit, daß auf dem „Pionier" jeder nach seinem

Gutdünken gesteuert habe. Er habe das Land angesteuert, um Funkenhagen zu sichten und darnach seinen Ort zu bestimmen, wie es auf dem „Pionier" immer geschehen sei. Dem Schiffer etwas zu sagen, habe er bei der schroff abweisenden Haltung desselben nicht den Muth gehabt, auch nicht für nöthig gehalten, da der Schiffer ja Funkenhagen gesehen habe und ohne Bollows Beirath wissen mußte, was er zu thun habe. Bollow habe gedacht, daß der Schiffer von selbst werde höher steuern lassen. Nach der Strandung habe Bollow zu Zothner nur gesagt: „Kapitän, weshalb können wir nicht friedlich mit einander leben, dann wäre dieser Unfall vielleicht nicht passirt."

Das Seeamt schließt sich den Ausführungen des Reichscommissars an. Der Thatbestand ergiebt, daß in der Schiffsleitung des „Pionier" und namentlich in dem Verhältniß und Verhalten des Schiffers und Steuermanns gegeneinander grobe Ungehörigkeiten und Unzuträglichkeiten vorgekommen sind, wie sie glücklicherweise auf deutschen Schiffen sehr selten sich finden und dem hiesigen Seeamte bei der Strandung der Brigg „Louise" auf Hasboroughsand zu dem Spruche vom 16. August 1882, Entscheid. IV. S. 258—265 Veranlassung gegeben haben, von dem Kaiserlichen Ober-Seeamte aber, ganz mit dem jetzt vorliegenden Thatbestande übereinstimmend, in dem Falle der „Teutonia" auf das schärfste beurtheilt und verurtheilt sind. Entscheidung vom 10. Februar 1883, IV. Seite 456—461. Die Strandung bei ruhigem Wetter in einem durchweg bekannten und mehr als hundertmal zurückgelegten Fahrwasser konnte nur dadurch herbeigeführt werden, daß alle Aufmerksamkeit, gehöriger Gebrauch der zur Bestimmung des Schiffsortes dienlichen Hülfsmittel, Feststellung des zurückgelegten und des einzuhaltenden Curses und der Distanzen, beim Wachwechsel außer Acht gelassen wurde und Schiffer und Steuermann jeder für sich nach eigenem Gutdünken und ohne Zusammenhang mit einander in Thätigkeit traten. Die Verantwortlichkeit dafür fällt zunächst und hauptsächlich dem Schiffer Zothner zur Last. Er hatte als oberster Befehlshaber für die Ordnung auf dem Schiffe und die gesammte Sicherheit, Seetüchtigkeit, Einrichtung, Ausrüstung und gehörige Bemannung zu sorgen, den Dienst der letztern anzuordnen und zu beaufsichtigen, die Compasse in Stand zu halten, den Curs zu bestimmen und beim Wachwechsel die nöthigen Aufklärungen zu geben und zu verlangen, Anordnungen über den vom Steuermann während der Backbordswachen zu haltenden Curs zu geben und über die Innehaltung sich bei Wiedereintritt der Steuerbordswachen zu vergewissern. Letzteres war um so nothwendiger, als Schiffer Zothner aus früherer Erfahrung wußte, daß sein Steuermann, der gleichfalls Schiffer und älter war als Zothner, ein recht starkes Selbstbewußtsein besaß, welches ihn gegen die nothwendige Unterordnung aufstachelte und zu eigenmächtiger Schiffsleitung anreizte. Schiffer Zothner mußte sich zunächst sagen, daß seine seit 1884 nicht regulirten und jetzt obenein durch die vielen und schweren Eisenstücke der Decksladung beeinflußten Compasse ebenso unsicher waren, wie bei der diesigen und mehr und mehr zudickenden Luft die Abschätzung des Abstandes von der in ungewissen Umrissen nur eben durchschimmernden Küste. Es war schon eine nicht zu entschuldigende Nachlässigkeit, daß die Compasse seit 1884 nicht regulirt waren, zumal durch die Veränderung der Steuereinrichtung die Eiseneinwirkung auf die Compasse eine andere geworden und damit die bisherige Deviation völlig in Frage gestellt war. Konnte die Regulirung sofort nach dem Unfalle geschehen, so wäre eine Regulirung vor dem Unfalle ebenso ausführbar gewesen und der Unfall mit allen seinen schweren Nachtheilen vermieden worden. Man würde dann erfahren haben, daß der zuerst gesteuerte Curs ONO ½ O nicht nach ONO ¼ N, sondern nur mit ¼ Strich westlicher Abweichung nach ONO ¼ O führte, der Curs O ¾ N n. d. Compaß aber mißweisend nicht ONO ½ O, sondern nur O z N bedeutete. Mit den wirklich gesteuerten Cursen mußte der „Pionier" Swinehöft und somit die östliche Ecke der Swinemünder Bucht in einem Abstande von etwa vier Seemeilen passiren. Der von Swinehöft aus gesteuerte Curs O ¾ N = O z N mißweisend führte an Groß-Horst nicht, wie angenommen und im Schiffstagebuche vermerkt ist, in einem Abstande von 6 bis 7 Seemeilen, sondern nur in einem Abstande von 4 Seemeilen vorbei und zwischen Rügenwaldermünde und Jershöft geradesweges auf den Strand, der von Colberg an im Bogen nach NO vorspringt. Wäre die angenommene Abweichung von ¾ Strich westlich eine richtige gewesen, dann hätte der „Pionier" mit dem Curse O ¾ N = ONO ½ O mißweisend von Swinehöft an allerdings von Jershöft freibleiben können, falls er diesen Curs genau innehielt und weder Strömung noch sonstige Zwischenfälle ihn der Küste näherten. Der Dampfer wäre dann von Groß-Horst sechs, von Colbergermünde neun, von Funkenhagen elf, von Rügenwaldermünde acht, von Jershöft fünf Seemeilen abgeblieben, während er auf den wiklich zurückgelegten Cursen O z N und O ¼ N zuletzt O z N ¼ N an Colbergermünde in fünf, Funkenhagen in 5½ Seemeilen Abstand passirte, bei Rügenwaldermünde dicht vorüber schor und dem Vitter See gegenüber auf das

Riff lief.* War hiernach schon der vom Schiffer aufgegebene Curs ein gefährlicher und mußte dadurch bei dem Verschwinden der Landmarken die Strandung herbeigeführt werden, so hatte Schiffer Zothner die dringendste Veranlassung, nicht nur den Curs mehr nach See hinaus zu nehmen, sondern auch seinem Steuermann dafür die gemessensten Anweisungen zu ertheilen und deren Ausführung zu überwachen, jedenfalls aber bei Uebernahme der Steuerbordwache um 7 Uhr 30 Minuten Abends den Stand des Schiffes nach Curs und Distanz so genau wie möglich zu bestimmen, zu diesem Zwecke die abgefahrenen Entfernungen, gesteuerten Curse die gesehenen Landmarken und deren Abstandsschätzung auf der Karte abzusetzen. Nichts davon ist geschehen, der Wachwechsel ist vielmehr in einer ganz formlosen Weise vor sich gegangen, die hier von den schlimmsten Folgen begleitet war. Es war ungehörig, für die Disciplin an Bord und für die prompte Schiffsleitung schädlich, daß Schiffer Zothner bei dem Wachwechsel um 1 Uhr Nachmittags dem Manne am Ruder die Beibehaltung des Curses O¾N aufgab, ohne dem dabei stehenden Steuermanne ein Wort über den Standort des Schiffes und den zu steuernden Curs zu sagen, so daß Bollow sich erst bei dem Matrosen erkundigen mußte und mit Fug und Recht sagen konnte, er habe von seinem Schiffer keine Anweisung erhalten und deshalb nach eigenem Ermessen gehandelt. Eben aber, weil dies schon öfter geschehen und auch jetzt zu erwarten war, handelte Schiffer Zothner wiederum leichtfertig, unachtsam und ungehörig, indem er beim Wachwechsel um 7 Uhr 30 Minuten Abends aus bloßer übler und mürrischer Laune gegen seinen Steuermann diesem über dessen Schiffsleitung kein Wort gönnte und den Befehl geradezu in das Blinde hinein wieder übernahm. Unter solchen Verhältnissen, also bei unsicheren Compassen und unsichtigem Wetter, hätte es der Sorgfalt eines ordentlichen Schiffers entsprochen, wenn dieser selbst das Schiff, ohne unter Deck zu gehen, so lange weiterführte, bis der Schiffsort genau bestimmt und der Curs sicher frei von Land führte. Den Schiffer trifft ferner noch der Vorwurf unterlassenen Lothens, welches neben Curs und Distanz das dritte noch übrige Hülfsmittel zur Bestimmung des Schiffsortes geblieben war. Allerdings war der Gebrauch des Lothes unnöthig und unwirksam, wenn der „Pionier" wirklich auf dem Curse ONO½O in einem Abstande von 6 bis 11 Seemeilen längs der Küste in gleichmäßiger Tiefe von 20 bis 40 m hinsteuerte, aber je zweifelhafter bei der Unsicherheit der örtlichen Abweichung und der dicken Luft die Curse und Abstandsschätzungen waren, um so nöthiger erwies sich der Gebrauch des Lothes, welches schon zwischen 4 und

5 Uhr Nachmittags ergeben haben würde, daß man auf Tiefen von 18 und 16 m sich befand, also über die Grenze von 20 m hinaus in bedenklicher und mit den angenommenen Cursen nicht übereinstimmender Nähe der Küste sich befand. Schiffer Zothner mußte, bevor er um 1 Uhr Nchmittags von Deck ging, selbst lothen, seinem Steuermanne den wiederholten Gebrauch des Lothes aufgeben und dasselbe sofort wieder in Anwendung bringen, als er um 5 Uhr Nachmittags Funkenhagen im Nebel nicht sehen konnte.

Die angeführten Handlungen und Unterlassungen des Schiffers haben den Unfall verschuldet, und sind zugleich in den Entscheidungen des Kaiserlichen Ober=Seeamtes und der Seeämter sowohl einzeln als in ihrem Zusammentreffen mehrfach als Mängel solcher Eigenschaften bezeichnet worden, welche zur Ausübung des Schiffergewerbes erforderlich sind. Der Mangel dieser Eigenschaften tritt im vorliegenden Falle um so mehr hervor, als Schiffer Zothner durch die ihm anvertraute werthvolle Ladung, die Gefahr großen Schadens und die andern vorstehend hervorgehobenen Umstände auf die Anwendung aller Sorgfalt eines ordentlichen Schiffers hingewiesen war. Das Seeamt hat sich daher genöthigt gesehen, auf den Antrag des Reichscommissars und auf Grund des § 26 des Reichsgesetzes von 27. Juli 1877 dem Schiffer Zothner die Befugniß zur Ausübung des Schiffergewerbes zu entziehen, zur Ausübung des Steuermannsgewerbes aber zu belassen, weil zur Entziehung desselben kein Anlaß gegeben, noch ein Antrag darauf gestellt ist.

Dem Steuermann Bollow muß der Mangel pflichttreuer Gesinnung gegen sein Schiff und seinen Schiffer zur Last gelegt werden. Der eine Vorwurf ist schwerwiegender als die Gesammtheit dessen, was Schiffer Zothner versehen, aber nicht wissentlich verschuldet hat. Aus dem Thatbestande und dem Auftreten des Steuermanns vor dem Seeamte geht hervor, daß Bollow nicht nur besser und schärfer sah, sondern auch die Sachlage richtiger beurtheilte und die darin enthaltene Gefahr mehr erkannte, als sein Schiffer und jedenfalls sich diesem seemännisch überlegen dünkte. Um so mehr war es die unabweisliche Pflicht des Steuermanns, den Schiffer auf die Bedenklichkeiten der Lage hinzu=weisen und von allem zu unterrichten, wodurch diese Bedenklichkeiten klargelegt oder verstärkt werden konnten. Er hatte bereits früher an die Nothwendigkeit der Compaßregulirung erinnert und jetzt während seiner Wache durch die Peilungen von Horst und Colbergermünde die wirkliche Lage des Schiffes erkannt, die ihn nothwendig darauf bringen mußte, daß der „Pionier" sich dem Lande mehr näherte, als wie von dem Schiffer angenommen wurde. Wenn der Steuermann den Curs noch mehr auf die Küste richtete, indem er mindestens zehn Seemeilen Ost steuern ließ, was einer Annäherung an die Küste von etwa 1 1/2 Seemeilen gleichkommt, so mag man die Entschuldigung gelten lassen, daß ihm selbst vom Schiffer kein Curs aufgegeben und seine Absicht darauf gerichtet war, durch Peilung von Funkenhagen sich über den Stand des Schiffes Gewißheit zu verschaffen. Das aber mußte ein Seemann wie Bollow wissen und hat es nach seinen eigenen Aeußerungen gewußt, daß nach einer solchen Wendung zur Küste nicht mehr mit dem frühern Curse O3/4N von Jershöft freizukommen war, sondern NOzO oder NO gesteuert werden mußte. Hatte Bollow mit Ostcurs nach der Küste zu gelegen, so konnte er eben so gut mit NOCurs davon abliegen, um das Schiff mindestens in den frühern Abstand zurückzubringen und den Schiffer, wenn er garnicht mit ihm sprechen wollte, durch seine Handlungen auf das Geschehene und dessen nothwendige Folgen für die Schiffsleitung aufmerksam zu machen. Das Zurückfallen in den Curs O3/4N hatte nur die eine und geradezu verderbliche Wirkung, dem Schiffer die Abweichung nach Ost zu verbergen. Daß der Steuermann dem Schiffer Zothner weder bei dessen Rückkehr auf Deck um 5 Uhr, noch bei dem Wachwechsel um 7 Uhr 30 Minuten Abends von den Peilungen und der Cursänderung irgend etwas mittheilte und die letztere garnicht in das Schiffstagebuch eingetragen hat, in welchem nur der Curs O3/4N verzeichnet steht, ist eine bösartige Unterlassung, welche einer absichtlichen Strandung gleich zu achten wäre, wenn diese Absicht nicht psychologisch ausgeschlossen und das Verschweigen lediglich darauf zurückzuführen wäre, daß Bollow, selbst ehrgeizig und empfindlich, durch die schroffe Behandlung seines Schiffers gekränkt und so zurückgestoßen war, daß er weder Muth noch Lust hatte, ihm irgend etwas zu sagen und sich dadurch tadelnden Bemerkungen und Scheltreden auszusetzen. Eine solche Empfindsamkeit aber war hier nicht am Orte und artete in grobe Pflichtwidrigkeit aus, indem sie Schiff, Ladung und vielleicht das Leben der Besatzung einer Gefahr aussetzte, die durch Mittheilung des Gesehenen und Geschehenen vermieden und jedenfalls der Verantwortlichkeit des Steuermanns entzogen werden konnte. Bollows zugegebene Voraussetzung, der Schiffer werde von selbst höher steuern lassen, ist eine leere Ausflucht und erweist nur, wie nothwendig dem Steuermanne dies Höhersteuern erschien. Entlastet könnte Bollow nur dann werden, wenn Schiffer Zothner Funkenhagen gesehen und dadurch von der Lage des Schiffes Kenntniß erhalten hätte. Diese Behauptung des Steuermanns ist jedoch vom Schiffer bestritten und durch die Aussage des Maschinisten widerlegt. Möglich ist es, daß Bollow mit seinen offenbar schärferen Augen den Feuerthurm von Funkenhagen durch den Nebel hindurch gesehen hat, während er den beiden Andern verdeckt blieb. Hierauf deutet Bollows zugestandene Aeußerung, daß der Unfall vielleicht nicht geschehen wäre, wenn Schiffer und Steuermann miteinander friedlich gelebt hätten. Auch diese Aeußerung erweist, daß Bollow sich durch feindselige Gesinnung gegen den Schiffer zu pflichtwidrigem Verschweigen hinreißen ließ und dadurch den Unfall mit verschuldet hat. Das echte seemännische Pflichtgefühl fordert das selbstlose Aufgehen und Aufgeben der eigenen Persönlichkeit mit allen ihren kleinlichen Interessen und Empfindlichkeiten in die Nothwendigkeiten des Berufes zur Bewahrung des Schiffes, seiner Besatzung und Ladung. Indem Bollow dies verkannte und dadurch den Unfall mit verschuldete, hat auch er einen Mangel solcher Eigenschaften an den Tag gelegt, welche zur Ausübung seines Gewerbes als Schiffer wie als Steuermann erforderlich sind, und war ihm auf Antrag des Reichscommissars und auf Grund des § 26 des Reichsgesetzes vom 27. Juli 1877 die Befugniß zur Ausübung beider Gewerbe zu entziehen.

Das Seeamt erkennt wohl, daß die Entziehung der Gewerbebefugniß für den Schiffer wie für den Steuermann ein schwerer Spruch ist, der beide Seeleute nebst ihren Familien der Nahrungslosigkeit aussetzt, aber es kam auf der andern Seite die unabweisliche Pflicht zur Erwägung, daß Lottereien und Unordnungen auf den Schiffen streng behandelt werden müssen, um die Interessen des Seehandels und das Leben der Seeleute vor muthwilliger Gefährdung zu bewahren. Daß vom Lande her keine Nebelsignale gegeben sind, läßt sich dadurch erklären und entschuldigen, daß die Luft nach See hinaus klar war und der Nebel daher für den Blick von der Küste her nicht so dick erschien.

Die Entscheidung des Ober-Seeamts lautet:

Auf die Beschwerde des Schiffers Gustav August Christian Zothner zu Stettin und des Steuermannes Johann Christian Gustav Heinrich Bollow zu Grabow a./O. gegen den Spruch des Königlich preußischen Seeamts in Stettin vom 16. Mai 1889 über den Seeunfall des Dampfschiffs „Pionier" von Königsberg hat das Kaiserliche Ober-Seeamt in seiner zu Berlin am 14. November 1889 abgehaltenen öffentlichen Sitzung, nach mündlicher Verhandlung der Sache entschieden,

daß der Spruch des Königlich preußischen Seeamts in Stettin

vom 16. Mai 1889 zu bestätigen und die baaren Auslagen des Verfahrens den Beschwerdeführern zur Last zu legen seien.

Gründe. Dem Schiffer Zothner ist es in keiner Weise gelungen, die völlig zutreffenden Gründe, aus denen das Seeamt ihm die Befugniß zur Ausübung des Schiffergewerbes entzogen hat, durch seine Beschwerde irgendwie zu entkräften. Zothner hat in der That die Navigirung seines Schiffs in unverantwortlicher Weise vernachlässigt. Vor allem trifft ihn der schwere Vorwurf, weder für das Vorhandensein eines, auf Seereisen auch unter den günstigsten Umständen unentbehrlichen, brauchbaren Loggs, noch für die Regulirung der zuletzt 1884 geprüften Compasse gesorgt zu haben, obwohl seitdem durch Umbauten eine andere Vertheilung der Eisenmassen auf dem Schiffe, mithin auch eine Aenderung der örtlichen Ablenkung der Compasse bewirkt war und es nicht an Gelegenheit gefehlt hatte, die Regulirung vorzunehmen. Selbst auf der letzten Reise ist das Wetter nicht derartig dick gewesen, um nicht die zur Deviationsbestimmung nöthigen Beobachtungen machen zu können, was übrigens schon vorher in Stettin und Swinemünde ausführbar gewesen wäre, wenn Zothner nur den ernstlichen Willen dazu gehabt hätte.

Auf der Reise hat er weiter verabsäumt, die den Umständen nach nicht genügend verlässigen Annahmen über den Standort des Schiffs durch Lothungen zu prüfen und theils aus Nachlässigkeit, theils aus übler Laune gegen den Steuermann Bollow weder diesem am Nachmittage vor der Strandung die Wache gehörig übergeben, noch sich dieselbe Abends von ihm gehörig übergeben lassen. Beide Male ist zwischen ihnen nicht einmal ein Wort gewechselt.

Die nach allem diesen von Zothner bewiesene Nachlässigkeit und Pflichtvergessenheit unterliegt so schwerem Tadel, daß es als kaum verdiente Milde erscheint, wenn gegen ihn nicht auch die Entziehung der Befugniß zur Ausübung des Steuermannsgewerbes beantragt und verfügt ist.

Was den Steuermann Bollow und dessen eigenmächtige Cursänderung anbelangt, so erscheint zwar seine Schuld dabei mit Rücksicht auf das Verhalten des Schiffers gegen ihn etwas geringer, als sie es an sich ist. Indessen wird dies reichlich aufgewogen dadurch, daß er jene Cursänderung nicht allein dem Schiffer gegenüber verschwiegen, sondern hinterher auch geladene Zeugen zu bestimmen versucht hat, darüber bei der Vernehmung unrichtige Angaben zu machen. Der gegen ihn gefällte seeamtliche Spruch kann daher nur als völlig gerechtfertigt gelten.

Die Erstattung der baaren Auslagen des Verfahrens war den Beschwerdeführern zur Last zu legen, weil ihre Beschwerde vollständig verworfen ist.

39. Spruch des Seeamts zu Hamburg vom 14. November 1889, betreffend den Zusammenstoß der Schraubendampfer „Anna Woermann" von Hamburg und „Presto" von Blankenese.

Der Spruch des Seeamts lautet:

> Der Zusammenstoß des Dampfers „Presto" mit dem Dampfer „Anna Woermann" zwischen der Königsbake und Teufelsbrücke ist dadurch herbeigeführt, daß, als die beiden Schiffe sich einander näherten und im Begriff waren, sich an Backbordseite zu passiren, der „Presto" plötzlich nach Backbord abdrehte und der „Anna Woermann" vor den Bug lief.
>
> Die Ursache des Abdrehens des „Presto" nach Backbord hat sich mit Sicherheit nicht ermitteln lassen.
>
> Ein schuldvolles Verhalten in der Führung der beiden Schiffe liegt nicht vor.

Thatbestand. Am 3. März 1889, 4 Uhr 30 Minuten Nachmittags, stieß der elbabwärts gehende Dampfer „Presto" mit dem elbaufwärts fahrenden Dampfer „Anna Woermann" zwischen der Königsbake am Finkenwärder Ufer und der Teufelsbrücke zusammen. Beide Schiffe erlitten durch den Zusammenstoß schwere Beschädigungen.

I. Der „Presto", Unterscheidungs-Signal LFVH, ist ein neues im Jahre 1888 auf der Werft der Rostocker Actiengesellschaft für Schiff- und Maschinenbau aus Stahl erbautes Dampfschiff. Das Schiff hat einen Netto-Raumgehalt von 1855,7 cbm oder 655,08 britischen Register-Tons, eine Länge von 59,56 m, eine Breite von 8,98 m, eine Tiefe von 3,86 m, ist in Blankenese heimathsberechtigt und gehört einer Partenrhederei, deren Correspondentrheder Hermann Matthias Struve in Blankenese ist. Geführt wurde das Schiff vom Schiffer Julius Carsten Jessen, die Besatzung des Schiffes bestand einschließlich des Schiffers aus 16 Mann.

Am 3. März Nachmittags 3 Uhr 50 Minuten verließ der „Presto", in Ballast nach Middlesborough bestimmt, den Hamburger

Hafen unter Führung des Blankeneser Lootsen Hans Breckwoldt. Nachdem der „Presto“ den Neumühlener Quai passirt hatte, wurde die bis dahin mit verminderter Kraft arbeitende Maschine auf volle Kraft vorwärts gesetzt und das Revier abwärts gedampft. Schiffer Jessen befand sich mit dem Lootsen auf der Brücke, Jessen auf der Backbordseite stehend, die Matrosen Theophilus und Hansson am Ruder im Ruderhause auf der Commandobrücke; ersterer auf Backbord, letzterer auf Steuerbord des Ruders, welches keine Dampfsteuerung hatte. Der Wind war östlich; es war helles sichtiges Wetter, im Fahrwasser wenig Treibeis, die Sände und das Ufer zwischen den Stacks waren mit Eis besetzt.

Längs des Finkenwärder Ufers passirte der „Presto“ zwei Dampfschiffe, bei der oberen Finkenwärder Bake den englischen Dampfer „Sandringham“, zwischen dem Finkenwärder Leuchtthurm und der Königsbake den deutschen Dampfer „Lissabon“. Des „Lissabon“ wegen ließ Lootse Breckwoldt das Ruder etwas backbord legen und commandirte dann „steady“. Mit dieser Ruderlage steuerte man, wie Jessen angiebt, an der Nordkante des Fahrwassers weiter bis zur Königsbake. Dann sah man einen anderen aufkommenden Dampfer ungefähr einen halben bis einen Strich über Steuerbord herankommen. Als jener Dampfer sich näherte, gab der Lootse das Commando „etwas backbord“ und weil das Schiff nicht dem Ruder folgte, das Commando „mehr backbord“ und dann „hartbackbord“. Das Schiff drehte indeß mehr und mehr nach backbord aus, obwohl wie Schiffer Jessen und Lootse Breckwoldt beide beobachteten, das Ruder richtig backbord gelegt wurde. Als Breckwoldt das verkehrte Ausdrehen des Schiffes bemerkte, sprang er an den Maschinentelegraphen und gab sofort das Commando „volle Kraft rückwärts“ in die Maschine und gab dem mittlerweile nahe herangekommenen Dampfer jenes Manöver durch drei kurze Pfiffe zu erkennen. Die Maschine schlug auch sofort rückwärts an, der Zusammenstoß war indeß nicht mehr zu vermeiden und traf der aufkommende Dampfer, welcher sich als die „Anna Woermann“ auswies, den „Presto“ in einem Winkel von ungefähr 34 Grad an der Steuerbordseite, quer ab vom Fockmast. Der erste Stoß erfolgte oben, dadurch legte sich das Schiff über nach Backbord und wurde unten in der Kimm getroffen, dann erfolgte ein zweiter leichterer Stoß weiter nach hinten, worauf der Dampfer nun an der Steuerbordseite des „Presto“ entlang gleitete. Der „Presto“ lag zur Zeit der Collision fast still im Wasser, nach der Angabe des Maschinisten arbeitete die Maschine vor dem Zusammenstoß zwei Minuten rückwärts.

Nach dem Maschinenjournal erfolgte um 4 Uhr 30 Minuten das Commando „voll Dampf rückwärts“, um 4 Uhr 32 Minuten fand die Collision statt. Nach der Collision folgte das Schiff dem Ruder wieder sehr gut. Da das Schiff schwer leck geworden war, drehte Lootse Breckwoldt dasselbe bei Teufelsbrücke herum und dampfte langsam wieder aufwärts. Der „Presto“ hatte durch das Volllaufen des vorderen Raumes vorn einen Tiefgang von 14 Fuß erhalten, hinten ging das Schiff nur 7 Fuß tief. In der Nähe des Blohm & Voß'schen Schwimmdocks wurde der Dampfer alsdann, da ein völliges Sinken desselben befürchtet wurde, auf den Strand gesetzt. Bei der Abfahrt betrug der Tiefgang des „Presto“ hinten 10½ und vorn 8 Fuß, sodaß er 2½ Fuß im Gat lag. Es war zur Zeit der Collision Fluth, Hochwasser war bei St. Pauli um 6 Uhr 29 Minuten.

Die Beschädigung, welche der Dampfer „Presto“ erlitten, war folgende:

Der 36 Zoll breite Stringer des Spardecks war auf halber Breite durchschnitten; der Spardecksscheergang war an der Collisionsstelle durchschnitten und in einer Länge von 15 Fuß nach hinten von den Spanten losgerissen; der zweite Plattengang von oben war an der Collisionsstelle ebenfalls an der oberen Kante durchschnitten und an der unteren Kante zugleich mit dem dritten und vierten Gange stark eingedrückt und eingerissen.

Von der Stelle des Zusammenstoßes bis ungefähr 15 Fuß nach hinten waren ferner die Spanten vom Zwischendeckstringer an nach oben mit der Beplattung des zweiten und dritten Ganges ungefähr 12 Zoll nach innen gebogen.

Sodann waren ferner auf ungefähr 20 Fuß weiter nach hinten die Platten des 4., 5., 6. und 7. Ganges und die dahinter liegenden Spanten und Raumstringer vollständig nach innen gedrückt und Spanten und Platten zum Theil gebrochen. Ferner war an derselben Seite etwas nach hinten, dort wo das wasserdichte Schott vor Kessel und Maschinenraum sich befindet, der vierte und fünfte Plattengang und die Beplattung des Brückenaufbaues eingedrückt. Auch war noch weiter nach hinten von der festen Heckverschanzung eine Platte eingerissen. Auf dem Verdeck hatte sich durch den Stoß der über die Deckbalken liegende Diagonalverband gelöst. Ebenfalls war ein Theil der Regeling mit den Regelingstützen weggerissen.

II. Die „Anna Woermann“, Unterscheidungs-Signal RGSF, ist ein in Hamburg im Jahre 1884 aus Stahl erbauter Schraubendampfer mit Schoonertakelung und einer Maschine von 500 indicirten Pferdekräften. Derselbe gehört der Afrikanischen-Dampfschiffs-Actien-Gesellschaft zu Hamburg und hat einen Netto-Raumgehalt von 2316,8 cbm oder 817,83 britischen Register-Tons. Die Länge des Schiffes beträgt 67,70 m. Geführt wurde das Schiff vom Schiffer John Theodor Heinrich Taggenbrock. Die „Anna Woermann" kam von der Westküste Afrika's und war am Morgen des 3. März auf der Elbe eingetroffen. Um 1 Uhr Mittags hatte man bei der Bösch den Seelootsen mit dem Revierlootsen August Wilhelm Otto Steincke vertauscht und war dann mit voller Maschinenkraft aufwärts gedampft. Vorauf fuhr der deutsche Dampfer „Lissabon", den man ungefähr bei Lühesand eingeholt hatte. Um demselben nicht in dem engen Fahrwasser vorbeizufahren, setzte man die Maschine auf langsam, später als jener Dampfer ein gutes Stück vorauf war, wieder auf volle Kraft.

Um 4 Uhr passirte die „Anna Woermann" Mühlenberg, 15 Minuten später die Elbschloßbrauerei, bei welcher man den Curs SO auf die Königsbake setzte und in der südlichen Hälfte des Fahrwassers aufwärts steuerte. Schiffer Taggenbrock und der zweite Steuermann Rudnicki befanden sich neben dem Lootsen auf der Brücke, auf Ausguck Bootsmann Eckardt, am Dampfruder auf der Commandobrücke Matrose Voß.

Man sah dann ungefähr 1½ bis 2 Strich an Backbord voraus einen abwärts kommenden Dampfer, welcher an der Nordseite des Fahrwassers herunter kam. Als man ungefähr auf 2 bis 3 Kabellängen an denselben herangekommen war, bemerkten die Wachehabenden, daß jener Dampfer etwas nach Backbord abdrehte. Lootse Steincke, der jeden Augenblick ein Zurückdrehen des entgegenkommenden Dampfers nach Steuerbord erwartete, ließ das Ruder auf der „Anna Woermann" etwas backbord und gleich darauf hartbackbord legen. Als jener Dampfer immer noch nach Backbord drehte, wurde die Maschine der „Anna Woermann" auf langsam, stopp und volle Kraft rückwärts gesetzt, die Commandos erfolgten unmittelbar auf einander und wurden auch sofort ausgeführt. Der Zusammenstoß war aber nicht mehr zu vermeiden und traf die „Anna Woermann" den anderen Dampfer ungefähr beim Fockmast an der Steuerbordseite. Nach Angabe des Maschinisten hatte die Maschine zur Zeit der Collision etwa 2 Minuten rückwärts gearbeitet. Die Schiffe kamen gleich wieder von einander frei. Durch die Fluth war die „Anna Woermann" herumgeschwojt; man war genöthigt, nach Teufelsbrücke abwärts zu dampfen, um dort wieder zu drehen. Da der getroffene Dampfer, der „Presto", keiner weiteren Hülfe bedurfte, dampfte die „Anna Woermann" nach Hamburg auf.

Die Beschädigung der „Anna Woermann" bestand darin, daß der Vordersteven auf 14 Fuß Länge dreimal gebrochen und nach der Backbordseite hin stark verbogen war. An der Backbordseite waren ferner 8 Platten verbogen und durchlöchert, an Steuerbordseite 7 Platten beschädigt. Außerdem waren unter der Wasserlinie verschiedene Nieten losgesprungen und die Schanzbekleidung verschiedentlich beschädigt.

Gründe. Nach dem vorstehenden Sachverhalt ist bei dem Passiren der beiden Schiffe der Dampfer „Presto" von seinem Curse nach Backbord abgefallen, ohne daß hierfür in den äußeren Umständen eine Erklärung zu finden gewesen wäre; dies gab auf Antrag des Reichscommissars Veranlassung, den Dampfer „Presto", welcher erst seine zweite Reise machte, in technischer Beziehung zunächst auf seine Steuerfähigkeit zu untersuchen.

Wie die Vorermittlungen ergaben, hatte das Schiff ein verhältnißmäßig großes Ruder. Bei schwerem Wetter hatte jenes Ruder stark gestoßen und sich in Folge dessen die ganze Steuereinrichtung losgearbeitet. Vor Antritt der hier in Betracht kommenden Reise war daher das ganze Steuergeschirr überholt, die Blöcke verstärkt, die Ruderpinne um 9 Zoll verlängert und in dem oberen Theil des Ruderblattes vier Löcher von je 8 Zoll Durchmesser eingehauen worden, eine Einrichtung, welche sich in gleichem Falle bei dem Dampfschiff „Ludwig Possehl" als höchst wirkungsvoll bewährt hatte. Bei leerem Schiff waren jene Löcher über Wasser und auch bei Antritt der fraglichen Reise.

Lootse Breckwoldt und Steuermann Stalbohm haben sich vor dem Abgang des Schiffes von dem guten Functioniren des Rudergeschirres eingehend überzeugt; nach Angabe des Rudersmanns Theophilus drehte das Ruder sehr schwer. Es scheint, daß man nach der Collision auf dem „Presto" Anfangs der Meinung gewesen sei, daß das Ausdrehen des „Presto" nach Backbord durch das Nichtfunctioniren des Ruders erfolgt sei. Auf der „Anna Woermann" haben Schiffer Taggenbrock und Lootse Steincke den Zuruf vom Lootsen Breckwoldt gehört „unser Rudergeschirr ist unklar", während Breckwoldt nur gerufen haben will „mein Schiff steuert nicht, kann ich dies helfen." Jedenfalls hat Schiffer Jessen dem ersten Steuermann Stalbohm zugerufen, er solle einmal schnell nachsehen, ob etwas mit dem Ruder passirt sei. Ehe Stalbohm dorthin gelangte, erfolgte schon der Zusammenstoß. Stalbohm hat dann die Ruderleitung genau nachgesehen und alles bei derselben in bester Ordnung gefunden; auch nach der Angabe der Rudersleute hat sich die Ruderleitung nicht festgeklemmt. Nach dem Zusammenstoß hat dann das Schiff, trotzdem es vorn doppelt so tief als hinten lag, bei dem Aufwärtsdampfen dem Ruder durchaus gut gehorcht.

Die zu Specialsachverständigen ernannten Reichs-Schiffsvermessungs-Inspector Steinhaus und Schiffsbau-Ingenieur Henry Snowman der Blohm & Voß'schen Schiffswerft in Hamburg haben sich nach eingehender Untersuchung der Steuereinrichtung, bei welcher sie einige geringfügige Monituren machten, sowohl schriftlich wie mündlich dahin ausgesprochen, daß durch jene bemängelte Einrichtung die Drehung des Steuers nur etwas erschwert würde, im Uebrigen erklärten sie, daß in technischer Beziehung die Zusammensetzung der Steuereinrichtung eine völlig zweckmäßige sei und gut functioniren müsse. Eine weitere von den Sachverständigen angestellte Prüfung über die Bauart des Schiffes selbst ergab, daß wenn auch das Schiff im Boden sehr völlig gehalten sei, der Verlauf der Linien vornehmlich im Hintertheil nach dem Steuerruder zu als eine solche bezeichnet werden müsse, welche einer guten Steuerfähigkeit nur günstig sein könne.

Das Seeamt hat dann nach vorgenommener Ausbesserung der durch den Zusammenstoß entstandenen Schäden den Dampfer „Presto" auf seine Steuerfähigkeit in der Fahrt selbst geprüft und zwar bei gleichem Tiefgange und ähnlichen Wasserverhältnissen, wie zur Zeit des Zusammenstoßes; das Seeamt hatte bei jener Probefahrt ausreichende Gelegenheit, sich von der guten Manövrirfähigkeit des Schiffes zu überzeugen. Der „Presto" gehorchte dem Ruder in jeder Weise, insbesondere antwortete das Schiff nach einer Ruderlage dem Commando »steady« sofort und bedurfte es keines Ruderlegens nach der entgegengesetzten Seite, um das Schiff auf seinen Steady-Curs zu bringen. Das Schiff lief minutenlang ohne Ruderbewegung auf seinem Curs und bedurfte es, um das Schiff zwei bis drei Strich nach Backbord oder Steuerbord abfallen zu lassen, nur der Drehung von zwei oder drei Speichen des Ruders. Um das Ruder hart überzulegen, bedurfte es der vollen Kraftanstrengung von zwei Mann; das Schiff gehorchte dem Ruder dann sehr gut.

Durch die technische wie praktische Untersuchung muß es sonach als erwiesen gelten, daß der Dampfer „Presto" an sich ein gut steuerndes Schiff ist.

Schiffer Jessen hat als mögliche Ursache des plötzlichen Ausweichens seines Schiffes die Einwirkung einer in jenem engen Fahrwasser herrschenden Strömung bezeichnet und da in Schifferkreisen vielfach die Meinung herrscht, daß unter gewissen Vorbedingungen die Fluth besonders stark in die s. g. Finkenwärder Löcher hineinsetzt und diese Strömung auf die jene Flußstrecke passirenden Schiffe Einfluß habe, wurden auch in dieser Richtung Ermittlungen angestellt.

In Folge jener Ermittlungen wurden dem Seeamt folgende Vorkommnisse als auffällig bekannt:

Im Spätherbst 1888 wurde der Taucher Harmstorff engagirt vor dem Finkenwärder Loch ein von einem Seefischer verlorenes Seitenschwerdt seines Evers zu suchen und wieder heraufzuholen. Der Taucher ging bei diesen Versuchen ungefähr 3/4 Stunden vor Hochwasser hinunter. Oben ging noch die Fluth, unten jedoch schon die Ebbe. Unten angekommen, konnte er sich jedoch nicht halten, da er von einem Kräuselstrom, welcher zunächst nach Süden und dann nach Norden drehte, herumgerissen wurde. Harmstorff ging dann wieder nach oben, um Stauwasser abzuwarten. Beim zweiten Tauchen blieb derselbe etwa 10 Minuten unten und wurde dann plötzlich von einem sehr starken Strudel erfaßt, welcher ihn vollständig herumdrehte, so daß er sich wiederum unten nicht mehr halten konnte. Nur mit Mühe gelangte er nach oben, weil er die Leiter nicht wieder finden konnte und sich durch das Herumdrehen der Luftzuführungsschlauch und die Signalleine zum Aufziehen verwickelt hatten. Die Leiter war etwa 22 Fuß im Wasser. Von weiteren Taucherversuchen ließ Harmstorff in Folge jener dort stehenden Wirbelströmungen ab.

Am 23. Januar 1889 fuhr der Seedampfer „Dithmarschen" im beladenen Zustande abwärts. Das Fahrwasser war ziemlich voll Eis, doch frei von Schiffen, als der „Dithmarschen" das Finkenwärder Fahrwasser passirte. Der „Dithmarschen" hatte einen Tiefgang von 12 bis 14 Fuß und fuhr angeblich ungefähr in der Mitte des Fahrwassers abwärts. Eben oberhalb der Königsbake drehte das Schiff gegen das Ruder nach Backbord aus und lief direct dem Lande zu. Der Lootse will seiner Aussage nach beim Rudersmann gestanden und sich selbst davon überzeugt haben, daß das Ruder Hartbackbord lag. Durch Wegwerfen des Ankers wurde eine Strandung des Schiffes verhindert. Das Rudergeschirr befand sich in guter Ordnung und functionirte nach jenem Fall gut und völlig richtig.

Im Herbst 1887 fuhr der Hamburger Dampfer „Portia" mit einem Tiefgang von 12½ bis 13 Fuß im beladenen Zustand mit der Vorfluth elbabwärts; im Fahrwasser war kein Eis. Es war nebliges Wetter. Als der Dampfer noch oberhalb der Königsbake war, erblickte man ein helles Licht, welches man für ein Licht der Teufelsbrücker Brauerei hielt und steuerte auf dieses Licht zu. Plötzlich erblickte man an Backbordbug eine weiße Tonne; um die Kette derselben nicht in die Schraube zu bekommen, ließ man die Maschine sofort stoppen und legte das Ruder mittschiffs, bis man bei jener Tonne vorbei war. Nachdem man diese eben passirt, drehte das Schiff, ohne daß das Ruder gedreht worden wäre, hart nach Backbord aus und lag mit dem Kopf nach der Süd hin. Nachher gab man Backbordruder und ging das Schiff dann den rechten Weg hin. Jenes Licht war das eines des Nebels wegen vor Anker gegangenen Dampfers und nicht die Brauerei; man befand sich auch noch oberhalb der Königsbake.

Unter Mittheilung dieser Vorkommnisse und des vorliegenden Falles setzte sich das Seeamt behufs Prüfung der Stromverhältnisse jener Theilstrecke der Elbe mit den Wasserbautechnikern der Bau-Deputation, dem Wasserbaudirector Nehls und Wasserbau-Inspector Krieg in Verbindung und vernahm außerdem den Tonnenleger jener Strecke, den Beamten Rüter als Zeugen. In dem schriftlich zu den Seeamtsacten gelangten gutachtlichen Bericht jener beiden Wasserbautechniker erklären dieselben, daß sich allerdings bei der ersten Fluth eine mehr oder minder lebhafte Strömung je nach der Windrichtung, der Höhe des Oberwassers der Elbe etc. in die Mündungen des Köhlfleths, in die s. g. Finkenwärder Löcher ergieße, der Hauptstrom überwiege aber viel zu sehr, als daß jene sich abzweigende Nebenströmung sich auf die Steuerung der großen Seedampfer bemerkbar machen könne.

Mit den Wasserbautechnikern sind dann noch gemeinschaftliche Fahrten mit dem „Presto“ und mit den Schiffen der Strom- und Hafenbau-Behörde auf jener Flußstrecke unternommen und mit eigens zur Prüfung der Stromverhältnisse angefertigten Schwimmern verschiedener Länge Schwimmversuche gemacht worden, deren Ergebniß darin gipfelte, daß weder auf der Nord- noch auf der Südseite jener Theilstrecke irgend welche abweichende Strömungen im Fahrwasser bestanden. Die ausgesetzten Schwimmer folgten lediglich dem aufwärts gehenden Hauptstrom.

Auch der langjährige Tonnenleger erklärte dem Seeamt bei seiner Vernehmung, daß der in die Finkenwärder Löcher bei Eintritt der Fluth hineinfallende Strom keinenfalls von der Stärke sei, daß er auf die im Fahrwasser vorbeipassirenden Seeschiffe von Einfluß werden könne. Mit der ersten Fluth kämen allerdings dort wohl Stromwirbel vor, doch befänden diese sich nur stets innerhalb der Stacks. Nie habe er aber bemerkt, daß die kleineren dort einlaufenden Fahrzeuge jener Stromwirbel wegen nicht ordentlich steuern wollten. Auch an der Nordseite laufe der Strom gerade im Fahrwasser aufwärts an den Sänden entlang.

Nach diesen Feststellungen muß es gleichfalls als erwiesen gelten, daß Strömungen und Stromkabbellungen abnormer Art, welche der Schifffahrt gefährlich wären, in jenem Fahrwasser bei Finkenwärder nicht vorhanden sind.

Die von dem Taucher Harmstorff gemachten Wahrnehmungen erklären sich durch die Aussagen des Tonnenlegers Rüter vollkommen und sind nicht geeignet, die Ansicht der Wasserbautechniker zu widerlegen.

Das auffällige Abdrehen der „Portia", von welchem oben die Rede war, beweist gleichfalls nichts für jene Ansicht, da die „Portia", indem sie die Tonne, Finkenwärder gegenüber, auf Backbord hatte, außerhalb des Fahrwassers gewesen sein muß und ein Ausdrehen des Schiffes in der angegebenen Richtung viel wahrscheinlicher durch Grundberühren entstanden ist.

Der dem „Dithmarschen" passirte Vorfall ereignete sich zur Eiszeit und es erscheint sehr fraglich, ob nicht die Eisverhältnisse oder anderweitige Nebenumstände bei dem Ausdrehen gegen das Ruder hier von Einfluß gewesen sind. Lootse Dreyer, welcher den „Dithmarschen" lootste, will in der Mitte des Fahrwassers abwärts gefahren sein. Daß dort Strömungen auftreten, ist von den Vertretern jener Ansicht nicht einmal behauptet.

Dem Dampfer „Anna Woermann" vorauf fuhr der Dampfer „Lissabon" und passirte dieser den „Presto" vor dem Ausdrehen desselben nach Backbord. Es könnte sich daher fragen, ob etwa durch den Sog des vorübersteuernden größeren Dampfers jenes Ausdrehen des „Presto" veranlaßt worden sei.

Wie aus dem Thatbestand ersichtlich, waren die Dampfer „Lissabon" und „Anna Woermann" bei Lühesand dicht hinter einander her gefahren, dann hatte letzterer, um den „Lissabon" nicht im engen Fahrwasser zu passiren, diesen weiter vorauffahren lassen. Die Aussagen der Besatzung der „Anna Woermann" über die Entfernung des „Lissabon" von der „Anna Woermann" gehen aus einander. Schiffer Taggenbrock und Steuermann Rudnicki geben die Entfernung auf 5 Kabellängen an; Lootse Steincke auf 400 bis 500 m; Matrose Voß auf 3 bis 4 Schiffslängen. Nach den Angaben der Besatzung des „Presto" passirte man den „Lissabon" oberhalb der Königsbake. Mit diesen nahezu übereinstimmend legen die Zeugen des „Lissabon" den Ort des Passirens des „Presto“ zwischen Finkenwärder Feuer und der Königsbake; die Aussagen des Lootsen des „Lissabon“, welche Anfangs den Ort jenes Passirens weit unterhalb der Königsbake verlegten, wurden von demselben später aus eigenem Antrieb berichtigt.

Hinter dem Dampfer „Presto“ her fuhr der Dampfer „Oporto“ abwärts in einer Entfernung von etwa 900 m (als der „Oporto“ die obere Finkenwärder Bake passirte, war der „Presto“ beim Finkenwärder Feuer) und nach den Aussagen auch dieses Zeugen, welcher am besten die Gelegenheit hatte, die Lage zu beobachten, war der „Lissabon“ erheblich der „Anna Woermann“ voraus. Auch von dem Finkenwärder Ufer aus hatte man den Zusammenstoß der beiden Schiffe beobachtet. Die seitens des Seeamts von jenen Beobachtungspunkten an Ort und Stelle angestellten Ermittelungen und gewonnenen Feststellungen lassen darüber keinen Zweifel bestehen, daß der Dampfer „Lissabon“ sich zum mindesten über eine halbe Seemeile vor der „Anna Woermann“ befunden hat.

Durch jene Ermittelungen in Finkenwärder wurde der Ort des Zusammenstoßes in der Nähe der weißen Tonne A 1 (der jetzigen schwarzen Tonne No. 12) bestimmt.

Lootse Dircks von dem Dampfer „Oporto“ fügt seiner Aussage noch hinzu, als der „Presto“ nach Backbord abdrehte, hatte er den „Lissabon“ schon lange passirt. Des „Lissabon“ wegen hatte man auf dem „Presto“ etwas Backbordruder gegeben und dann das Ruder auf das Commando „steady“ hin gestützt. Sowohl Schiffer Jessen wie Lootse Breckwoldt erklären beide, daß der „Presto“ dem Commando „steady“ vollständig gehorcht habe und daß das Schiff mit jenem Steady-Curse eine geraume Zeit weitergefahren sei. Schiffer Jessen giebt sogar an, daß das Schiff ungefähr von dem Finkenwärder Feuer bis zur Königsbake unter Steady-Ruder gefahren sei. Wenn auch diese Angabe reichlich weitgehend bemessen zu sein scheint, so ist derselben doch so viel zu entnehmen, daß das Schiff jenem Rudercommando längere Zeit vollständig gehorcht habe. Die mit dem Schiff gerade in dieser Beziehung gemachten praktischen Versuche haben bewiesen, daß das Schiff einem solchen Commando ausgezeichnet gehorcht, und daß es besonders nicht erst eines Ueberlegens des Ruders etwas nach Steuerbord bedarf, um das Schiff zu stützen. Der Rudersmann Theophilus hat auch bestimmt erklärt, daß um zu stützen, das Ruder nach mittschiffs gedreht, nicht aber losgelassen worden sei, auch sei das Ruder nicht erst nach der anderen Seite gedreht, um das Schiff in seinem Curse zu stützen.

Die Entfernung, in welcher die beiden Schiffe von einander

passirten, wird vom Lootsen Breckwoldt auf 100 Fuß Abstand, vom Schiffer Jessen auf 1½ und vom Schiffer Schöttler vom „Lissabon“ auf ungefähr eine Schiffslänge angegeben. Lootse Meyer vom „Lissabon“ erklärt, daß er mit dem 18½ Fuß tiefgehenden „Lissabon“ dicht unter der Königsbake passirte, während der „Presto“ ziemlich nach der Nord hinüber war. Schiffer Schöttler erklärt dann noch, daß er es für völlig ausgeschlossen halte, daß der Sog seines Schiffes auf das Ausscheeren des „Presto“ von Einfluß gewesen sei, da, als jenes Ausscheeren des „Presto“ stattfand, wie Schöttler selbst beobachtete, der „Presto“ von dem „Lissabon“ schon sehr weit entfernt war.

In Berücksichtigung aller dieser Aussagen hält auch das Seeamt es für ausgeschlossen, daß eine von dem vorüberfahrenden „Lissabon“ ausgeübte Anziehung die fragliche Wirkung auf den „Presto“ hervorgebracht habe.

Naheliegend ist es, als Grund jenes Ausdrehens nach Backbord ein falsches Rudermanöver seitens des „Presto“ anzunehmen und es wird zu erörtern sein, was für und was gegen diese Annahme spricht. Sehr gewichtig für diese Annahme spricht der Umstand, daß das Ausdrehen des Schiffes erst erfolgte, als das Commando „Backbord“ von dem Lootsen Breckwoldt gegeben wurde, um dem sich nähernden Woermann'schen Dampfer nach der rechten Seite des Fahrwassers hin Platz zu machen. Man hatte damals eben die Königsbake passirt und mußte gleichzeitig auch schon des Fahrwassers wegen, welches dort sich nach Teufelsbrücke hinüberzuziehen beginnt, etwas Backbordruder geben.

Lootse Breckwoldt sagt als er das Ruder etwas backbord legen ließ, „da gehorchte das Schiff dem Ruder nicht“ und je mehr backbord gelegt wurde, desto mehr drehte das Schiff nach Backbord aus.

Schiffer Jessen erklärt, daß der „Presto“ gerade so ausgedreht habe, als ob das Ruder hartsteuerbord gelegt worden sei. Auffallend ist es immerhin, daß mit der jedesmaligen Ruderlage das Schiff nach jener verkehrten Seite mehr und mehr abdrehte. Es kommt noch hinzu, daß der Rudersmann Teophilus auf eine an ihn gerichtete desfallsige Frage des Reichscommissars anfangs erklärte, der Zeiger, welcher hinter dem Rade zur Bezeichnung der Ruderlage angebracht ist, habe nach Backbord gezeigt; danach würde das Ruder Steuerbord gelegt worden sein. Auf desfallsigen Vorhalt nahm jener Zeuge diese Aussage indeß sofort wieder zurück und erklärte im weiteren Verlauf der Vernehmung, daß die Spitze des Zeigers nach der seinem Standpunkt (er stand an Backbordseite des Ruders) entgegengesetzten Seite gezeigt habe.

Gegen jene Annahme spricht andererseits, daß der zweite, am Ruder thätig gewesene Matrose Hansson bestimmt erklärte, er habe das Ruder richtig backbord gelegt und durch Handbewegung veranschaulichte, wie er von seinem Standpunkt auf der Steuerbordseite des Rades aus dasselbe gedreht habe, um es richtig in die Backbord-Ruderlage zu bringen. Schiffer Jessen hat dem Seeamt dann noch im Einzelnen angegeben, wie er selbst in die offene Thür des Ruderhauses auf der Backbordseite der Brücke getreten sei und gesehen habe, daß die Leute das Ruder den rechten Weg gedreht hätten und daß auch der Zeiger des Steuerrades die Backbordlage des Ruders angegeben habe. Das Schiff sei auch schließlich zum Stützen gekommen gerade als der andere Dampfer den „Presto" traf. Auch Lootse Breckwoldt erklärt auf das bestimmteste, daß er, als der „Presto" den verkehrten Weg ausschor, sich umgesehen habe, ob die Leute das Ruder richtig legten und daß er sich von dem richtigen Drehen des Ruders selbst überzeugt habe.

Bei Abwägung dieser für und gegen die Annahme eines falschen Rudermanövers sprechenden Gründe hat das Seeamt nicht das Gewichtige der Argumente für jene Annahme verkannt, welche jenen ganzen Vorfall am einfachsten erklären würden. Die in Betracht kommenden Zeugen haben indeß beeidigt, daß das Ruder richtig backbord gelegt worden sei und bei der Beeidigung unter dem vollen Eindruck der durch jene eidliche Versicherung geschaffenen Sachlage gestanden. Gegenüber dieser eidlichen Versicherung aber vermag sich das Seeamt nicht der Ansicht des Reichscommissars anzuschließen, daß hier eine Täuschung sämmtlicher bei dem Ruder befindlich gewesenen Personen stattgefunden habe.

Sind nach den vorstehenden Erörterungen weder in technischen Mängeln des Schiffes selbst, noch in Mängeln der Steuervorrichtung, noch auch in dem Versagen der letzteren die Ursachen des verkehrten Ausdrehens des „Presto" zu suchen, haben ferner weder besondere Strömungen oder Stromwirbel, noch auch der Sog des der „Anna Woermann" vorausfahrenden Dampfers „Lissabon" den „Presto" aus seinem Curse gebracht und ist nach Lage der Sache ferner nicht anzunehmen, daß das Ausscheeren des Schiffes in Folge des Wechsels der Ruderlage von dem zum Ausweichen des „Lissabon" gegebenen Backbordruder in die durch Stützen veränderte Ruderlage hervorgerufen ist, indem das Ruder und das Schiff zum Stützen zu bringen möglicherweise etwas nach Steuerbord und vielleicht etwas zu viel dahin übergelegt wurde und ist endlich nicht anzunehmen, daß das Ruder einfach verkehrt, anstatt backbord, steuerbord gelegt worden ist, so bleibt nur noch zu erörtern übrig, ob etwa die Gestaltung des Flußbettes selbst oder die das Fahrwasser begrenzenden Sände und flachen Stellen am Rande des Fahrwassers, denen das Schiff zu nahe gekommen, auf das Steuern des „Presto" von Einfluß gewesen sei.

Es ist eine bekannte Thatsache, daß, wenn Schiffe in engen Kanälen mit steil bis zum Grunde abfallenden Uferböschungen mit größerer Geschwindigkeit nahe dem einen Ufer fahren, dieselben leicht mit dem Bug von dem Ufer ab, mit dem Heck dagegen nach dem Ufer zu gedrängt werden, selbst bei entgegengesetzter Ruderlage; es ist dies der Einfluß des sogenannten Sogs auf das Steuern der Schiffe. Es ist ferner bekannt, daß Schiffe auf flachem Wasser überhaupt nicht gut steuern, oder aber, wenn dieselben von tieferem Wasser in seichteres Wasser gerathen und dabei mit erheblicher Geschwindigkeit fahren, ebenfalls leicht aus dem Ruder laufen, besonders wenn die Schiffe keinen Kiel haben und nicht scharf gebaut sind.

Betrachtet man in Bezug auf den vorliegenden Fall das Profil des Flusses, wie solches nach den Tiefenangaben der dem Gutachten der Wasserbautechniker beigegebenen Karte entworfen und den Acten beigelegt ist, so zeigt sich auf den ersten Blick, daß hier ein eigentlicher enger Kanal mit nach dem Grunde zu abfallenden steilen Böschungen nicht vorhanden ist. Der Fluß ist an jener Stelle im Ganzen ziemlich breit. Der Boden senkt sich von den Ufern aus namentlich an der Nordseite ganz allmälig zur größeren Tiefe und selbst auf den Bänken nördlich der Tonne 1 A., jetzt No. 12, bleiben noch immer ein bis zwei Meter Wasser.

Hiernach ist es durchaus nicht wahrscheinlich, daß durch den sogenannten eigentlichen Sog der „Presto" aus dem Ruder gelaufen ist. Bei Gelegenheit der Stromuntersuchungen ist diese Theorie des Sogs von dem Seeamt mit den Wasserbautechnikern eingehend erörtert worden und haben dieselben eine Einwirkung eines solchen Sogs für die in Frage kommende Strecke durchaus in Abrede gestellt, auch bezüglich des etwas steiler abfallenden Südufers des Finkenwänder Fahrwassers, da jene Erscheinung hauptsächlich in engen Kanälen stattfinde und die Elbe keineswegs an jener Stelle einen derartigen Character habe.

Es bedarf auch ferner nur des Hinweises darauf, daß die Zahl der an dieser Stelle stattfindenden schwer aufzuklärenden Unfälle eine ganz verschwindend kleine ist gegen den dort elbauf- und elbabwärts stattfindenden gewaltigen Schiffsverkehr, und daß diese geringe Anzahl

Fälle wahrlich nicht geeignet ist, jene Theorie des „Sogs" für die Finkenwärder Uferstrecke für anwendbar zu erklären.

Wohl aber ist es keineswegs völlig ausgeschlossen, daß der Dampfer in dem Bestreben, das ihm gesetzlich zugewiesene Fahrwasser zu halten, im entscheidenden Augenblick den das Fahrwasser begrenzenden Sänden zu nahe gekommen ist, dadurch zeitweilig in zu flaches Wasser gerieth, dem Ruder nicht gehorchte und in Folge des Vorwärtsarbeitens der rechtshändigen Schraube mit dem Bug nach Backbord abfiel.

Daß der „Presto" an der Nordkante des Fahrwassers abwärts fuhr, giebt Schiffer Jessen selbst an. Lootse Meyer vom „Lissabon" erklärt, der „Presto" befand sich „ziemlich nach der Nord hinüber." Eine genaue Innehaltung der Nord ist überhaupt schwer, namentlich wenn die die Nordseite des Fahrwassers abgrenzenden Winterzeichen des an den Sänden treibenden Eises wegen schwer zu sehen sind. Ohnehin war der „Presto" dadurch, daß er dem „Lissabon" mit Backbordruder auswich, nach der Nord hinüber gekommen. Daß der „Presto" somit namentlich in der Nähe der Königsbake, wo er überdies seinen Curs nach Teufelsbrücke hinübersetzte, reichlich weit an der Nord gestanden hat, erscheint durchaus nicht ausgeschlossen.

Nun sollen zwar nach den Pegelmessungen und der Tiefenkarte zur Zeit des Zusammenstoßes bei Tonne 1 A (No. 12) noch immer mindestens 15 Fuß Wassertiefe vorhanden gewesen sein; zur Winterzeit aber bei schwerem Eisgange, wie ein solcher in den Monaten vor der Zeit des Zusammenstoßes stattgefunden hat, ist es eine häufige Erscheinung, die auch im vorliegenden Fall durchaus nichts Unwahrscheinliches hat, daß sich große Eisblöcke auf die Bänke schieben, wodurch in der Nähe solcher Bänke sich die Gestaltungen des Bodens des Flußbettes ändern. An einer Stelle bilden sich Erhöhungen, an der andern wieder Senkungen; die das Fahrwasser begrenzenden Bänke haben mit andern Worten somit vielfach nicht die ebene Form, wie sie in den Karten verzeichnet sind. Dem Seeamt sind solche Vorkommnisse aus Erfahrungen seiner Beisitzer, von denen einer während mehrerer Jahre im Winter einen der Hamburger Eisbrecherdampfer führte, wohl bekannt. Gerathen dann Schiffe auf solche Erhebungen im Flußbett und derartige Verflachungen des Fahrwassers, so ist ein unstätes Steuern oder Ausdemruderlaufen eine vielfache Erscheinung. Auch im vorliegenden Fall hält das Seeamt das Ausscheeren des „Presto" nach Backbord gegen die Ruderlage an, aus einem solchen Grunde für durchaus möglich.

Allerdings kann diese Annahme nur eine Erklärung der möglichen

Ursache sein; mit positiver Gewißheit läßt sich die Einwirkung einer solchen Erhebung im Flußbette und des flachen Wassers im vorliegenden Fall nicht feststellen.

Trotz dieser eingehenden Untersuchung hat sich sonach die Ursache jenes Ausdrehens des „Presto" nach Backbord mit Sicherheit nicht feststellen lassen.

Es erübrigt nur noch anzuführen, daß, als man das gefährliche Ausdrehen des „Presto" bemerkte, seitens der Führung desselben alles zur thunlichsten Vermeidung des Zusammenstoßes geschehen ist.

Die Führung der „Anna Woermann" trifft überhaupt kein Verschulden an dem Unfall.

40. Spruch des Seeamts zu Brake vom 28. August 1889 und Entscheidung des Kaiserlichen Ober-Seeamts vom 15. November 1889, betreffend den Seeunfall der Bark „Janbaas" von Elsfleth.

Der Spruch des Seeamts lautet:

> Der Verlust der Bark „Janbaas", welche am 24. März 1889 auf Bramble Cay-Riff am östlichen Eingang der Torresstraße strandete, ist auf Stromversetzung zurückzuführen, durch welche das Schiff von seinem Curse nordwärts vertrieben ist.
>
> Es ist nicht ausgeschlossen, daß die Strandung vermieden wäre, wenn man, anstatt beim Erblicken der Brandung vor dem Winde abzuhalten, versucht hätte, das Schiff an den Wind zu bringen, um entweder luvwärts vom Riff zu passiren, oder, nachdem das Schiff in den Wind geschossen, zu ankern. Dem Schiffer Abken ist die Gewerbebefugniß als Schiffer nicht zu entziehen.

Gründe. Die im Eigenthum von J. D. Ahlers und Genossen zu Elsfleth stehende Bark „Janbaas", Unterscheidungs-Signal NGCB, Heimathshafen Elsfleth, erbaut daselbst im Jahre 1884, vermessen zu einem Netto-Raumgehalt von 2659,8 cbm oder 938,90 britischen Register-Tons, trat unter Führung des Schiffers Reinhard Friedrich Abken aus Elsfleth mit einer aus 1457 Tons Kohlen bestehenden Ladung am 8. März 1889 die Reise von Sydney nach Singapore an. Das Schiff war in gutem, seetüchtigen Zustande, hatte beim Büreau Veritas sowohl, wie beim Germanischen Lloyd allererste Classe bis 1901 resp. bis 1896 und war bei verschiedenen Versicherungsgesellschaften versichert, das Casco zu 140000 M. und Fracht zu 20000 M. Der Tiefgang betrug 20 Fuß hinten und 19 Fuß 2 Zoll vorn. Schiffer Abken hat die Gewerbebefugniß als Schiffer auf großer Fahrt seit dem Jahre 1877 und seit der Uebernahme des „Janbaas" im Jahre 1884 als Schiffsführer gefahren. Bisher ist derselbe in eine seeamtliche Untersuchung noch nicht verwickelt gewesen.

Als erster Steuermann war der mit einem Patent als Schiffer auf großer Fahrt versehene Hinrich Georg Haase aus Elsfleth, als zweiter Steuermann der 24 Jahre alte Heinrich Johann Friedrich Pieken aus Elsfleth; außer diesen und dem Schiffer waren 13 Schiffsleute an Bord. Man wollte durch die Torresstraße segeln und befand sich am 22. März Abends 8 Uhr auf 9° 13′ südlicher Breite und 145° 12′ östlicher Länge. Für die Reise durch die Torresstraße hatte sich der Schiffer mit einer zu den Acten gelieferten, vor der Ausreise von Sydney in Newcastle N. S. W. angeschafften englischen Admiralitätskarte, sowie mit K. C. Knaggs & Co. Nautical Almanach, Newcastle N. S. W. 1887, neben Findlays directions versehen und, um auch von oben genauer peilen zu können, im Auge des Fockstags eine halbe Compaßrose anbringen, sowie eine aus dem genannten Nautical Almanach entnommene Karte der Torresstraße mit weißer Farbe auf eine Holzplatte kleben lassen, welche bestimmt war, an Deck bezw. auf der Raa benutzt zu werden. Anker waren an beiden Seiten mit 75 bezw. 45 Faden Kette fertig zum Fallen.

Am 23. erhielt man ein gutes astronomisches Besteck und befand sich danach um Mittag auf 9° 5′ Südbreite und 144° 35′ Ostlänge. Von 12 Uhr Mittags bis 4 Uhr Nachmittags wurde bei flauer südöstlicher Briese WzS 6 Seemeilen, dann bis 8 Uhr Abends bei auffrischendem Winde WSW ½ W 16 Seemeilen gesteuert. Um 7 Uhr 30 Minuten wurden die kleinen Segel weggenommen, Fock und Großsegel aufgegeit. Dann wurde bis 9 Uhr SWzW ¼ W fünf Seemeilen und darauf bis 12 Uhr Nachts SW ½ W weitere fünf Seemeilen gesteuert. Um 9 Uhr hatte man die großen Raaen back gebraßt. Der Schiffer hatte bei Bestimmung der Curse ¾ Strich Abtrift gerechnet.

Von Mitternacht bis 4 Uhr Morgens war der Curs SW ½ W; gesegelte Distanz sieben Seemeilen.

Der Wind war SO, leichte Briese, der Mond schien hell. Man

lothete alle halbe Stunde und fand abwechselnd 30 bis 40 Faden, um 4 Uhr 27 Faden Wassertiefe.

Um 4 Uhr Morgens übergab der zweite Steuermann dem Steuermann Haase die Wache; der Schiffer war zu der Zeit in der Kajüte, wo er in den Kleidern auf dem Sopha lag. Während der Wache des zweiten Steuermanns war er mehrfach an Deck gewesen, auch noch kurz vor 4 Uhr. Nach seiner Ablösung berichtete der zweite Steuermann dem Schiffer in der Kajüte über Wetter und Wassertiefe, fragte auch an, ob vollgebraßt werden und man Segel zusetzen solle. Der Schiffer antwortete indeß, daß man damit bis zum Eintreten der Tageshelle warten möge. Der zweite Steuermann war vor Uebergabe der Wache auf der Marsraa gewesen, um Ausguck zu halten, hatte auch mit dem ersten Steuermann gemeinschaftlich nach beiden Seiten gut ausgeguckt, ehe er sich nach unten begab; man hatte nichts Verdächtiges gesehen. Ein Mann war beständig zum Ausguck auf der Back; von 3 bis 4 Uhr der Matrose Dieckhoff, von 4 Uhr an der Matrose Seltitz. Der erste Steuermann begab sich gegen 4 Uhr 30 Minuten mit dem Nachtglase nach vorn und bemerkte, nachdem er schon ein paar Mal nach beiden Seiten ausgeguckt und nichts gesehen hatte, etwa 3 Strich in Lee etwas Weißes, was er für Brandung hielt, worauf er gleich nach hinten lief und dem Mann am Ruder zurief: „Ruder nieder". Gleichzeitig ließ er vollbrassen und rief den Schiffer an Deck, welcher sogleich oben war und die Brandung erkannte. Letzterer gab das Commando „Ruder auf", „Fock nieder", welches sogleich befolgt wurde, indessen wollte das Schiff nicht gleich abfallen. Dann ließ man den Backbordanker fallen, und gleich darauf wurde vom Schiffer selber der Steuerbordanker weggeworfen, jedoch hielten die Anker nicht und bald nachher stieß das Schiff auf. Vor dem Ruder- bezw. Segelmanöver machte das Schiff etwa 1½ Knoten, nach dem Abhalten erheblich mehr Fahrt; der erste Steuermann meint, es könne wohl 9 Knoten Fahrt gehabt haben, als der Anker geworfen wurde. Der Schiffer nimmt eine erheblich geringere Fahrt an.

Jetzt wurde backgebraßt und der Backbordanker eingehievt, da versucht werden sollte, das Schiff rückwärts abzuhieven. Es fand sich, daß beide Hände und der Stock des Ankers gebrochen waren. Man setzte ein Boot aus und brachte einen Anker mit Kabeltrosse nach hinten aus, doch war der Versuch des Abhievens ohne Erfolg, da das Wasser schon gefallen war. Die Segel waren schon vorher aufgegeit worden. Am Abend gegen 6 Uhr kurz vor Hochwasser wurde noch der Versuch gemacht, das Schiff mit vollen Segeln über den Backbordbug nach Norden, wo blaues Wasser war, freizusegeln, aber auch dieses Manöver gelang nicht. Nach gehaltenem Schiffsrath wurde beschlossen, das Schiff, welches schon ungefähr 27 Zoll Wasser im Raum hatte, so hoch wie möglich auf das Riff zu segeln, und dieser Beschluß zur Ausführung gebracht. Darauf begaben sich die Mannschaften mittelst der Boote auf das Eiland, welches man bereits am Morgen als Bramble Cay-Riff erkannt hatte, während der Schiffer mit den beiden Steuerleuten, dem Zimmermann und den Matrosen Thacke und Coldewey die Nacht über an Bord blieb. Mit eintretender Fluth stieß das Schiff immer schwerer auf und war um 8 Uhr Morgens voll Wasser. Es wurden Lebensmittel und Wasser auf die Insel gebracht und dort ein Zelt aufgeschlagen, auch auf der Riffbake die deutsche Flagge geheißt.

In den folgenden Tagen wurde vom Inventar so viel wie möglich geborgen.

Es wurde festgestellt, daß sich das Riff mindestens zwei Seemeilen weiter südöstlich erstrecke, als auf der Karte angegeben. Man hatte bei günstigen Strom- und Windverhältnissen bis zum Wrack eine gute halbe Stunde zu rudern.

Der Schiffer segelte am 7. April mit den in Australien angemusterten Leuten in einem Schiffsboot nach Thursday-Island ab, kam von da am 20. April mit einem Schooner, der das geborgene Inventar aufnehmen sollte, zurück und fuhr auf demselben mit den übrigen Leuten mit Ausnahme der beiden Steuerleute und des Matrosen Röser, welche als Wache bei dem Wrack blieben, wieder ab, nachdem er vorher noch an Bord des „Janbaas" gewesen war und festgestellt hatte, daß nichts mehr geborgen werden konnte. Die drei Zurückgebliebenen wurden am 10. Mai in einem Boote nach Thursday-Island abgeholt. Auf der Fahrt dorthin ging das Journal verloren, indem der zweite Steuermann, welcher es nebst einem Sextanten, an welchem es festgebunden war, dem ersten Steuermann von hinten nach vorn hinüberreichen wollte, ausglitt und über Bord fiel, wobei er das Instrument mit dem Journal in die See fallen ließ.

Das Journal war auf der Insel bis zum 9. Mai weiter geführt worden. Nach der Strandung hatte der erste Steuermann auf Veranlassung des Schiffers einen Auszug aus demselben anfertigen lassen, welcher unter dem 25. März von den Schiffsofficieren und 5 deutschen Schiffsleuten unterschrieben wurde.

Während des Aufenthalts auf der Insel waren das Bremer Vollschiff „Heinrich" und die Hamburger Bark „Heinrich Bötel" nordwestlich der Insel zu Anker gegangen und hatten dieselben nach Aussage ihrer Führer sehr starke Stromversetzung nach Norden festgestellt, in Folge deren sie erheblich nördlicher gelangt waren, als sie beabsichtigt hatten.

Seine Segelanweisungen hat Schiffer Abken in Thursday Island einem englischen Capitain übergeben, welcher sie zum Zwecke der weiteren Feststellung der Lage des Riffs und Veranlassung der Berichtigung der Karten zurück zu behalten wünschte.

Vorstehender Thatbestand ist festgestellt worden auf Grund der Aussagen des Schiffers und der Steuerleute, sowie des Zimmermanns Meyer, des Kochs Janssen und der Matrosen Röver, Bangert, Coldewey und Dieckhoff, welche, mit Ausnahme von Janssen, Coldewey und Meyer, in der Hauptverhandlung vernommen sind, sowie auf Grund der von den Zeugen als richtig anerkannten Abschrift der sich auf den Unfall beziehenden Journaleintragungen. Der Schiffer und die Steuerleute sowie der Matrose Röver, der Zimmermann Meyer und der Koch Janssen haben vor dem Kaiserlichen Consulat in Cooktown ihre Aussagen beschworen und dieselben bei ihren ferneren Vernehmungen auf den bereits geleisteten Zeugeneid als richtig versichert.

In Folge besonderen Beschlusses des Seeamts haben die Steuerleute ausdrücklich in der Hauptverhandlung die Richtigkeit ihrer Aussage auf ihren in Cooktown geleisteten Zeugeneid versichert.

Von Seiten des Reichscommissars ist der Antrag gestellt worden, dem Schiffer die Befugniß zur Ausübung des Schiffergewerbes zu entziehen, weil er allein für die Versegelung des werthvollen Schiffes verantwortlich zu machen sei. Denn er habe auf Stromversetzung gerechnet, dennoch aber nur $^3/_4$ Strich südlicher gesteuert, was nicht genügend sei, wenn man mit backen Segeln bei schwachem Winde arbeite, vor allem habe er aber seine Schuldigkeit insofern nicht gethan, als er nicht stets selbst auf Deck gewesen sei und den Ausguck mit wahrgenommen habe. Er würde, wenn er ununterbrochen oben gewesen wäre, nicht das falsche Manöver gemacht haben, abzuhalten, sondern gleich Anker geworfen haben, als die Brandung in Sicht kam.

Das Seeamt kann der Ansicht des Reichscommissars in Bezug auf das Verschulden des Schiffers nicht beipflichten.

Bei der nach dem Resultat der Beweisaufnahme begründeten

Annahme, daß die im Journal eingetragenen und in der Karte abgesetzten Curse und Distanzen gesegelt sind und das Mittagsbesteck vom 23. März richtig war, ist die Strandung in erster Linie der Stromversetzung zuzuschreiben. Der gesegelte Curs war erheblich südlicher als der in der Karte vorgeschriebene, hätte also sicher vom Bramble Cay frei führen müssen, wenn die Strömung, wie in der Karte angegeben, von Ost nach West setzte. Es ist dem Schiffer daher ohne Bedenken darin Glauben zu schenken, daß er gar nicht an die Möglichkeit dachte, dem Bramble Cay zu nahe kommen zu können, sondern, als Brandung sichtbar wurde, annahm, er habe eines der südlich von der in der Karte bezeichneten Fahrstraße belegenen Riffe vor sich. Daraus wird auch sein Versuch, nordwärts abzuhalten, mit zu erklären sein. Das vom wachthabenden Steuermann angeordnete Manöver des Anluvens hielt er für gefährlich, weil er sich zu weit südlich gißte und befürchtete, ganz aus der vorgeschriebenen Fahrbahn zu kommen; mit Abhalten glaubte er dieselbe zu erreichen.

Das Seeamt hält dafür, daß bei dem wirklichen Standort des Schiffes das Manöver des Steuermanns das richtige war. Wäre dieses zur Ausführung gekommen, hätte man genügend angeluvt und vollgebraßt, so wäre ein Passiren des Riffs luvwärts desselben vielleicht möglich gewesen; jedenfalls aber hätte das Ankern in dem Augenblick, in dem man das Schiff an den Wind brachte, mit größerer Aussicht auf Erfolg bewerkstelligt werden können, weil die Fahrt dann nur noch eine äußerst geringe sein konnte. Das Ankern gleich nach dem Erkennen der Gefahr wäre wohl das Vorsichtigste gewesen. Nachdem man abgehalten hatte, war das Schiff vor den Wind und so in Fahrt gekommen, daß das Halten der Anker wenig wahrscheinlich mehr war.

Einen Fehler hat also der Schiffer gemacht, indem er nicht den richtigen, zur Abwendung der Strandung am meisten Aussicht bietenden Weg eingeschlagen hat.

Er behauptet, die Brandung sei auch voraus sichtbar geworden und darum das Manöver des Steuermanns nicht durchführbar gewesen; die übrigen Zeugen haben die Brandung indessen nur in Lee gesehen, ehe abgehalten wurde. Jedenfalls wurde der Versuch, zu ankern, zu spät gemacht.

Ob der Schiffer anders gehandelt hätte, wenn er die Stunden vor der Strandung ununterbrochen auf Deck gewesen wäre, ist dem Seeamt sehr zweifelhaft. Unmöglich ist es nicht, daß er, in Eile auf die Meldung hin an Deck gekommen, in der Bestürzung nicht so klare

Uebersicht über die Situation erlangt hat, wie er sie gehabt haben würde, wenn er schon im Moment des Insichtkommens der Brandung das Commando geführt hätte. Es ist dies aber lediglich eine Möglichkeit. Daß die Brandung eher gesehen wäre, wenn der Schiffer persönlich den Ausguck mit wahrgenommen hätte, ist nicht anzunehmen, zumal der Steuermann Haase ganz kurze Zeit vor dem Bemerken des weißen Streifens erst in derselben Richtung durch das Nachtglas ausgespäht und nichts gesehen hatte. Somit glaubt das Seeamt, einen Causalzusammenhang zwischen dem Umstande, daß der Schiffer nicht immer an Deck war und der Strandung nicht erkennen zu können. Auch daraus, daß er nicht ununterbrochen mit den wachhabenden Steuerleuten oben war, erwächst dem Schiffer kein Vorwurf, denn er hatte keine Veranlassung, deren Zuverlässigkeit anzuzweifeln, und war stets bereit, die Navigirung selbst in die Hand zu nehmen, wie er auch bei seinem jedesmaligen Verlassen des Decks Ordre gegeben hat, ihn bei besonderen Vorkommnissen zu rufen. Die Verwechslung von Bramble Cay mit einem der anderen Riffe erscheint auch erklärlich im Hinblick darauf, daß erstere Insel als eine 10 Fuß hohe, bewachsene (with vegetation) in der Karte und in den Segelanweisungen bezeichnet, während sie bei Hochwasserzeit nur zum kleinen Theil sichtbar und schwer aufzufinden ist.

Wenn somit das Seeamt es für einen Fehler hält, daß Schiffer Abken zunächst abhielt und erst, als er einsah, damit nicht freikommen zu können, ankerte, so hat es ihm doch weiteren Vorwurf nicht zu machen und der begangene Fehler ist keineswegs der Art, daß er die Annahme rechtfertigen könnte, es mangle dem sonst in jeder Beziehung umsichtig und zuverlässig erscheinenden Manne an Eigenschaften, welche zur Ausübung des Schiffergewerbes unerläßlich sind.

Die Entscheidung des Ober-Seeamts lautet:

Auf die Beschwerde des Reichscommissars gegen den Spruch des Großherzoglich oldenburgischen Seeamts in Brake vom 28. August 1889 über den Seeunfall der Bark „Janbaas" von Elsfleth hat das Kaiserliche Ober-Seeamt in seiner zu Berlin am 15. November 1889 abgehaltenen öffentlichen Sitzung, nach mündlicher Verhandlung der Sache entschieden,

daß der Spruch des Großherzoglich oldenburgischen Seeamts

in Brake vom 28. August 1889 zu bestätigen und ein Ansatz der baaren Auslagen des Verfahrens nicht zu machen sei.

Gründe. Die Strandung des „Janbaas" ist unzweifelhaft dadurch herbeigeführt worden, daß Schiffer Abken das vom Steuermann begonnene Manöver des Anluvens unterbrochen und nun vor dem Winde herumzudrehen versucht hat. Dadurch erlangte die Bark eine nicht unbedeutende Fahrtvermehrung, die weiter Schuld daran war, daß die Anker nicht hielten, als man, da die Drehung nicht mehr gelingen wollte, das Schiff durch Ankern aufzustoppen versuchte. Wäre weiter geluvt und, sobald das Schiff auf dem Winde lag, geankert worden, oder wären die Anker geworfen, sobald man die Brandung als solche erkannt hatte, so wäre der Unfall voraussichtlich nicht eingetreten. Die alleinige Schuld an der Strandung trifft daher den Schiffer Abken.

Demselben stehen indessen eine Reihe Entschuldigungsgründe zur Seite. Was zunächst die von ihm auf dem „Janbaas" geleitete und gehandhabte Navigirung anbelangt, so muß anerkannt werden, daß Schiffer Abken eifrig und wirksam bemüht gewesen ist, sich durch Beschaffung und Studium der bezüglichen Seekarten und Segelanweisungen über die Verhältnisse in der Torres-Straße zu unterrichten. Er segelte dann nach dem Rathe jener Anweisungen durch die Bligh-Entrance dem Nordost-Canale der Torres-Straße zu, nachdem er seinen Schiffsort am 23. März Mittags auf 9° 5′ Südbreite und 144° 35′ Ostlänge astronomisch festgestellt und dadurch die für die Einfahrt in die Torres-Straße in Findlays directory for the South Pacific empfohlene Position ziemlich genau erreicht hatte. Gemäß der weiteren Angaben dieser Segelanweisung wurde dann der Curs auf die Bramble Cay-Bake genommen, mußte aber, da diese bis Anbruch der Nacht nicht in Sicht kam, aufgegeben werden. Es wurden nun kleine Segel gemacht, der Großtop back gebraßt, dadurch die Fahrt auf 1½ bis 2 Knoten ermäßigt und nun der Curs SW½W, etwas südlicher als der in der Karte als beste Einsegelung bezeichnete Curs, genommen, um mitten zwischen den nördlich und südlich vom Wege liegenden Riffen und Klippen zu bleiben.

Die Bligh-Entrance wird in der Segelanweisung als eine breite und von Gefahren freie, vollkommen klare Passage, die sowohl bei Tage als auch bei Nacht sicher befahren werden könne, bezeichnet; es gereicht dem Schiffer daher nicht zum Vorwurf, daß er die Einfahrt überhaupt bei Nachtzeit unternommen und seine Reise mit backem Großtop und dadurch ermäßigter Fahrt fortgesetzt hat, wenn er auch richtiger und besser gethan hätte, zu Anker zu gehen und das Tageslicht für seine Weiterfahrt abzuwarten, zumal in der damaligen Jahreszeit — nahe vor Uebergang des Südost-Monsums in den entgegengesetzten — der Wind bereits mallte und die Strömungen dadurch unberechenbar wurden. Die Versetzungen durch Ebbe- und Fluthstrom konnten indessen unbeachtet bleiben, da es die Zeit der Nipptide war, die Gezeitenströmung in jener Gegend nur sehr gering ist und bei dem Curse SW 1/2 W die recht Ost- West setzenden Strömungen die Bark sowohl unter dem Lee- als auch unter dem Luvbug trafen.

Die britischen Segelanweisungen für jene Gegend — diejenigen der Deutschen Seewarte sind noch in der Bearbeitung begriffen, werden aber demnächst erscheinen — behandeln ihren Gegenstand nur im allgemeinen, ohne auf die durch die verschiedenen Perioden des Monsums hervorgerufenen Verhältnisse besonders zu rücksichtigen; der Schiffer konnte daher aus ihnen den nöthigen Fingerzeig für sein Handeln nicht entnehmen, so daß ihm aus dem Nichtankern ein Vorwurf um so weniger zu machen ist, als das von ihm gewählte Manöver der seemännischen Praxis entsprach.

Nach Ansicht des Reichscommissars hätte Schiffer Abken aber bei seinem SW 1/2 W Curs eine Abtrift von 3 Strich in Rechnung ziehen sollen. Muß allerdings die Abtrift mit 3/4 Strich, wie vom Schiffer in Rechnung gezogen, sehr gering bemessen erscheinen, so ist doch zu berücksichtigen, daß der tiefbeladene „Janbaas" bei flauer SO Briese Curs steuerte, daß die Raaen nicht hart angebraßt und die Schratsegel bis auf den Klüver festgemacht waren, daß daher die seitliche Abweichung nicht so groß sein konnte, wie vom Reichscommissar angenommen wird. Es ist daher die stattgehabte Versetzung nicht lediglich auf die vielleicht etwas zu gering geschätzte Abtrift zurückzuführen und diese unrichtige Abtriftschätzung dem Schiffer nicht zum Vorwurf zu machen, da er sie nach der Richtung der Lothleine beim jedesmaligen Lothen gepeilt haben will. Die Versetzung erklärt sich vielmehr aus einer unberechenbaren nördlichen Strömung, welche nicht nur am Tage jenes Seeunfalls, sondern auch zu anderen Zeiten beobachtet worden ist, wie dies aus nachstehender Mittheilung im Sydney Morning Herald vom 27. August 1889 hervorgeht:

»The British ship »Windhover«, 847 tons register, Captain Planck, with a cargo of 1300 tons of coal, bound from Newcastle to Batavia, was wrecked on the 20th on Bramble Cay Reef. The captain and the chief officer were more than ordinarily careful in verifying their course and in the adjustment of the compasses a few hours before the striking of the vessel. They say that either Bramble Cay Reef is wrongly laid down, or the set of the tides improperly described. The captain, with his wife and child, and the crew arrived here on Saturday afternoon in two ships boats after experiencing a rough and wet passage«.

Das Vorhandensein eines in den Segelanweisungen nicht aufgeführten nördlichen Stromes wird aber auch für die in Rede stehende Zeit dadurch erwiesen, daß während des Aufenthalts der Besatzung des „Janbaas" auf Bramble Cay verschiedentlich Schiffe nördlich von dieser Insel in Sicht kamen, von denen z. B. das Bremer Schiff „Heinrich" nur durch rechtzeitiges Ankern vor der Strandung auf einem der umliegenden Riffe bewahrt worden ist.

Nach dem Vorhergehenden kann dem Schiffer Abken ein Vorwurf bezüglich seiner Navigirung nicht gemacht werden. Auch von dem Vorwurfe der Pflichtverletzung, weil er während des Einlaufens in die Torres=Straße nicht auf Deck geblieben sei, ist Schiffer Abken freizusprechen; denn die Gegend, in welcher der „Janbaas" am Abend des 23. März segelte, war nach der Segelanweisung vollkommen klar und sicher; der Schiffer hatte also um so weniger Veranlassung, auf Deck zu bleiben, als er seine Kräfte für die noch vor ihm liegende gefährliche Fahrt durch die Engen der Torres=Straße aufsparen mußte. Gleichwohl hat Schiffer Abken die Führung des Schiffes keinen Augenblick aus den Händen gelassen, vielmehr von der Ausführung seiner Anordnungen sich wiederholt selbst überzeugt; auch konnte er sich auf seine ihm als tüchtig bekannten Steuerleute verlassen, wie denn überhaupt auf dem „Janbaas" Ordnung in der Dienstführung geherrscht hat. Es lag auch kein zwingender Grund für den Schiffer vor, nach der Meldung des Steuermanns, daß 27 Faden gelothet seien, und auf die Anfrage desselben, ob schon Segel gesetzt werden sollten, sogleich an Deck zu eilen; denn bei der geringen Fahrt des Schiffes und der gefundenen Wassertiefe konnte der Schiffer auch aus der Karte allein ersehen, daß sich seit seinem letzten Andecksein in der Lage des Schiffs nichts zum Nachtheil geändert habe.

Wiewohl der Schiffer nach dem Sichten der Brandung den Unfall durch sein verkehrtes Manöver verschuldet hat, so kann doch nicht zugegeben werden, daß er in Bezug auf die Lage seines Schiffes und auf die vorzunehmenden Manöver unsicher gewesen sei. Im Gegentheil seine allzu sichere Annahme, daß er in Folge seines südlicher, als der anempfohlene, gesetzten Curses nun die Brandung von den südlich seines Weges belegenen Klippen in Sicht habe, ist ihm verderblich geworden. Wäre er irgendwie unsicher gewesen, so hätte er das vom Steuermann begonnene Manöver schwerlich ohne weiteres abgeändert. Nach der Segelanweisung soll Bramble Cay Island 10 Fuß über Wasser hervorragen und grün bewachsen sein, es hätte also, wenn die Karte, nach der das Riff nur 3/4 Seemeilen von der Insel entfernt sich erstrecken soll, richtig war, bei der mondhellen Nacht und dem klaren Wetter das Land auch gesehen werden müssen. Da dies aber nicht der Fall war, so wurde der Schiffer in seiner Annahme, daß er sich bei den südlichen Klippen befände, vollends bestärkt.

Schiffer Abken behauptet, daß die Lage von Bramble Cay-Riff in der Karte unrichtig angegeben sei, was durch den Unfall des britischen Schiffs „Windhover" auch bestätigt wird.

Nach dem Vorstehenden kann aus dem Verhalten des Schiffers Abken vor und bei dem Stranden des Schiffes „Janbaas" keineswegs der Schluß gezogen werden, daß es ihm an den nothwendigen Berufseigenschaften mangele. Auch sein Verhalten nach der Strandung zeugt von Umsicht und Thatkraft und sein Auftreten vor dem Ober-Seeamte ließ in ihm sowohl den erfahrenen und pflichttreuen Schiffsführer, als den graden und schlichten Mann erkennen.

Die baaren Auslagen des Verfahrens waren außer Ansatz zu lassen, weil die Beschwerde vom Reichscommissar eingelegt ist.

41. Spruch des Seeamts zu Hamburg vom 19. November 1889, betreffend den Zusammenstoß des britischen Schraubendampfers „Rainbow" mit dem Galeaß-Ever „Eunomia" von Elmshorn.

Der Spruch des Seeamts lautet:

Der Zusammenstoß des britischen Dampfers „Rainbow" mit dem Galeaß-Ever „Eunomia" in der Nacht vom 27. auf den 28. Juli 1889 unweit des Schulau-Feuerschiffes ist dem Umstande zuzuschreiben, daß man es auf der „Eunomia" unterließ, dem Artikel 11 der Kaiserlichen Verordnung gemäß dem

Dampfer rechtzeitig ein weißes Hecklicht oder ein Flackerfeuer zu zeigen, um demselben das Ausweichen zu ermöglichen.

Die Führung des Dampfers trifft kein Verschulden.

Thatbestand. Der in Elmshorn heimathberechtigte, im Jahre 1861 zu Wisch erbaute Galeaß-Ever „Eunomia", Unterscheidungssignal LDHN, von 104,5 cbm oder 36,89 britischen Register-Tons Netto-Raumgehalt, wurde in der Nacht vom 27. auf den 28. Juli 1889 etwas nach Mitternacht von dem seewärts gehenden britischen, der General Steam Navigation Company zu London gehörigen, 590 britische Register-Tons messenden, eisernen Schraubendampfer „Rainbow" angerannt und so schwer beschädigt, daß derselbe nach wenig Augenblicken versank.

In der über diesen Unfall eingeleiteten Untersuchung ist vor dem Seeamt die Besatzung des Galeaß-Evers, sowie diejenige des Dampfers, soweit sie für den vorliegenden Unfall in Betracht kam, sowie der an Bord des „Rainbow" fungirende Voll-Lootse Heinrich Bähr aus Altona vernommeu worden.

I. Nach der Darstellung der Besatzung des Galeaß-Evers hat sich der Unfall in folgender Weise ereignet:

Der Galeaß-Ever „Eunomia" war am 27. Juli Nachmittags mit einer nach Sonderburg, Apenrade und Hadersleben bestimmten Ladung Stückgüter aus dem Altonaer Hafen gesegelt. Die Besatzung des Evers bestand aus dem Eigner und Schiffer Johann Kordes aus Elmshorn, dem Bestmann Johannes Starkjohann und dem Koch Heinrich Eduard Wolsky, welch letzterer seine erste Seereise auf dem Ever antrat. Außerdem befand sich noch als Reisende Margaretha Glashoff aus Neuendorf bei Elmshorn an Bord. Mit der Ebbe und den dienlichen Segeln wurde elbabwärts gekreuzt. Der Wind war NW, zeitweilig nach Westen umlaufend. Man gelangte mit der Ebbe bis unterhalb Schulau und ging etwas oberhalb des Feuerschiffes nach der Nord hin über Stag; an der Nord wurde wiederum gewendet. Auf diesem Gange fürchtete Schiffer Kordes mit der inzwischen eingetretenen Fluth dem Schulau-Feuerschiff vor den Bug zu treiben und ordnete deshalb an, den Anker fallen zu lassen. Bestmann Starkjohann machte demzufolge den Backbordanker klar und ließ ihn fallen, während der Koch die Fock niederholte. Die „Eunomia" befand sich damals etwa 20 Faden unterhalb des Schulau-Feuerschiffes. Schiffer Kordes stieg während dessen in die Kajüte, um die dort bereits brennend bereit stehende Ankerlaterne heraufzuholen. Nach Schiffer Kordes' Erklärung lag die „Eunomia" damals noch nach der Süd zu und hatte das Schulau-Feuerschiff quer und das Lühefeuer hinterlicher als quer. Nach Bestmann Starkjohann's Aussage hatte man das Feuer von der Lühe kurz vor dem Ankerfallen beinahe recht voraus auf Steuerbord. Während Kordes noch in der Kajüte war, ging der Bestmann nach hinten zu und gewahrte plötzlich ganz dicht bei auf der Höhe des Schulau-Feuerschiffes die drei Lichter eines abwärts von hinten auf die „Eunomia" zukommenden Dampfers und rief aus: „Da kommt ein Dampfer." Schiffer Kordes, welcher den Ruf und seine beiden Leute nach hinten eilen hörte, kam sofort nach oben. Ehe er aber noch auf Deck war, erfolgte schon der Zusammenstoß, indem der Dampfer, von hinten kommend, hinter dem Großmast in einem spitzen Winkel in den Galeaß-Ever hineinrannte, ihn ein Stück elbabwärts mit sich nahm und da offenbar die Kette nicht brechen wollte, den Ever, welcher in Folge der erlittenen Beschädigung voll Wasser lief, vorn unter Wasser drückte. Durch den Stoß war das Boot, welches an einer langen Fangleine hinter dem Ever schleppte, längsseit geschossen; die beiden Leute des Evers waren sofort hineingesprungen, während Schiffer Kordes und die Reisende Margaretha Glashoff auf Backbordseite an Deck im Wasser lagen. Auf letztere stürzte noch das Ruderhaus; es gelang bei dem Wegsinken des Evers jenen beiden nur mit genauer Noth, sich in das Boot zu retten. Kurze Zeit nachher kam ein Boot des Dampfers heran und redete die Insassen in englischer Sprache an, was indeß die Besatzung des Evers nicht verstand. Schiffer Kordes ruderte mit seinen Leuten nach dem Feuerschiff und fand dort Aufnahme bis zum nächsten Morgen, worauf dann der Zollkreuzer „Otter" die Geretteten nach Altona brachte.

Die „Eunomia" war bei der Schiffergilde in Tönning zu 5500 ℳ. abgeschätzt und mit 4575 ℳ. versichert; 1/6 der Versicherung trägt der Schiffer selbst.

Später wurde das Schiff wieder gehoben. Der Werth des Wracks wurde auf 750 ℳ. abgeschätzt. Da die auf 4682 ℳ. geschätzten Ausbesserungskosten den Werth des Schiffes weit überstiegen, wurde dasselbe öffentlich verkauft.

II. Nach der Aussage des Lootsen und der Mannschaft des britischen Dampfers hat sich der Zusammenstoß folgendermaßen zugetragen.

Abends 10 Uhr 45 Minuten hatte der „Rainbow" die St. Pauli-Landungsbrücke verlassen und war unter der Führung des Lootsen Bähr mit der Ebbe elbabwärts gedampft; der Wind wehte leicht aus der Richtung NWzN. Bei Wittenberge in der Nähe der Tinsdaler Pulverfabrik trat Fluth ein; die abwärts bestimmten kleinen Segelfahrzeuge gingen deshalb überall zu Anker. Etwas oberhalb des Schulau-Feuerschiffes passirte man, während man mitten im Fahrwasser hinunter steuerte, auf Backbord ein kleines Fahrzeug und gewahrte auch in ziemlicher Entfernung voraus ein grünes Licht. Um dem grünen Lichte, welches von einem elbaufwärts kommenden Fahrzeuge herzurühren schien, mehr Raum zu geben, ließ Lootse Bähr, neben welchem der Schiffer Thomas Watkin Jones und der zweite Steuermann Langley auf der Brücke standen, das Ruder etwas steuerbord legen. Da erblickten die auf der Brücke Stehenden gleichzeitig mit dem von der Back her ertönenden Ruf des Ausguckmanns Drane in dem Schein der eigenen Toplaterne die Segel und die Masten eines kleinen ungefähr in gleicher Richtung mit dem Dampfer liegenden Fahrzeuges dicht voraus, ohne indeß ein Licht desselben zu bemerken. Lootse Bähr ließ das Ruder sofort hartsteuerbord legen und stellte die Maschine sogleich auf „volle Kraft rückwärts“. Die Maschine konnte kaum einige Schläge rückwärts angesetzt haben, da traf auch schon der „Rainbow“ jenes Fahrzeug auf der Backbordseite bei dem Fockmast in einem spitzen Winkel von hinten und brachte dasselbe, nachdem es eine Strecke mit fortgeführt war, in kurzer Zeit zum Sinken. So schnell als irgend möglich wurde ein Boot zu Wasser gelassen und der Steuermann mit einigen Leuten hingesandt, um eventuell Hülfe zu leisten. Nachdem man erfahren, daß alle Leute geborgen und dieselben darauf bestanden, nach dem Schulau-Feuerschiff zu fahren, setzte der Dampfer seine Reise fort.

III. Nach einer seitens des Seeamts vorgenommenen Feststellung lag das Wrack in folgenden Peilungen:

Lühe-Feuer NW$^3/_4$W,
Schulau-Feuerschiff O$^3/_4$S,
Auf der Wurth am holsteinischen Ufer NzO$^3/_4$O.

Nach der Erklärung des mit der Hebung des Evers beschäftigten Tauchers Harmstorff stand die Kette des quer im Fahrwasser liegenden Fahrzeugs mit dem ausgeworfenen Anker elbaufwärts in der Richtung nach dem Feuerschiff zu; es waren 15 Faden Kette ausgelaufen.

Gründe. Nach Artikel 17 der Kaiserlichen Verordnung vom 7. Januar 1880 hatte der Dampfer dem Ever auszuweichen, nach Artikel 11 jener Verordnung hatte der Ever, welcher von dem Dampfer auf seiner Fahrt überholt wurde, von seinem Heck aus ein weißes Licht oder ein Flackerfeuer zu zeigen.

Von dem Dampfer „Rainbow" wird nun behauptet, daß der Ever bei der Annäherung des Dampfers jener Verpflichtung nicht nachgekommen sei und demselben daher das rechtzeitige Ausweichen nicht ermöglichte.

Von dem Ever wird das Nichtzeigen eines weißen Lichtes oder Flackerfeuers zugegeben, aber behauptet, derselbe habe sich außerhalb des Fahrwassers bereits zu Süden des Schulau-Feuerschiffes befunden und sei gerade im Begriff gewesen, zu Anker zu gehen; es sei unerklärlich, wie der Dampfer dort den Ever habe treffen können.

Bei dem vorliegenden Eingeständniß, daß man auf dem Ever jenes gesetzlich geforderte Licht oder Flackerfeuer nicht gezeigt, wird bezüglich des Dampfers nur noch zu erörtern sein, ob den mit der Führung des Dampfers betrauten Lootsen hinsichtlich des von demselben gesteuerten Curses ein Vorwurf trifft. Aber auch in dieser Beziehung hat die Beweisaufnahme nicht den geringsten Anhalt für ein fehlerhaftes Verhalten des Lootsen ergeben. Lootse Bähr befand sich mit dem Schiffer Jones und dem zweiten Steuermann auf der Brücke, der Ausguck war vorschriftsmäßig besetzt; man hatte wohl acht auf die elbabwärts und theilweise auch schon mit der Fluth elbaufwärts kommenden Fahrzeuge. Nach Lootse Bähr's Aussage waren von der Tinsdaler Pulverfabrik an keine Fahrzeuge elbabwärts mehr unterwegs, Schiffer Kordes will indeß in seiner nächsten Nähe noch einen Mitsegler gehabt haben. Nach den beiderseitigen Angaben scheint es zur Zeit der Annäherung beider Schiffe schon Fluth gewesen zu sein und ist es daher kaum anzunehmen, daß bei dem widrigen, zur Zeit nur schwach wehenden Winde noch weitere Fahrzeuge elbabwärts lagen. Eines aufwärts kommenden grünen Lichtes wegen gab man auf dem „Rainbow" Steuerbordruder und trotz dieses Rudermanövers kam man noch gut frei vom Feuerschiff. Der Dampfer befand sich somit auf völlig richtigem Curse, indem er gut in der Mitte des dort für größere Seeschiffe nur recht schmalen Fahrwassers elbabwärts dampfte. Auf diesem Curse sah er dann plötzlich die Segel des Evers voraus und hatte nur eben noch Zeit Hartsteuerbordruder zu geben, welches Manöver jedoch von irgend welchem Erfolge nicht mehr sein konnte. Daß der Ever bereits außerhalb des für größere Schiffe nördlich vom Feuerschiff liegenden Fahrwassers gewesen sei, ist hiernach nicht anzunehmen.

Selbst den eigenen Aussagen der „Eunomia"-Mannschaft ist dies nicht unbedingt zu entnehmen; nur Schiffer Kordes behauptet dies. Nach den Aussagen des Bestmanns kann aber die „Eunomia" noch gar nicht südlich vom Feuerschiff gewesen sein. Bei dem nordwestlichen Winde — nach Schiffer Kordes lief der Wind zeitweilig westlicher, nach Lootse Bähr und der englischen Besatzung war der Wind bis Norden umlaufend — lag der Ever, während er zuletzt vor dem Ankern von der Nord nach der Süd hinübersegelte, etwa West an. Nun erklärt Bestmann Starkjohann, daß er bei dieser Lage des Schiffes kurz vor dem Ankerfallen das Feuerschiff querab gehabt und das Lühefeuer voraus auf Steuerbordseite, vorderlicher als quer ab, beinahe recht voraus gesehen habe. Ferner erklärt derselbe, daß Schiffer Kordes befürchtet habe, mit der Fluth dem Feuerschiff vor den Bug zu treiben, da nicht so viel Wind gewesen wäre, um vor dem Feuerschiff vorüberzusegeln und daß Kordes nach Mittheilung dieser Befürchtung ihm, dem Bestmann, alsdann den Befehl ertheilt habe, den Anker zu werfen.

Diese Aeußerungen lassen es nicht zweifelhaft, daß die „Eunomia" noch nicht zu Süden des Feuerschiffes gewesen sein kann. Schiffer Kordes widersprach sich auch selbst in seinen Aussagen. In der Voruntersuchung gab derselbe an, das Feuer des Schulau-Feuerschiffes sei ungefähr recht hinteraus und dasjenige von der Lühe zwei Strich an Steuerbord voraus gewesen, während er in der Hauptverhandlung behauptete, das Feuerschiff quer ab und das Lühefeuer zwei Striche hinterlicher als quer ab gehabt zu haben. Diese letztere Stellung würde ihn allein zu Süden des Feuerschiffes bringen. Auch auf Vorhalt der entgegenstehenden Aussagen verblieb Kordes bei seiner Behauptung nnd verlegte die Lage seines Fahrzeuges soweit südlich vom Feuerschiff, daß ein Zusammenstoß dann gar nicht hätte stattfinden können. Von einer Beeidigung des Kordes wurde deshalb Abstand genommen.

Nach diesen Erörterungen steht es fest, daß Schiffer Kordes sich mit seinem Fahrzeug gerade im Fahrwasser des elbabwärts kommenden Dampfers befand und daher unter allen Umständen die Verpflichtung hatte, seine Anwesenheit dem ihn überholenden Schiffe kund zu thun.

Nach der Beweisaufnahme brannten zwar die Seitenlaternen der „Eunomia", doch konnten diese von dem WNW steuernden „Rainbow" nicht gesehen werden.

Die Besatzung der „Eunomia" hat nun übereinstimmend angegeben, daß sie den Dampfer nicht früher bemerkt habe, als bis derselbe auf eine Schiffslänge Entfernung herangekommen sei.

Daß dies nicht früher geschehen, ist jedenfalls eine große Nachlässigkeit seitens der Besatzung der „Eunomia", insbesondere des am Ruder stehenden Schiffers, denn bei der feuersichtigen und klaren Luft sind die Lichter des Dampfers zweifellos lange vorher in Sicht gewesen. Erforderte an und für sich schon das fortwährende Kreuzen des Fahrwassers seitens der „Eunomia“ die Anwendung einer steten Aufmerksamkeit auf die elbabwärts kommenden Dampfer, so war aber solche Aufmerksamkeit besonders nothwendig, wenn man zu ankern beabsichtigte. Auch hierbei hat Schiffer Kordes es an jeglicher Sorgfalt fehlen lassen, da er seiner eigenen Aussage zufolge weder vor dem Ankern noch nach Ertheilung des Befehls sich umgesehen hat, ob auch überholende Schiffe in der Nähe seien. Er begab sich vielmehr unmittelbar nach dem Befehl zum Ankerfallen in die Kajüte, um, wie er angab, die Ankerlaterne herauf zu holen. Freilich mag der Entschluß zum Ankern wohl etwas plötzlich entstanden sein, da er wahrnahm, daß man dem Schulau-Feuerschiff zu nahe kam; dies entschuldigt indeß immer nicht, daß man jenen Dampfer nicht schon lange vorher wahrnahm.

Dies Verhalten des Schiffers verdient eine ernstliche Rüge, da lediglich jenem Umstande der Zusammenstoß zuzuschreiben ist.

42. Spruch des Seeamts zu Emden vom 23. November 1889, betreffend die Zusammenstöße des Schraubendampfers „Industrie“ von Cöln am Rhein mit dem britischen Flußsegelschiff „Richmond“ beziehungsweise mit dem britischen Schleppdampfer „Punch“.

Der Spruch des Seeamts lautet:

Der am 4. December 1888 Abends 6 Uhr zwischen dem nach London fahrenden deutschen Dampfer „Industrie“, Unterscheidungssignal HWBC, und dem Themse abwärts fahrenden britischen Flußsegelschiffe „Richmond“, Nr. 73734, auf der Themse unterhalb Gravesend erfolgte Zusammenstoß ist auf die in der Nähe des Dampfers wiederholt erfolgte Cursveränderung des „Richmond“ zurückzuführen und der Zusammenstoß desselben Dampfers, welcher mit dem britischen Schleppdampfer „Punch“, Nr. 12756, am 9. December 1888, Vormittags 9 Uhr, in der Nähe von Gravesend vorfiel, durch die unzeitige Backbord-Ruderlegung letztgenannten Fahrzeugs verursacht.

Entscheidungsgründe. I. Den Zusammenstoß mit „Richmond" betreffend:

Der deutsche Schraubendampfer „Industrie", Unterscheidungssignal HWBC, Heimathshafen Cöln a./Rh., geführt von dem Schiffer Joh. Nielsen, befand sich am 4. December 1888, beladen mit Stückgütern, auf der Reise von Cöln nach London. Nachmittags 4 Uhr des genannten Tages kam das Schiff vor der Themsemündung an und setzte von da an seine Reise flußaufwärts ununterbrochen fort.

Abends 6 Uhr wurde Chapman-Leuchtthurm passirt. Die Luft war zur Zeit diesig, kein Mondschein und die Dunkelheit vollständig eingetreten. Es war starke Ebbe und leichte Briese von Südwest; die Maschinen des Dampfers arbeiteten mit voller Kraft. Das Schiff befand sich mehr auf der Steuerbordseite als in der Mitte des Fahrwassers; die drei Signallichter des Dampfers brannten hell. Der Schiffer und der Steuermann Hinrichsen befanden sich zur Zeit auf der Commandobrücke, während der inzwischen in Rotterdam Mitte Januar d. J. abgemusterte Vollmatrose Peter Engels am Ruder stand und der Ausguck mit einem am 5. December 1888 in London desertirten schwedischen Matrosen besetzt war.

Ungefähr drei Strich auf Steuerbordbug und in einer Entfernung von etwa 1/4 englischen Meile kamen dann zwei rothe Lichter von 2 Segelschiffen in Sicht; es wurde, um diesen Schiffen in Gemäßheit des Artikels 17 der Kaiserlichen Verordnung vom 7. Januar 1880 zur Verhütung des Zusammenstoßens von Schiffen auf See auszuweichen, das Ruder auf dem Dampfer backbord gelegt. Als der Dampfer ungefähr 2 Strich nach Steuerbord abgefallen war, zeigte das nächste der beiden entgegenkommenden Segelschiffe plötzlich sein grünes Seitenlicht und wurde von dem Dampfer beinahe recht voraus, jedoch noch ein wenig auf Steuerbordseite, gesehen. Auf dem Dampfer wurden dann entsprechend dem Artikel 18 der angeführten Verordnung sofort die Maschinen gestoppt und gleich darauf mit voller Kraft rückwärts in Thätigkeit gesetzt, sowie das Ruder steuerbord gelegt. Dieses Maschinenmanöver wurde dem Gegensegler nach Anleitung des Artikels 19 der angeführten Verordnung durch drei kurze Töne mit der Dampfpfeife kund gethan. Kurz darauf wurde vom Dampfer aus wieder das rothe Licht des nächsten Gegenseglers gesehen, und zwar ein wenig mehr an Steuerbordseite als recht voraus. Die Schiffe hatten sich in der Zwischenzeit so sehr genähert, daß ein Zusammenstoß unvermeidlich war, da der Dampfer jetzt durch das Rückwärtsarbeiten der Maschinen und da ein Rückwärtsgang des Schiffes noch nicht eingetreten war, dem Ruder nicht mehr gehorchte. Der Gegensegler wurde dann an seiner Backbordseite unter einem Winkel von etwa 1 bis 2 Strich von dem Vordersteven des Dampfers getroffen, und, obwohl der Stoß sehr schwach war, da unmittelbar darauf der Dampfer Rückwärtsgang bekam, doch der Gegensegler so stark beschädigt, daß derselbe in etwa 10 Minuten sank. Kurz nach dem Zusammenstoße passirte das zweite vorhin erwähnte Segelschiff an der Backbordseite des Dampfers.

Die aus drei Mann bestehende Besatzung des sinkenden Fahrzeuges rettete sich in ihrem eigenen Boote, während auch auf dem Dampfer sofort, als der gefährliche Zustand des getroffenen Fahrzeuges gesehen wurde, ein Boot zur Rettung der Bemannung desselben fertig gemacht war, welches jedoch nicht benutzt zu werden brauchte.

Die gerettete Besatzung des gesunkenen Fahrzeuges wurde auf dem Dampfer aufgenommen und ankerte dieser in der Nähe der Stelle des Zusammenstoßes. Schiffer Nielsen ließ seinen Steuermann mit einem Boote den Versuch machen, durch Befestigung einer Laterne an den Mast des gesunkenen Schiffes die Stelle für andere Schiffe zu kennzeichnen; dieser Versuch blieb jedoch ohne Erfolg, da entweder besagter Mast in der Dunkelheit nicht gefunden werden konnte oder vielleicht das Fahrzeug im Sinken gekentert war. — Der Hafenmeister in Gravesend wurde mit einem gemietheten Boot sofort schriftlich von dem Unfall in Kenntniß gesetzt.

Das durch diesen Zusammenstoß gesunkene Fahrzeug war das 44 Register-Tons große Flußsegelschiff „Richmond", Nr. 73734, geführt von dem Schiffer William Thomas, mit Coke beladen, auf der Reise von Breadford nach Rainham.

Der Dampfer „Industrie" hatte bei obigem Unfall keinen Schaden erlitten; er setzte am Morgen des 5. December seine Reise nach London fort. Unterwegs verließ die Bemannung des „Richmond" bei Gravesend den Dampfer in ihrem eigenen Boote.

Obige Feststellungen beruhen auf den beeidigten Zeugenaussagen des Schiffers Joh. Nielsen sowie des Steuermannes Karsten Hinrichsen beim Kaiserlich deutschen General-Consulat in London am 8. und 9. März 1889; diese Aussagen werden der Hauptsache nach noch durch die beeidigten Zeugenaussagen des Matrosen Peter Engels, welcher sich unmittelbar vor und während des Zusammenstoßes am Ruder des Dampfers befand, und des Maschinisten Cronquist, welcher zur Zeit die Wache im Maschinenraum hatte, und welche beide letzteren Zeugen am 26. März 1889 im Kaiserlich deutschen General-Consulat vernommen wurden, sowie ferner durch die vom Schiffer Nielsen in der mündlichen Verhandlung in der Seeamtssitzung vom 9. November 1889 gemachten Angaben unterstützt.

Die Aussagen des im Kaiserlich deutschen General-Consulat in London am 28. Februar 1889 vernommenen Schiffszimmermanns Karl Neitzke und des ebendaselbst am 26. März 1889 vernommenen Stewards Dornbusch sind dagegen, obwohl nirgends in Widerspruch mit den Aussagen der Hauptzeugen, für die Beurtheilung des Unfalls von geringer Bedeutung, da beide letztgenannten Zeugen unmittelbar vor dem Zusammenstoße unter Deck waren.

Stimmt nun somit auch die beeidigte Aussage des Schiffsführers William Thomas vom Flußsegelschiffe „Richmond", welche derselbe vor dem Hauptzollamts-Beamten in London am 8. December 1888 gemacht hat, und welche dahin lautet, daß genannter Schiffer, nachdem er ungefähr 6 Uhr Abends des 4. December auf der Reise von Breadford nach Rainham Themse abwärts segelnd mit Ebbe und Wind aus Südwest das grüne Licht und das Toplicht des Dampfers „Industrie" beinahe recht voraus oder etwas an Backbord gesehen, und er dann seinen Curs — ungefähr Süd — nicht verändert habe, nicht völlig überein, so geräth der Schiffer Thomas bezüglich der letzteren Angabe, seinen Curs beibehalten zu haben, mit sich selbst durch die weitere Angabe, daß er sein Ruder etwas nach Backbord gelegt habe, nachdem er oben genannte Lichter der „Industrie" gesehen hatte, in Widerspruch, und gewinnen dadurch die Angaben des Schiffers, des Steuermanns und des Rudermanns des Dampfers „Industrie", nach welchen kurz aufeinander erst das rothe, dann das grüne und darauf wieder das rothe Seitenlicht des „Richmond" gesehen sein sollen, und welche darauf schließen lassen, daß der „Richmond" vor dem Bug des Dampfers wiederholt seinen Curs verändert haben muß, noch mehr an Glaubwürdigkeit. Danach ist es dann aber vollständig erklärlich, daß der Führer des „Richmond" durch Nichtbeachtung der ihm nach Artikel 22 der internationalen Vorschriften bezw. der Kaiserlichen Verordnung vom 7. Januar 1880 obliegenden Verpflichtung, seinen Curs beizubehalten, den Führer der „Industrie" irreleitete und schließlich durch das Zeigen des grünen Lichtes den

Dampfer zum Rückwärtsarbeiten der Maschinen und Steuerbord-Rudergeben veranlaßte.

Zweifelhaft werden die Aussagen des Schiffers William Thomas noch mehr durch den Umstand, daß er den Dampfer „Industrie“ beziehungsweise dessen grünes Seitenlicht und Toplicht recht voraus oder beinahe recht voraus gesehen haben will, während der „Richmond“ ungefähr Süd vorlag. Denn abgesehen davon, daß der Curs des „Richmond“ stromabwärts an der fraglichen Stelle der Themse OSO und der Wind SW war, auch dieser angebliche Südcurs durch die ferneren Aussagen des Schiffers keineswegs genügend aufgeklärt wird, jedenfalls aber auf eine sorgsame Schiffsführung nicht schließen läßt, so hätte dann der Dampfer „Industrie“ den „Richmond“ beziehungsweise dessen rothes Licht gleichzeitig Nord von sich oder beinahe dwars haben müssen und ist einestheils nicht anzunehmen, daß der Dampfer in solchem Falle sein Ruder backbord würde gelegt haben, anderentheils aber zweifellos, daß, wenn er es doch gethan hätte, der Dampfer ungefähr 6 Strich nach Steuerbord hätte abfallen müssen, ehe das rothe Licht des „Richmond“ recht voraus oder beinahe recht voraus sein konnte. Letzteres war aber schon der Fall, wie von 3 Zeugen auf dem Dampfer bestätigt wird, als dieses Schiff 2 Strich nach Steuerbord abgefallen war und muß folglich der angegebene Curs oder die angegebene Richtung, worin Schiffer Thomas die Lichter des Dampfers zuerst sah, anders gewesen sein, als er selbst angiebt.

Das Seeamt nimmt deshalb die Aussagen des Schiffers William Thomas, welche durch keine sonst beizubringenden Zeugen Bestätigung finden, indem die Vernehmung der übrigen zur Besatzung des „Richmond“ gehörigen Personen, der seeamtsseitig erlassenen Ansuchen ungeachtet, nicht zu beschaffen gewesen ist, als sehr ungenau und irrthümlich an und hat denselben somit eine wesentliche Bedeutung nicht beimessen können.

II. Den Zusammenstoß mit „Punch“ betreffend:

Der Dampfer „Industrie“ hatte am 9. December 1888, mit Stückgütern beladen, Morgens 6 Uhr unter Commando eines Lootsen London verlassen. Die Luft war etwas diesig aber sichtig, der Wind nordwestlich und flau. Um 8 Uhr 30 Minuten erreichte das Schiff Gravesend, wo die Maschinen gestoppt und der Lootse abgesetzt wurde.

Es lief zur Zeit eine starke Ebbe. Die Maschinen des Dampfers wurden nach Absetzung des Lootsen mit halber Kraft vorwärts in Thätigkeit gesetzt; es wurde, während die „Industrie“ dicht an der

Südseite (Steuerbordseite) des Fahrwassers entlang fuhr, der Dampfer „Alford" von London an Backbordseite passirt.

Der Schiffer stand auf der Commandobrücke und der Zimmermann und Matrose Joh. Karl Neitzke am Steuerrade. Zur Zeit befanden sich viele flußabwärts fahrende, deshalb mitliegende Flußfahrzeuge an Backbordseite des Dampfers und ungefähr 4 Strich auf Backbordbug ein Schleppdampfer mit einem großen Segelschiffe hinter sich im Schlepptau an der nördlichen (Backbordseite) Seite des Fahrwassers, ebenfalls stromabwärts fahrend. Der Dampfer „Industrie" fuhr, wie gesagt, so nahe als möglich an der Südseite des Fahrwassers, dicht an den dort an den Bojen befestigten oder vor Anker liegenden Schiffen entlang, als unmittelbar nachdem der vorhin erwähnte englische Dampfer „Alford" passirt war, der besagte Schleppdampfer plötzlich mit hart Backbord-Ruder auf ungefähr 6 bis 7 Schiffslängen Entfernung von dem Dampfer „Industrie" auf die Südseite des Fahrwassers überlegte. Die „Industrie" gab nun mit gehörigen Zwischenpausen wiederholt kurze Töne mit der Dampfpfeife, um dem Schleppdampfer anzuzeigen, daß sie nach Steuerbord halten würde. Genannte Signale blieben von dem Schleppdampfer jedoch unbeachtet und unbeantwortet, trotzdem er ebensogut wie der Führer der „Industrie" beurtheilen konnte, daß dieser Dampfer schon so nahe an den auf seiner Steuerbordseite vor Anker liegenden oder an den Bojen befestigten Schiffen entlang fuhr, daß ein weiteres Ausweichen nach Steuerbord für ihn unmöglich war, daß andererseits aber auch die Entfernung zwischen ihm, dem Schleppdampfer, sowie dem von ihm geschleppten Segelschiffe und dem Dampfer „Industrie" zu gering war, als daß letzterer noch mit Steuerbord-Ruder hinter dem geschleppten Segelschiffe hätte herumgehen können, ganz abgesehen davon, daß dieses letzte Manöver auch schon durch die vielen vorhin erwähnten Segelschiffe unmöglich gemacht wurde.

Der Dampfer „Industrie" mußte unter diesen Umständen seinen Curs so nahe als möglich an der Südseite des Fahrwassers beibehalten und wurde noch obendrein dazu gezwungen, seine Maschinen vorwärts arbeiten zu lassen, da ein Stoppen und Rückwärtsarbeiten derselben ihn manövrirunfähig gemacht und bei der starken Ebbe ihn höchstwahrscheinlich in Zusammenstoß mit den festliegenden Schiffen gebracht haben würde.

In völliger Nichtachtung dieser Umstände behielt jedoch der Schleppdampfer seinen jetzt angenommenen Curs quer über das Fahrwasser von Nord nach Süd bei und als dadurch ein Zusammenstoß mit dem deutschen Dampfer unvermeidlich geworden war, ließ letztgenanntes Schiff seine Maschinen mit voller Kraft rückwärts arbeiten, um möglichst den Zusammenstoß abzuschwächen.

Der Schleppdampfer stieß darauf mit seinem Vordersteven rechtwinklig in die Backbordseite dicht vor dem Fockwant des Dampfers „Industrie", wodurch zwei Platten oberhalb der Wasserlinie des letzterwähnten Schiffes stark nach innen gebogen wurden.

Nach Aussage des Führers des Schleppdampfers, welcher letztere als der 31 Tons große Dampfer „Punch", No. 12756, von London, geführt von seinem Schiffer Georg Easdown, ermittelt ist, wurde der Vordersteven seines Schiffes bei diesem Zusammenstoße zertrümmert, und sein Heck durch die von ihm geschleppte italienische Bark stark beschädigt.

Unmittelbar nach dem Zusammenstoße ließ die „Industrie" mit hart Backbord-Ruder ihre Backbord-Maschine vorwärts und die Steuerbord-Maschine rückwärts arbeiten, um durch einen freien Raum, welcher jetzt zwischen den auf seiner Steuerbordseite festliegenden Schiffen war, zu steuern und südlich von genannten Schiffen einen Ankerplatz zu gewinnen.

Nach Ausführung dieser Manöver ankerte die „Industrie" und in ihrer Nähe ließ auch die vorhin erwähnte italienische Bark ihren Anker fallen, während der Schleppdampfer „Punch" sich ohne weiteres flußaufwärts entfernte.

Nachdem Schiffer Nielsen sich überzeugt hatte, daß er mit seinem Schiffe trotz des erlittenen Schadens seine Reise ohne Gefahr fortsetzen konnte, wurde nach einer Stunde der Anker wieder gelichtet; das Schiff kam ohne weiteren Unfall am folgenden Tage in Rotterdam an.

Die obigen Thatsachen gehen aus den mündlichen Aussagen des Zeugen Joh. Nielsen in der Seeamtssitzung, sowie aus dessen beeidigter Zeugenaussage im Kaiserlich deutschen General-Consulat in London vom 8. März 1889 hervor. Wesentlich werden diese Aussagen unterstützt durch die am 28. Februar 1889 im Kaiserlich deutschen General-Consulat in London beeidigten Aussagen des Schiffszimmermanns und Matrosen Joh. Karl Neitzke, welcher unmittelbar vor und während des Zusammenstoßes am Ruder des Dampfers „Industrie" stand, sowie durch die am 8. März 1889 in demselben Consulat gemachten beeidigten Aussagen des Steuermanns Hinrichsen, des Kochs Binder und des Stewards Albert Friedrich Dornbusch, welche sich alle unmittelbar vor und während des Zusammenstoßes auf dem Deck des Dampfers „Industrie" befanden, während die gemachten Maschinenmanöver durch die beeidigte Aussage des Maschinisten Cronquist beim Kaiserlich deutschen General-Consulat am 8. März 1889 bestätigt werden.

Gegenüber diesen Zeugenaussagen steht nun allerdings die ebenfalls beeidigte Zeugenaussage des Schiffers George Easdown, Führers des „Punch", vor dem Hauptzollamts-Beamten in London vom 8. December 1888, indem dieser behauptet, daß die „Industrie" mit Backbord-Ruder um den Spiegel eines vor Anker liegenden Schiffes herumgekommen sei, und auf diese Art seinen, des „Punch", Curs gekreuzt, dadurch aber den Zusammenstoß herbeigeführt habe. Der p. Easdown sagt dann ferner aus, daß er mit seinem Schiffe einen halben Kreis gemacht habe, um das von ihm geschleppte Segelschiff zu Anker zu bringen, daß, als er in dieser Wendung begriffen gewesen, der Dampfer „Industrie" auf seiner, des „Punch", Steuerbordseite in Sicht gekommen sei, und daß jene Wendung derzeit schon soweit ausgeführt sei, daß sein Schiff schon beinahe recht gegen den Strom gelegen habe.

Nun ist jedoch nicht wohl anzunehmen, daß, wenn zwei Dampfer zusammen flußabwärts fahren, in einem schmalen Fahrwasser, wie die Themse bei Gravesend, auf dem einen Dampfer, welcher den anderen etwas achterlicher als dwars von sich hat, bei Tag und klarer Luft letzterer gar nicht gesehen worden sei und man denselben erst dann gesehen haben sollte, nachdem man beinahe einen halben Kreis herumgesteuert hatte. Ist das aber gleichwohl wirklich der Fall gewesen, so liegt darin der Beweis großer Unachtsamkeit auf Seiten des „Punch", da doch jeder Schiffsführer, der in einem schmalen Fahrwasser mit seinem Schiffe einen halben Kreis beschreiben will, erst nach der Seite, wohin er sich zu drehen beabsichtigt, auszusehen hat und sich überzeugen muß, ob das Fahrwasser zu dem beabsichtigten Manöver frei ist. Daneben ist es aber ferner eine unbestrittene Thatsache, daß der „Punch" die „Industrie" auf seiner Steuerbordseite hatte, und war es mithin nach Artikel 16 der Kaiserlichen (zugleich internationalen) Verordnung zur Verhütung des Zusammenstoßens der Schiffe auf See vom 7. Januar 1880 die Pflicht des „Punch", der „Industrie" aus dem Wege zu gehen.

Unter diesen Umständen kann auf die Aussagen des Schiffers Easdown ebenfalls ein Gewicht nicht gelegt werden, und hat, da auch in diesem Falle die Vernehmung weiterer Zeugen von der Besatzung des „Punch" nicht zu ermöglichen gewesen ist, nach dem vorliegenden Beweismaterial nur so, wie geschehen, erkannt werden können.

Diesem allen nach trifft den Schiffer Nielsen in keinem der beiden behandelten Fälle irgend welches Verschulden und ist ein solches Verschulden insbesondere auch in dem Falle des „Punch" aus dem Artikel 20 der mehr citirten Verordnung vom 7. Januar 1880 nicht herzuleiten, da ganz abgesehen von dem Umstande, daß der „Industrie" ein Ausweichen hinter der italienischen Bark herum den obigen Ausführungen zufolge nicht möglich war, von einem Ueberholen des das Fahrwasser in der Quere kreuzenden „Punch" durch die „Industrie" wohl überall nicht mehr die Rede sein konnte.

Endlich hat der Schiffer Nielsen, wie sich aus dem Obigen ergiebt, auch den Vorschriften der Kaiserlichen Verordnung vom 15. August 1876 über das Verhalten der Schiffer nach einem Zusammenstoß von Schiffen auf See in beiden Fällen genüge geleistet, während bezüglich des „Punch" dagegen zu bemängeln ist, daß er sich in Nichtbeachtung jener Vorschriften sofort entfernte.

43. Spruch des Seeamts zu Bremerhaven vom 4. December 1889, betreffend den Seeunfall des Vollschiffes „Ursula" von Bremen.

Der Spruch des Seeamts lautet:

Die in der Nacht vom 30. auf den 31. October 1889 auf den Außengründen von Terschelling erfolgte Strandung des Vollschiffes „Ursula" ist dadurch herbeigeführt, daß der Schiffer Morisse sich während des Nachmittags des 30. October zu sehr auf die Richtigkeit seines Bestecks verließ und, als er Abends das Feuer von Terschelling nicht in Sicht bekam, obwohl er dieses nach seinem Besteck hätte sichten müssen, von der irrthümlichen Annahme ausging, er befinde sich bereits nördlich von Terschelling Feuerschiff. Zu diesem Irrthum wurde er durch den Glauben verleitet, daß die Kimm vollständig rein sei, während in Wirklichkeit, wie aus der Verhandlung hervorgeht, eine Nebelbank über dem Lande lag und die Feuer verdeckte. In Folge jenes Irrthums setzte er gegen 8 Uhr einen erheblich östlicheren Curs, womit er auf Strand lief. Nach Ansicht des Seeamts hat übrigens auch eine nach dem Lande zu setzende Strömung zu der Strandung beigetragen.

Es verdient strengen Tadel, daß der Schiffer Morisse in der ganzen Nordsee und auch des Abends, als Terschelling-Feuer nicht in Sicht kam, von dem Loth keinen Gebrauch gemacht hat. Zu tadeln ist ferner, daß der Schiffer bei Absetzung des Bestecks in der Karte die beiden Steuerleute nicht zugezogen hat.

Thatbestand und Gründe. Das Vollschiff „Ursula", Heimathshafen Bremen, Unterscheidungssignal QDWN, welches einen Raumgehalt von brutto 4249,8, netto 4120,8 cbm = 1454,61 britischen Register-Tons hatte, im Jahre 1883 aus Eisen gebaut war und der Rhederei D. H. Wätjen & Comp. gehörte, ist in der Nacht vom 30. auf den 31. October 1889 auf den Außengründen von Terschelling gestrandet und total wrack geworden.

In der über diesen Seeunfall eingeleiteten Untersuchung sind als Zeugen vernommen: der Führer des Schiffes, Schiffer Anton Morisse aus Bremerhaven, welcher sich im Besitz eines am 11. März 1880 zu Stade ausgestellten Befähigungszeugnisses als Schiffer auf großer Fahrt befindet, ferner der Obersteuermann G. R. Hillmann, der Untersteuermann H. M. Müller, der Koch Meyer, die Matrosen Lübken, Bremers, Tolzmann, Schüttel, Martiniussen, sämmtlich von der Besatzung der „Ursula", und der Schiffer H. F. Brüel, Führer des Hamburger Segelschiffes „Europa". Außerdem ist eine von der Besatzung der „Ursula" am 4. November 1889 zu Harlingen abgelegte Verklarung und das Schiffsjournal der „Ursula" bei der Verhandlung berücksichtigt; auch lag dem Seeamt die von dem Schiffer Morisse benutzte Seekarte vor.

Das Schiff, welches beim Germanischen Lloyd die Classe 100 A. L. hatte, im October 1887 im Trockendock besichtigt und in bester Ordnung befunden war, befand sich auf der Reise von Bassein via Falmouth nach Bremen. Die Besatzung bestand aus 23 Köpfen. Die Ladung setzte sich aus 21 800 Säcken Reis, 3430 Bunden Stuhlrohr und 5 Tons Teakholz. Das zu 240 000 M. taxirte Casco des Schiffes war mit 150 000 M. versichert, während die Rhederei das Risico für den Rest von 90 000 M. lief. Der Reis war in England versichert, für die übrige Ladung und die Fracht war die Rhederei Selbstversicherer.

Von Falmouth aus setzte das Schiff, welches sich in vollständig gutem und dichtem Zustande befand, am 23. October 1889 seine Reise nach Bremen fort. Der Tiefgang betrug vorn 20 Fuß 10 Zoll und hinten 21 Fuß 2 Zoll. Am 29. October hatte man die letzte sichere Landpeilung beim North-Hinder-Feuerschiff, welches um 5 Uhr 50 Minuten Nachmittags O½N, um 8 Uhr SSO½O und um 9 Uhr 30 Minuten S½W im Verschwinden nach dem Azimuth-Compaß peilte. Es ist hierbei zu bemerken, daß auf dem Schiffe ein Azimuthcompaß und ein Steuercompaß in Gebrauch waren, welche nach der Erbauung des Schiffes 1885 in Bremerhaven regulirt waren. Die damals angefertigten Deviationstabellen sind auf dieser Reise nicht benutzt, da die Deviation sich seitdem um ungefähr 3° verändert hatte. Vielmehr richtete sich der Schiffer nach den von ihm in Betreff der Deviation gemachten und in das Journal eingetragenen Beobachtungen. Ferner wurde der zwischen beiden Compassen bestehende Unterschied (der Regelcompaß zeigte ungefähr ¾ Strich mehr westlich als der Steuercompaß) beachtet. Die von 6 Uhr Abends am 29. October bis zum Mittag des 30. October gesteuerten Curse und Distanzen waren:

von 6 bis 8 Uhr:	N 40° O	(rechtweisend)	6 Seemeilen,
„ 8 „ 12 „ :	N 40° O	„	18 „
„ 12 „ 4 „ :	N 40° O	„	19 „
„ 4 „ 8 „ :	N 40° O	„	19 „
„ 8 „ 12 „ :	N 37° O	„	20 „

Danach befand sich nach der Loggrechnung das Schiff am Mittag des 30. October auf 52° 44′ Nordbreite und 3° 40,5′ Ostlänge. Nach der astronomischen Beobachtung betrug jedoch die Länge 3° 55′ O, so daß eine östliche Stromversetzung angenommen wurde. Eine astronomische Breitenbestimmung konnte man an diesem Tage nicht erhalten. Die dann weiter gesegelten Curse waren im Durchschnitt:

von 12 bis 4 Uhr:	N 28° O	(rechtweisend)	27 Seemeilen,
„ 4 „ 5 „ :	desgl.	„	7 „
„ 5 „ 6 „ :	N 35° O	„	7 „
„ 6 „ 8 „ :	N 53° O	„	16 „
„ 8 „ 8 Uhr 40 Min.:	N 71° O	„	5 „

Um 8 Uhr 40 Minuten stieß das Schiff auf Grund.

Die um 6 und 8 Uhr vorgenommenen Cursänderungen auf N 53° O und auf N 71° O rechtfertigt Schiffer Morisse dadurch, daß er, da das Terschelling-Feuer nicht in Sicht gekommen sei, geglaubt habe, von demselben zu weit entfernt zu sein und daher den Curs gegen 6 Uhr näher darauf zu gesetzt habe; als das Feuer dann auch gegen 8 Uhr noch nicht gesichtet sei, habe er annehmen müssen, das Schiff habe den Feuerkreis bereits nördlich passirt, und daher nunmehr den Curs auf Borkum-Feuerschiff gesetzt. Nach seinem Besteck hätte Terschelling-Feuer um 6 Uhr 30 Minuten Abends in Sicht kommen müssen. Die Strandungsstelle befand sich auf dem nördlichen Rande der s. g. Westgründe von Terschelling. Es ergiebt sich daraus eine Besteckversetzung nach SSO von 7½ Seemeilen.

Zu bemerken ist, daß die obigen Angaben über die gesteuerten Curse sich auf die Eintragungen im Journal stützen und daß die Aussage des im Vorverfahren vernommenen Zeugen Martiniussen, der von 6 bis 8 Uhr am Ruder gestanden hat, damit nicht übereinstimmt. Es ist aber auf Grund der bestimmten Aussagen der in der Hauptverhandlung vernommenen Zeugen anzunehmen, daß die in das Journal (und ebenso in die Kladde) eingetragenen Curse die richtigen sind.

Das Wetter war am Nachmittag des 30. October schön; der Wind (anfänglich SSO, später Süd) soll nach Angabe des Schiffers die Stärke 6 gehabt haben; die Luft klarte gegen Abend ab und war gut feuersichtig. Sowohl der Schiffer, wie auch der erste und zweite Steuermann haben Abends die Kimm für vollständig rein gehalten. Das Schiff führte alle Segel, nur das Skysegel wurde gegen 8 Uhr weggenommen. Die Fahrgeschwindigkeit betrug 8½ Knoten. Der Ausguck war beständig besetzt. Der Matrose Bellmers, welcher von 6 bis 8 Uhr auf dem Ausguck war, bezeugt, daß er, obwohl der Schiffer ihn darauf aufmerksam gemacht habe, daß an Steuerbord voraus ein Feuer in Sicht kommen müsse, trotz scharfen Ausguckens nicht gesehen habe. Auch der Matrose Tolzmann, welcher ihn um 8 Uhr ablöste, hat kein Feuer bemerkt. Ebensowenig hat der Zimmermann, welcher zwischen 7 und 8 Uhr zweimal vom Maste ausgeguckt hat, etwas wahrgenommen.

Gelothet ist während des ganzen Tages nicht. Schiffer Morisse giebt an, er habe das Lothen für überflüssig gehalten, da er der festen Meinung gewesen sei, daß er den Horizont sehe, und sich daher ganz sicher gefühlt habe. In der Ansicht, daß er sich außerhalb und nördlich vom Feuerschiff befinde, will er noch dadurch bestärkt sein, daß das Patentlogg bis 8 Uhr Abends gegen 10 Seemeilen mehr gezeigt habe, als das Handlogg ergeben hatte, woraus er geschlossen, daß die Distanz seit dem Mittagsbesteck überlaufen sei.

Beim Absetzen der Curse auf der Karte ist der Schiffer immer nur allein thätig gewesen, ohne die beiden Steuerleute zuzuziehen.

Während des größten Theils des Nachmittags und Abends, und namentlich auch nach 8 Uhr ist der Schiffer an Deck gewesen und hat mit dem Nachtglas nach dem Feuer ausgeschaut. Nach den übereinstimmenden Aussagen der Zeugen ist vor der Strandung eine Veränderung im Wasser, namentlich Brandung nicht zu bemerken gewesen.

Im Augenblick der Strandung lief das Schiff leise auf und luvte gleich darauf 4 Strich an, worauf es stehen blieb. Sofort wurde back gebraßt und, als das Schiff nicht flott kam, ein Warpanker mit 120 Faden Trosse ausgebracht, der aber beim Anhieven nicht festhielt, sondern durch den Grund holte. Auch ein wiederholtes Ausbringen des Warpankers blieb ohne Erfolg. Das Lothen hatte eine Wassertiefe von 3, mittschiffs 3½ und hinten 3¾ Faden ergeben. Man ließ Raketen steigen und zeigte häufig Blaufeuer. Gegen 11 Uhr bemerkte man, in OSO, anfangs schwach, später heller werdend das Terschelling-Feuer. Vorher war an dieser Stelle nach übereinstimmender Aussage der Zeugen nichts zu sehen gewesen, weshalb man nun zu der Ueberzeugung kam, daß eine Nebelbank über dem Lande gelagert hatte. Während der Nacht kam auch ein anderes Schiff (wie sich später herausstellte die französische Bark „Prudent") in der Nähe auf Grund, wurde aber später wieder flott. Nach Tagesanbruch passirte das Hamburger Schiff „Europa" in der Nähe der Westgründe von Terschelling in Sichtweite der „Ursula", hielt aber, als sie diese auf Grund sitzen sah, wieder ab. Nach der Aussage des dieselbe führenden Schiffers Brüel hatte man auch auf der „Europa" die Kimm für vollständig rein gehalten und, da sich keine Feuer zeigten, sich viel weiter von der Küste entfernt geschätzt, als man wirklich war.

Inzwischen war von Terschelling ein Lootse an Bord der „Ursula" gekommen, auch hatte ein Fischerkutter längsseit gelegt, welchen der Schiffer, um Dampferhülfe herbeizuholen, nach Terschelling schickte. Mittags sprang der Wind nach NW um und wurde stärker. Ein Nachmittags herauskommender Dampfer konnte nichts ausrichten. Da das Wetter immer schlechter wurde, verließ die Besatzung auf Anrathen des deutschen Consuls, welcher nach Mittag an Bord gekommen war, das Schiff und wurde in Terschelling gelandet. Am folgenden Morgen fuhr der Schiffer mit einem Theil der Mannschaft auf einem Dampfer wieder hinaus. An Bord gekommen fand er, daß das Schiff im Uebrigen dicht geblieben, nur das vorderste Compartment theilweise voll Wasser gelaufen war. Ein großer Theil des Inventars war bereits von Bord fortgebracht und wurde später bei der Polizei, wo die Sachen abgeliefert waren, wiedergefunden. Da der Wind gegen Mittag wieder zunahm und Abends zum Sturm ausartete, konnten Abbringungs- und Bergungsarbeiten an diesem Tage nicht vorgenommen werden. Am 2. November begab sich der Schiffer mit mehreren Schleppdampfern, mit denen er einen Bergungsvertrag gemacht hatte, nochmals hinaus und fand an Bord beim Peilen der Pumpen, daß fast 5 Fuß Wasser im Schiff standen; das Schiff hatte auch starke Schlagseite nach Steuerbord. Er gewann die Ueberzeugung, daß das Schiff einen Leck erhalten hatte. An ein Löschen der Ladung war nicht zu denken, da die Brandung über das Schiff hinschlug. Am nächsten Morgen waren schon 14 Fuß Wasser im Raum. Am folgenden Tage brachte man Pumpen von Nieuwediep nach der Strandungsstelle, um das Schiff auszupumpen, da man glaubte, daß der Leck nur klein sei. Man machte nun aber die Wahrnehmung, daß das Schiff durchgestoßen war, was der Schiffer dadurch erklärt, daß es vermuthlich auf einem Wrackstück gesessen habe. Schiff und Ladung wurden schließlich für 560 Gulden verkauft. Es sind jedoch demnächst noch ca. 600 Sack Reis geborgen worden. Als der Schiffer das Schiff zum letzten Male sah, war der Hintertheil schon unter Wasser, die Back bei Niedrigwasser noch außerhalb desselben.

Was nun die Ursache dieses Seeunfalls betrifft, so schließt sich das Seeamt der Ansicht des Reichscommissars, daß die Strandung durch den Schiffer Morisse verschuldet sei, an. Dies Verschulden besteht zunächst darin, daß der Schiffer sich am Nachmittag und Abend des 30. October zu sehr auf die Richtigkeit seines Besteckes verließ, obwohl er durch den Umstand, daß Abends das Terschelling-Feuer nicht in Sicht kam, zu größter Vorsicht hätte veranlaßt werden müssen, weil sich daraus die Unrichtigkeit seines Bestecks ergab, nach welchem er gegen 6 Uhr 30 Minuten in den Feuerkreis desselben hätte kommen müssen. Wenn er nun annahm, daß er sich zu weit außerhalb und nördlich vom Feuerschiff befinde, so wäre diese Annahme nur dann gerechtfertigt gewesen, wenn es absolut sicher war, daß in der Kimm kein Nebel lagerte. Schiffer Morisse will nun auch ganz fest hiervon überzeugt gewesen sein, und es ist anzunehmen, daß er in der That diese Ueberzeugung, die sich nachträglich als Irrthum herausstellte, hegte. Aber es war unvorsichtig, daß er nicht auch die Möglichkeit in Rechnung zog, daß er, statt außerhalb, sich innerhalb des Feuerschiffes befand und daß, wie dies bei südlichem Wind dort häufig vorkommt, über dem Land eine Nebelbank lagerte. Diese letztere Erscheinung ist ihm, wie er zugiebt, bekannt gewesen. Nach der Verhandlung ist nicht daran zu zweifeln, daß auch an dem fraglichen Abend eine solche Nebelbank das Feuer verdeckt und erst gegen 11 Uhr sich verzogen hat, worauf das Feuer in Sicht kam.

Weiter trifft den Schiffer aber auch der Vorwurf, daß er während des ganzen Tages bis zur Strandung von dem Loth keinen Gebrauch gemacht hat. Er unterließ dies, weil er auf die Sichtigkeit der Luft vollständig vertraute. Daß ihm dies jedoch nicht zur Entschuldigung gereichen kann, liegt auf der Hand. Er selbst hat in einem Schreiben an die Rhederei den Nichtgebrauch des Lothes seinerseits als einen „argen Mißgriff" bezeichnet, welcher „nicht zu entschuldigen" sei. Diesem Selbstbekenntniß kann das Seeamt nur vollständig beistimmen. Namentlich von dem Zeitpunkte an, als das Feuer gegen alle Erwartung nicht in Sicht kam, hätte von dem Loth unbedingt Gebrauch gemacht werden müssen.

Die bis gegen 6 Uhr gesteuerten Curse geben zu Erinnerungen keinen Anlaß. Die dann und später gegen 8 Uhr vorgenommenen Cursänderungen nach Osten mußten dagegen das Schiff auf Strand führen.

Eine nach dem Lande zu setzende Strömung, welche später beim Ausbringen des Warpankers von den Bootsleuten deutlich wahrgenommen worden ist, hat nach Ansicht des Seeamts ebenfalls zu der Strandung beigetragen, wenngleich sie nicht als eigentliche Ursache derselben anzusehen ist.

Zu tadeln ist noch, daß Schiffer Morisse beim Absetzen des Bestecks auf der Karte die beiden Steuerleute nicht zugezogen hat. Die Folge davon war, daß dieselben nicht in der Lage waren, sich über die Richtigkeit der Navigation des Schiffers ein Urtheil zu bilden, vielmehr den Mittheilungen desselben über den Standort des Schiffes ohne weiteres Glauben schenkten.

Weitere Vorwürfe sind dem Schiffer nicht zu machen, insbesondere hat er nach der Strandung alles gethan, was zur Rettung von Schiff und Ladung möglich war, und dabei Umsicht und Energie gezeigt.

44. Spruch des Seeamts zu Bremerhaven vom 7. December 1889, betreffend den Seeunfall des Schraubendampfers „Donau" von Bremen.

Der Spruch des Seeamts lautet:

Es ist durch die Verhandlung erwiesen, daß der Kohlenzieher Johann Höft aus Papenburg am 2. August 1889 auf der Reise des Norddeutschen Lloyddampfers „Donau" von Baltimore nach Bremen über Bord gesprungen und ertrunken ist. Als Ursache des Selbstmordes ist der Umstand anzusehen, daß Höft der schweren Arbeit als Kohlenzieher nicht gewachsen war, wozu die ihm zu theil gewordene rohe Behandlung mehrerer Vorgesetzter hinzukam und dazu mitwirkte, den verzweifelten Entschluß in ihm zur Reife zu bringen. Zu seiner Rettung sind alle den Umständen nach möglichen Maßregeln getroffen worden.

Es geht aus der Verhandlung hervor, daß die in Baltimore angenommenen sogenannten Ueberarbeiter einer ärztlichen Untersuchung nicht unterzogen sind.

Das Seeamt hält es für dringend nothwendig, daß eine solche ärztliche Untersuchung vor Annahme der Leute als Heizer oder Kohlenzieher unter allen Umständen vorgenommen wird.

Thatbestand und Gründe. Johann Höft aus Papenburg kam am 31. Juli 1889 zu Baltimore an Bord der „Donau". Er wurde mit 2 Heizern und 9 Kohlenziehern zusammen als Ersatz für ebensoviel in Baltimore entlaufene Heizer und Kohlenzieher angenommen, und zwar als sogenannte Ueberarbeiter, d. h. nur für die Ueberfahrt von Baltimore nach Bremerhaven, nicht auf die sonst regelmäßige Dauer von 6 Monaten, dagegen unter Gewährung der üblichen Monatsheuer von 50 M. pro rata temporis.

Eine ordnungsmäßige Anmusterung des Höft hat nicht stattgefunden, weil er, wie die Zeugen ausgesagt haben, erst kurz vor Abgang des Schiffes an Bord kam.

Auch eine ärztliche Untersuchung des Höft und der anderen in Baltimore angenommenen Leute ist nicht vorgenommen worden. Es besteht zwar eine allgemeine Vorschrift der Direction des Norddeutschen Lloyd dahin, daß alle neu angenommenen Leute vor der Anmusterung einer Untersuchung seitens des Schiffsarztes unterzogen werden sollen, doch ergiebt sich aus der Verhandlung, daß dieselbe auch manchmal unterbleibt und daß zwischen dem Schiffer, dem Obermaschinisten und dem zweiten Maschinisten keine Klarheit darüber besteht, wer von ihnen die Verantwortung dafür trägt, daß jene Vorschrift befolgt wird,

Zu jeder Wache auf der „Donau“ gehörten 3 Kohlenzieher, welche die Kohlen für 6 in Betrieb befindliche Kessel herbeizuschaffen hatten. Jede Wache arbeitete 4 Stunden und hatte dann 8 Stunden Ruhe. Der tägliche Kohlenverbrauch betrug etwa 40 Tons. Die Ventilation des Heizraums wird durch eine hinreichende Anzahl von Ventilatoren bewirkt. Die Hitze in demselben am Unfalltage soll nach Angabe des Obermaschinisten annähernd 44° Celsius betragen haben.

Höft, der als Heizer angenommen war, zeigte schon auf der ersten Wache, nach Abfahrt des Schiffes, daß er den Heizerdienst nicht verstand, weshalb er zum Dienst eines Kohlenziehers herangezogen wurde. Auch diese Arbeit war ihm zu schwer.

Der Zeuge Picker, welcher ebenfalls als Kohlenzieher für die Ueberfahrt von Baltimore nach Bremerhaven angenommen war, hat eidlich ausgesagt, Höft sei am zweiten Tage im Heizraum umgefallen und habe anscheinend Krämpfe gehabt. Der Heizer Venske habe ihn dann mit dem Fuße getreten, an den Kopf geschlagen und wieder in die Höhe gerissen. Venske selbst hat zwar bestritten, ihn mißhandelt zu haben, und behauptet, Höft habe sich nur verstellt und nur aus Faulheit die Arbeit verweigert. Aber auch der Kohlenzieher Hoffmann hat bezeugt, daß Venske den Höft geschlagen und ihn von der Erde, wohin er gefallen, aufgerissen habe. Auch der dritte Maschinist Kaiser habe ihn aufgerissen und durch Stöße wieder an die Arbeit getrieben. Höft habe dann zwar wieder einige Minuten gearbeitet, sei darauf aber nochmals umgefallen. Daß er sich verstellt habe, glauben Picker und Hoffmann nicht, letzterer will vielmehr auch gesehen haben, daß er Blut gespuckt habe. Dem Zeugen Picker gegenüber hat Höft nach Schluß jener Wache geklagt, wenn die rohe Behandlung so weitergehe, springe er über Bord. Vor Beginn der nächsten Wache versteckte er sich im Zwischendeck, wurde dort aber aufgefunden und zur Arbeit gebracht, bei welcher Gelegenheit der Oberheizer Dreyer ihm nach Aussage des Zeugen, Kohlenzieher Dresel, einige Schläge mit einem Tau über den Rücken gegeben haben soll. Die letzte Wache hatte Höft am Nachmittag des 2. August von 12 bis 4 Uhr. Er arbeitete auf dieser Wache eben so wenig, wie auf den früheren; er erklärte, er sei krank und könne nicht arbeiten, und blieb bei dieser Erklärung, trotzdem er wiederholt zur Arbeit angehalten wurde, wobei ihm nach Aussage des Zeugen, Kohlenziehers Rausch, der dritte Maschinist Kaiser das Hemd entzwei riß. Man ließ ihn schließlich bis 3 Uhr in der Ecke sitzen, von 3 bis 4 Uhr arbeitete er jedoch ein wenig. Um 4 Uhr erklärte der dritte Maschinist, Höft solle unten bleiben und auf der Wache des zweiten Maschinisten weiter arbeiten. Höft blieb daher unten, während die übrigen Leute seiner Wache abgelöst wurden. Kurz nach 6 Uhr ging er an Deck, lief nach vorn, schwang sich auf die Regeling und sprang ins Meer. Auf den Ruf „Mann über Bord" wurden sofort zwei Rettungsringe über Bord geworfen, welche auch dicht neben ihm niederfielen. Die Maschine wurde auf „Halt" und sodann auf „Volle Kraft rückwärts" gestellt, ferner wurde ein Boot zu Wasser gelassen, welches unter dem Befehl des dritten Steuermanns zu der Stelle hinruderte, wo Höft im Wasser verschwunden war. Das Boot kehrte jedoch nach vergeblichem Suchen zum Schiff zurück, worauf dieses nach einem Aufenthalt von einer halben Stunde die Reise fortsetzte.

Ueber die früheren Lebensschicksale des Höft hat nichts ermittelt werden können. Dem Oberheizer Goedecke soll er erzählt haben, er habe vor mehreren Jahren bereits einmal als Oberheizer gefahren. Dem Oberheizer Goedecke ist von einem der anderen Ueberarbeiter erzählt worden, Höft sei „zweimal verheirathet" und wahrscheinlich deshalb über Bord gesprungen. Höft machte den Eindruck eines Mannes von 35 bis 45 Jahren und wird von allen Zeugen als ein großer, kräftiger Mensch geschildert, weshalb auch viele Zeugen sich gewundert haben, daß er die Arbeit nicht leisten konnte. Sowohl der zweite Maschinist Jahnke, wie auch der dritte Kaiser, haben ausgesagt, daß sie den Höft wiederholt aufgefordert hätten, sich zum Schiffsarzt zu begeben, daß derselbe aber doch nicht hingegangen sei. Der Schiffsarzt Dr. Dannenberg hat bestätigt, daß er den Höft gar nicht kennen gelernt habe. Anfangs soll, nach Angabe des Maschinisten, Höft über Schmerzen im linken, dann über Schmerzen im rechten Arm, endlich über Beulen am Leibe geklagt haben. Der dritte Maschinist Kaiser, der Oberheizer Dreyer und der Heizer Venske behaupten übereinstimmend, Höft sei lediglich ein Simulant gewesen und habe sich nur aus Faulheit der Arbeit entzogen. Auf Kaiser habe er auch den Eindruck eines moralisch verkommenen Menschen gemacht.

Obiger Sachverhalt ergiebt sich aus den Aussagen der vernommenen Zeugen Schiffer Töpfer, Schiffsarzt Dr. Dannenberg, Ober-Maschinist Koch, zweiter Maschinist Jahnke, dritter Maschinist Kaiser, Segelmacher Müller, Oberheizer Goedecke, Oberheizer Dreyer, Heizer Venske, Kohlenzieher Picker, Hoffmann, Dresel und Rausch. Den

Maschinen- und Kesselraum des Dampfers „Donau" hat das Seeamt in Augenschein genommen.

Das Seeamt ist nicht der Ansicht, daß Höft lediglich ein Simulant gewesen, glaubt vielmehr, daß derselbe trotz seines kräftigen körperlichen Aussehens der Arbeit als Kohlenzieher nicht gewachsen war. Die Krämpfe, in die er nach Aussage der Zeugen mehrere Male verfiel, können schwerlich auf Verstellung beruht haben. Auffallend ist zwar, daß Höft trotz mehrfacher Aufforderung nicht zum Schiffsarzt gegangen ist. Auch ist es möglich, daß er moralisch herunter gekommen und im Zusammenhange damit auch körperlich mehr reducirt war, als man äußerlich bemerkte. Der Umstand, daß er trotz bestehender Ehe noch mit einer anderen Frauensperson zusammengelebt haben soll, deutet vielleicht darauf hin. Auch ist in diesem zerrütteten Familienverhältniß vermuthlich ein mitwirkendes Motiv des Selbstmordes zu erblicken, welches zu jenem ersten Motiv hinzutrat. Jedenfalls hat aber noch ein weiteres Motiv mitgewirkt, um den Entschluß zum Selbstmord zur Reife zu bringen, nämlich die dem Höft zu theil gewordene rohe Behandlung.

Zwar mögen die als Zeugen vernommenen Ueberarbeiter in dieser Beziehung manches übertrieben und einseitig dargestellt haben und es mag auch zugegeben werden, daß Höft nicht ganz ohne Grund den Schein eines Simulanten auf sich zog und dadurch seine Vorgesetzten gegen sich erbitterte, so ist doch nicht zu verkennen, daß er roh behandelt worden ist. Die von ihm gegen Picker gethane Äußerung spricht dafür, daß ihn dies mitbestimmt hat, sich das Leben zu nehmen.

Daß die Arbeit der Kohlenzieher eine übermäßig schwere gewesen wäre, hat sich aus der Verhandlung nicht ergeben, ebensowenig, daß Mängel in der Ventilation des Heizraums des Dampfers vorhanden sind.

Hervorzuheben ist jedoch als Mangel im Schiffsdienst der Umstand, daß die ärztliche Untersuchung der neu angenommenen Leute, wenngleich sie vorgeschrieben ist, doch häufig unterbleibt. Denn da gerade unter den sogenannten Ueberarbeitern, welche sich als Kohlenzieher verheuern, viele körperlich herunter gekommene Menschen sind und da der Dienst der Heizer und Kohlenzieher überhaupt ein solcher ist, der eine gesunde und zähe Constitution voraussetzt, so ist gerade für die neu anzunehmenden Heizer und Kohlenzieher eine gründliche körperliche Untersuchung ein dringendes Erforderniß, von welchem unter keinen Umständen abgesehen werden sollte.

Zu welchen Folgen die Annahme körperlich untauglicher Leute führt, bedarf keiner Ausführung.

Erwähnt werden mag dabei, daß der mit Höft angenommene Kohlenzieher Picker erwiesenermaßen an einem Bruchschaden gelitten hat, also bei ärztlicher Untersuchung unbedingt hätte zurückgewiesen werden müssen.

45. Spruch des Seeamts zu Bremerhaven vom 14. December 1889, betreffend den Seeunfall der Bark „Julius" von Bremen.

Der Spruch des Seeamts lautet:

Die Ursache des Seeunfalls der Bark „Julius", welche am 14. Juni 1889 in entmastetem Zustande in der Nähe der brasilianischen Küste südlich von Rio Grande do Sul von der Besatzung verlassen wurde, ist in dem schweren Wetter zu finden, welches vom 9. Juni an herrschte, in Folge dessen das Schiff die Masten verlor und gezwungen war auf seichtem Wasser vor Anker zu gehen. Das Verlassen des Schiffes seitens der Besatzung war mit Rücksicht auf die gefährliche Lage, in der es sich befand, sowie wegen seines beschädigten Zustandes, in welchem es ein wieder eintretendes schlechtes Wetter voraussichtlich nicht würde überstanden haben, gerechtfertigt.

Von der Besatzung des zweiten Rettungsbootes haben der erste Steuermann Moldenhauer, der Koch Sülzberg, die Matrosen Goronson, Lindequist, Daly, Frederikson und Olsen theils durch Ertrinken, theils in Folge von Erschöpfung den Tod gefunden. Ein Verschulden an ihrem Tode trifft niemanden. Es scheint jedoch, daß die Leitung dieses Bootes durch den Steuermann Moldenhauer eine wenig energische und umsichtige gewesen ist.

In Bezug auf die Seetüchtigkeit des „Julius" sowie die Beladung desselben sind Mängel nicht hervorgetreten.

Thatbestand und Gründe. Die Bark „Julius", Unterscheidungssignal QDGN, Heimathshafen Bremen, war vermessen zu 2834,2 cbm brutto und 2743,2 cbm = 968,36 britischen Registertons Netto-Raumgehalt; sie war im Jahre 1864 in Kinderdyk aus Eisen erbaut, gehörte der Rhederei H. Bischoff & Co. zu Bremen und hatte eine regelmäßige

Besatzung von 16 Mann. Das Schiff besaß beim Büreau Veritas die Klasse 3/3 L. 1. 1., welche im August 1888 abgelaufen, jedoch im December 1888 in Pensacola für die Reise neu bestätigt und im April 1889 nach stattgehabter Besichtigung in Liverpool auf 3 Jahr verlängert war. Auf der hier fraglichen Reise, welche das Schiff im April 1889 von Liverpool aus mit einer Ladung Stückgüter nach Buenos Ayres antrat, war das Casco in Bremen mit 100 000 M. versichert, die Fracht ebendort mit 50 000 M. und die Ladung in England mit £ 17 500. Die aus 16 Personen bestehende Besatzung stand unter der Führung des Schiffers H. B. Meentzen aus Hammelwarden, welcher sich im Besitz eines im Jahre 1871 in Elsfleth ausgestellten Zeugnisses über die Befähigung zum Schiffer auf großer Fahrt befand, das ihm bei dem hier fraglichen Unfall abhanden gekommen ist.

Die Ladung bestand größtentheils aus Eisen und Kesseln, ferner aus Salz, und war in folgender Weise verstaut. Auf dem 10 bis 12 Zoll hohen Garnier, welches über dem Kielschwein und den Bauchdielen angebracht war, war mittschiffs bis zum Fockmast und nach hinten bis zur Achterluke Stangeneisen etwa 4 Fuß hoch verstaut, und zwar in der Mitte höher als an den Seiten, dahinter war Salz geladen. Ueber dem Eisen bis zum Zwischendeck lagen Fässer mit leichterer Ladung. Im Zwischendeck war wieder zunächst 1—1½ Fuß hoch Eisen verstaut, darüber leichtere Ladung und hinten eiserne Töpfe. Die Stauung war unter specieller Aufsicht des Schiffers mit Rücksicht auf die Steifheit des Schiffes, welches einen sehr flachen Boden hatte, ausgeführt. Mit voller Ladung betrug der Tiefgang des Schiffes vorn 16 Fuß 6 Zoll und hinten 16 Fuß 8 Zoll.

Die Reise verlief anfangs, abgesehen von einem leichten Sturme, gut. Am 20. Mai wurde auf etwa 31° Westlänge der Aequator geschnitten. Am 9. Juni, als sich das Schiff etwa auf 32° Südbreite und 50° Westlänge befand, nahm der steife Wind aus Südost, womit man beim Winde nach SSW steuerte, allmälig an Stärke zu, so daß Abends nur gereffte Marssegel und Untersegel, nebst Besahn und Klüver geführt wurden. Am 10. Juni nahm die Kraft des Windes bis zum schweren Sturm zu und es mußten alle Segel bis auf beide Untermarssegel, gerefften Besahn und Vorstengestagsegel weggenommen werden. Das Schiff arbeitete und schlingerte sehr heftig. Gegen 8 Uhr 30 Minuten zerriß das Vor-Untermarssegel und als man noch mit dem Festmachen desselben oben beschäftigt war, brach plötzlich der Großmast etwa 3 Fuß über Deck und war im nächsten

Augenblick in See unter Wasser verschwunden. Sogleich wurde alles gekappt, was mit dem gebrochenen Mast zusammenhing. Das Schiff arbeitete nun so schwer und nahm fortwährend so viel Wasser über, daß das Deck bis zur Höhe der Schanzkleidung fast immer gefüllt und es unmöglich war, an Deck irgend etwas zur Rettung des noch stehenden Gutes zu thun oder auch zu pumpen. In der nächsten Nacht brach der Besahnmast etwa 3 Fuß über Deck und bald darauf auch der Fockmast über dem Gut. Der letztere mußte am folgenden Morgen gekappt werden, da er unten gelockert war und die Fockraa, welche nur noch an dem Hanger hing, jeden Augenblick herabzustürzen drohte. Die Maststumpfen wurden mit Segeltuch umwickelt. Sodann wurden Anker und Ketten klar gemacht, um im Nothfall die Strandung durch Ankern zu verhüten, und die Beschädigungen an den Luken sorgfältig reparirt. Am Morgen des 12. Juni lothete man 8 Faden Wasser; es rollte eine gewaltige Grundsee und da man in unmittelbarer Nähe auch Brandung zu sehen glaubte, so wurde der Steuerbordanker fallen gelassen, dessen Kette jedoch nach 15 Faden auf dem Spill unklar lief, worauf auch der Backbordanker geworfen und diesem 80 bis 90 Faden Kette gegeben wurde. Wenngleich sich gegen Mittag das Wetter besserte, blieb der Seegang doch gewaltig hoch und das Schiff rollte dermaßen, daß an Deck nicht gearbeitet werden konnte. Die Mannschaft war äußerst ermattet und mehrere Personen, der zweite Steuermann Sperling und die Matrosen Nielsen und Lindequist in Folge erhaltener Verletzungen dienstunfähig. In einem im Laufe des Tages unter Zuziehung der Mannschaft abgehaltenen Schiffsrath wurde beschlossen, am folgenden Tage das Schiff zu verlassen, um das Leben zu retten und möglicherweise auch vom Lande her Hülfe herbeizuholen. Am nächsten Tage, den 13. Juni, klarte die Luft ab und man erblickte Land in West bis Nordwest. Eine vorgenommene astronomische Beobachtung ergab als Schiffsort 52° 24′ Westlänge; demnach mußte sich das Schiff etwa 14—17 Seemeilen von Land befinden. Die Breite war nach der Mittagshöhe des vorigen Tages 33° 16′ Süd. Nachdem man an Stelle der zertrümmerten Bootsriemen neue angefertigt hatte, setzte man zwei von den an Bord befindlichen vier Booten aus und versah dieselben mit Proviant. Der erste Steuermann versuchte zunächst mit seinem besetzten Boote in nordwestlicher Richtung vom Schiff abzurudern, konnte sich aber gegen den längs der Küste setzenden Strom nicht halten und wurde, zumal auch der Wind sich nach NW gedreht hatte, zurückgetrieben. Man zog daher beide Boote wieder an Bord, da die Briese immer mehr auffrischte und der Seegang zunahm. Das Schiff wurde schlingerlenz gepumpt und an Deck wurden alle lecke Stellen möglichst gedichtet. Am 14. Juni war der Wind anfänglich noch zu stark, um die Landung versuchen zu können. Man bemerkte beim Einhieven des Steuerbordankers, daß die Kette ohne Anker war, und machte daher den dritten Anker klar. Ein in einer Entfernung von etwa 8 Seemeilen vorbeipassirender Dampfer schien die auf dem Schiff geheißten Nothflaggen nicht zu bemerken und setzte seinen Curs fort. Man mußte daraus schließen, daß der Ankerplatz von der gewöhnlichen Fahrstraße abgelegen war und man daher auf Dampferhülfe nicht rechnen konnte. In einem am Abend nochmals gehaltenen Schiffsrath verlangte die Mannschaft das Schiff baldigst zu verlassen und blieb bei diesem Verlangen auch dann, als der Schiffer auf die Gefährlichkeit der Landung bei Nachtzeit und bei dem herrschenden Westnordwestwinde aufmerksam machte. Schließlich willigten der Schiffer und die Steuerleute ein. Nachdem man nochmals sämmtliche Luken, Thüren und Pumpen gut gedichtet hatte, wurden die beiden Boote, reichlich verproviantirt, ausgesetzt und jedes mit 8 Mann besetzt. Beide Boote waren gleich groß und in gutem Zustande; jedes hatte einen Mast mit Segeln; das Boot Nr. 1 hatte 5, dasjenige Nr. 2 4 Riemen, welche aus zweizölligen Planken hergestellt und gut zu handhaben waren. Das erstere wurde vom Schiffer, das letztere vom ersten Steuermann Moldenhauer befehligt. Beide hatten den zu steuernden Curs verabredet. Nachdem die beiden Boote in einem Zwischenraum von einer Viertelstunde einzeln abgestoßen waren, trafen sie sich eine Stunde später, wechselten Worte und verglichen die Compasse, welche übereinstimmend befunden wurden. Das vom Schiffer befehligte Boot überholte dann das andere und verlor es gegen Mitternacht aus Sicht. Gegen Morgen erblickte der Schiffer Land, ankerte eine Zeit lang, um den Steuermann zu erwarten, und segelte darauf, als das andere Boot ausblieb, die Küste nach Norden entlang. Als er nach einiger Zeit auf dem Strande zwei Zelte sah, von denen aus die holländische Flagge gezeigt wurde, auch Leute, die ihm heranzukommen winkten, entschloß er sich, zu landen, ließ das Segel herunternehmen und kam vor Klüver und mittelst der Riemen glücklich durch die ziemlich heftige Brandung an das Land. Die dort befindlichen Leute waren Holländer, welche zwei in der Nähe auf Strand sitzende Schiffe zu bergen suchten. Es wurden sogleich Wachen aufgestellt, um den ersten Steuermann mit seinem Boote beim Passiren ebenfalls heranzuwinken. Nach etwa 2 Stunden kam auch das Boot Nr. 2 in Sicht, und als man durch Zeichen mit Fahnen, Tüchern u. s. w. dasselbe heranwinkte, drehte es zwar bei, versuchte auch näher zu kommen, kam aber nicht durch die Brandung hindurch, sondern setzte bald seinen Curs nördlich fort und verschwand aus Sicht.

Schiffer Meentzen sandte von der Landungsstelle aus einen Boten mit der Meldung von der Entmastung und dem Verlassen des „Julius“ an den deutschen Consul zu Rio Grande do Sul und fuhr am folgenden Tage selbst dorthin. Die mit ihm Geretteten wurden einige Tage später ebenfalls nach Rio Grande befördert. Der Consul ordnete sofort das Erforderliche zur Bergung des Schiffes und Rettung der übrigen Schiffsbesatzung durch Anweisung der Strand- und Barre-Behörden an und sandte auch einen Schleppdampfer in See. Inzwischen hatte jedoch bereits der belgische Dampfer „Schelde“, Schiffer Guy, aus Antwerpen, das entmastete und verlassene Schiff angetroffen, in's Schlepptau genommen und zunächst nach Maldonado, sodann weiter nach Buenos Ayres geschleppt. Auf die Nachricht hiervon begab der Schiffer sich dorthin und fand den Rumpf des Schiffes noch in dem früheren Zustande vor, während die Effecten und der Proviant zu einem großen Theil abhanden gekommen, auch die Kajüte und verschiedene Behältnisse erbrochen waren. Der Führer der „Schelde“ gab dem Schiffer Meentzen gegenüber anfangs zu, daß seine Leute die Beraubung ausgeführt hätten; später hat er jedoch die Schuld auf andere Personen, die in Maldonado an Bord gekommen seien, geschoben. Nachdem die Ladung des „Julius“, welche nicht erheblich beschädigt war, gelöscht war, wurde das Schiff für 33700 Dollars verkauft.

Ueber das Schicksal des zweiten Bootes ist Folgendes festgestellt. Die Besatzung desselben bestand, außer dem ersten Steuermann Carl Moldenhauer aus Dessau, aus folgenden Personen: Koch Theodor Sülzberg aus Emden, Segelmacher Johann Andersen aus Bergen, Matrose Gustav Lindequist aus Gothenburg, Matrose Konrad Goronsen aus Colmar, Matrose Carl Frederiksen aus Hornesund, Matrose Olaf Olson aus Bergen und Matrose John Daly aus Dublin. Von diesen acht Personen ist nur der Segelmacher Andersen gerettet, die übrigen sieben sind ums Leben gekommen. Andersen hat Folgendes ausgesagt: Als das Boot in die Nähe des Landes gekommen sei, hätten sie am Strande viele Leute mit Fahnen winken sehen, sie hätten daher das Segel eingezogen und mit den Riemen die Küste zu erreichen gesucht. Da jedoch der Seegang zu hoch gewesen, sei es nicht gelungen, durch die Brandung zu kommen. Sie hätten daher das Segel wieder aufgesetzt, um nach Rio Grande do Sul zu gelangen. Wie lange sie dann gesegelt hätten, wisse er nicht, da er in Schlaf versunken sei. Beim Erwachen habe er bemerkt, daß das Boot sich mit Wasser gefüllt habe. Er habe, um das Umschlagen zu verhindern, die Schoote des Segels durchgeschnitten, worauf das Boot wieder in's Gleichgewicht gekommen sei. Sie hätten dann wieder versucht, auf die Küste, welche in Sicht gewesen sei zuzurudern, doch habe die Strömung das Boot in die See zurückgetrieben. Der Steuermann habe erklärt, er wolle schwimmend das Land zu erreichen suchen, um Hülfe heranzuholen. Derselbe sei mit einem Rettungsringe versehen in's Wasser gesprungen, habe auch anfangs gute Fortschritte gemacht, bis er die Brandung erreicht habe, sei dann aber den Blicken entschwunden. Lindequist und Goronsen seien seinem Beispiele gefolgt; ersterer sei jedoch bald in's Boot zurückgekehrt, während letzterer untergesunken sei. Die folgende Nacht seien sie umhergetrieben. Daly sei an den Folgen der Kälte gestorben, wie Frederiksen ihm gesagt habe; auch Lindequist sei mit dem Kopfe voraus über Bord gefallen, ohne daß er ihm habe helfen können, da die See fortwährend über das Boot hingegangen sei und er genug zu thun gehabt habe, um sich selbst festzuhalten. Im Anfang der nächsten Nacht sei Olsen in Folge der Kälte wahnsinnig geworden, sei auf ihn zugekommen und habe ihn über Bord zu werfen gesucht. Er habe seinen Angriff abgewehrt und sich nach dem Hintertheil des Bootes begeben, wo Sülzberg gesessen habe. Diesen habe er aufgefordert, wach zu bleiben, da von Olsen Gefahr zu befürchten sei. Sülzberg habe nicht geantwortet. Olsen habe kurz darauf auch einen Angriff auf Frederiksen gemacht, welcher sich zu ihm nach vorn begeben hätte. Nach einer Weile sei Olsen zu Boden gesunken, Frederiksen habe ihn aufgehoben und gefunden, daß er todt sei. Nach Verlauf einer halben Stunde hätten sie seinen Leichnam in's Meer geworfen. Wie ihm Frederiksen etwas später mitgetheilt, sei auch Sülzberg gestorben. Wo dessen Leiche geblieben, wisse er nicht. Das Boot sei beständig voll Wasser gewesen. Gegen Morgen habe er den hinter ihm sitzenden Frederiksen stöhnen und zeitweilig aufschreien hören. Als es hell geworden, habe er ihn am Boden des Bootes im Wasser liegen sehen; derselbe sei todt und steif gewesen. Er habe versucht, ihm den Rock auszuziehen und sich selbst denselben anzuziehen, um sich gegen die Kälte zu schützen; doch sei ihm dies, da er zu schwach gewesen, nicht gelungen. Die Leiche habe er in's Meer geworfen und sei dann in dem Boot allein umhergetrieben. Während des ganzen Tages (es war Sonntag) sei kein Land zu sehen gewesen. Am Nachmittag sei in weiter Ferne ein Dampfer vorbeigefahren, dem er sich vergeblich bemerklich zu machen versucht habe. In der Nacht von Sonntag auf Montag habe die See fortwährend über das Boot hinweggespült. Er habe nicht die geringste Nahrung mehr im Boot gehabt. Am nächsten Morgen habe er Land erblickt und versucht, dorthin zu rudern, sei jedoch nicht vorwärts gekommen. Dann habe er mit vieler Mühe, da er gänzlich ermattet gewesen sei, ein Ruder als Mast aufgerichtet und ein Segel gesetzt, das andere Ruder als Steuer benutzt und während des ganzen Tages auf die Küste zu gehalten. Gegen Mitternacht sei das Steuer seiner Hand entfallen und er sei eingeschlafen, Beim Erwachen habe er sich in der Brandung befunden; nachdem das Boot lange Zeit hin- und hergeworfen sei, habe es schließlich auf dem Strande festgesessen. Nur mit äußerster Anstrengung habe er sich am nächsten Tage 3 bis 4 Meilen landeinwärts geschleppt und sei endlich zu einer Farm gelangt, wo er Nahrung und trockene Kleider gefunden habe. Dann sei er auf einem Wagen nach Rio Grande gebracht, wo er auf Veranlassung des Consulats in einem Hospital gute Verpflegung erhalten habe.

Vorstehende Aussage hat der Segelmacher Andersen zu Protokoll des deutschen Consulats zu Rio Grande do Sul abgegeben und später vor dem Consulat zu Buenos Ayres im wesentlichen wiederholt.

Im übrigen stützt sich die obige Darstellung des Sachverhalts auf die Aussagen des Schiffers Meentzen, des zweiten Steuermanns Sperling, des Zimmermanns Rohlfing, und der Matrosen Martick und Weeler vom „Julius", auf zwei Berichte des Consulats zu Rio Grande do Sul vom 22. Juni und 5. Juli 1889, zwei Berichte des Consulats zu Montevideo vom 1. und 10. Juli 1889 und einen Bericht des Consulats zu Buenos Ayres vom 25. Juli 1889. Das Tagebuch des „Julius" ist nicht gerettet, sondern nur die Kladde desselben. Der Schiffer Guy vom belgischen Dampfer „Schelde" ist vom Consulat in Montevideo vernommen worden.

Es handelt sich bei dieser Untersuchung zunächst um das Verlassen des „Julius" seitens der Besatzung, sodann um das Verunglücken von sieben Personen der Besatzung des zweiten Bootes.

In ersterer Beziehung ist nach der Verhandlung anzunehmen, daß das Schiff, als es die Reise antrat, sich in einem seetüchtigen Zustande befunden hat. Auch in Bezug auf die Ladung und deren Verstauung sind Erinnerungen nicht zu machen. Unverkennbar hat das flach gebaute Schiff sehr steif zu Wasser gelegen und in Folge davon bei dem am 9. Juni einsetzenden schweren Wetter ungewöhnlich stark geschlingert. Es kann fraglich erscheinen, ob es zweckmäßig war, daß der Schiffer, welcher bei dem SOWinde mit Backbordhalsen SSW-Curs anlag, beständig über demselben Bug liegen blieb, und ob es nicht besser gewesen wäre, über den anderen Bug zu gehen.

Der Schiffer meint zwar, daß er dann, da das Schiff mindestens 4 Strich Abtrift gehabt hätte, sich nicht hätte freisegeln können; doch scheint dieser Grund nicht ganz zutreffend zu sein.

Der Verlust der Masten war eine Folge des sehr schweren Wetters und des außerordentlich starken Rollens des Schiffes. Nach der Entmastung war es durchaus gerechtfertigt, daß man, als eine Wassertiefe von nur 8 Faden gelothet wurde, vor Anker ging, um die Strandung des Schiffes zu verhüten. Auch ist das Seeamt der Ansicht, daß das spätere Verlassen des Schiffes seitens der Besatzung in den Umständen eine genügende Rechtfertigung findet. Allerdings war das Schiff noch nicht eigentlich leck, vielmehr sollen sich nach einer von dem ersten Steuermann kurz vor dem Verlassen desselben vorgenommenen Peilung der Pumpen nur 10 bis 11 Zoll Wasser bei denselben befunden haben, und der zweite Steuermann hat ausgesagt, daß er beim Wiederbetreten des Schiffes in Buenos Ayres ebenfalls 10 bis 11 Zoll Wasser im Raume gefunden habe. Aber im übrigen war der Zustand des Schiffes doch ein sehr bedenklicher und die Lage desselben dicht bei der Barre von Rio Grande do Sul höchst gefährlich. Es war dringend zu befürchten, daß das Schiff beim Wiederausbrechen des Sturmes auf Strand geworfen werden und die Besatzung dann das Leben verlieren würde. Auch der Schiffer Guy vom belgischen Dampfer „Schelde" hat sich in diesem Sinne erklärt, indem er ausgesagt hat, er selbst würde mit Rücksicht auf die sehr gefährliche Position des Schiffes dicht an der Sandbank dasselbe ebenfalls verlassen und Hülfe in Rio Grande gesucht haben, da die Besatzung bei einem aufkommenden Sturm ohne Zweifel verloren gewesen wäre. Zu bemerken ist noch, daß die Voraussetzung des Schiffers Meentzen, der Ankerplatz des „Julius" befinde sich außerhalb der gewöhnlichen Fahrstraße der Schiffe, eine zutreffende war, und daß der Dampfer „Schelde" nur in Folge des Umstandes, daß er aus seinem Curse vertrieben war, in die Nähe des „Julius" gekommen ist.

Was den Tod der sieben Personen von der Besatzung des zweiten Rettungsbootes betrifft, so ist derselbe, wie aus der Aussage des Andersen hervorgeht, theils durch Ertrinken theils in Folge von Erschöpfung eingetreten. Da Andersen von den persönlich vor dem Seeamt vernommenen Zeugen als ein zuverlässiger Mann bezeichnet worden ist, so verdient seine Darstellung Glauben. Die Bootsbesatzung wäre zweifellos gerettet worden, wenn es ihr gelungen wäre, an der Stelle, wo das erste Boot gelandet war, durch die Brandung zu kommen. Da nach Aussage des Schiffers Meentzen die Brandung inzwischen nicht stärker geworden war, so ist das Mißlingen jenes Versuches nur dadurch zu erklären, daß das Boot nicht mit der erforderlichen Energie und Geschicklichkeit geleitet worden ist. Auch verdient es keine Billigung, daß der Steuermann Moldenhauer später beim Wiederinsichtkommen der Küste das Boot verlassen und schwimmend das Ufer zu erreichen versucht hat; vielmehr hätte er als Führer des Bootes in demselben bis zuletzt bleiben müssen, zumal es sehr zweifelhaft war, ob er, wenn er das Ufer erreicht hätte, von dort aus dem Boote hätte Hülfe bringen können. Uebrigens ist das traurige Ende dieser sieben Personen auf menschliches Verschulden nicht zurückzuführen. Auch war die Verproviantirung und Ausrüstung des Bootes beim Verlassen des Schiffes eine ausreichende und gute.

46. Spruch des Seeamts zu Lübeck vom 19. September 1889 und Entscheidung des Kaiserlichen Ober-Seeamts vom 30. December 1889, betreffend den Seeunfall des Schraubendampfers „Alpha" von Lübeck.

Der Spruch des Seeamts lautet:

Der Schiffer G. A. Bendfeldt, sowie der Steuermann H. Wetterich haben den Unfall durch grobe Fahrlässigkeit verschuldet.

Dem Schiffer G. A. Bendfeldt ist die Befugniß zur Ausübung des Schiffergewerbes nicht zu entziehen.

Gründe. Am 24. August 1889 ging der 1870 erbaute eiserne Schraubendampfer „Alpha", Dreimastgaffelschooner, Unterscheidungssignal PBGJ, welcher zu 851,0 cbm = 300,4 britischen Register-Tons Netto-Raumgehalt vermessen ist und eine Maschine von 240 indicirten Pferdestärken besitzt, unter Führung des von der St. Petersburg-Lübecker-Actiengesellschaft als Eigenthümerin des Schiffs eingesetzten, auf große Fahrt geprüften Schiffers G. A. Bendfeldt von Newcastle on Tyne nach Lübeck in See. Das Schiff war mit Kohlen beladen und lag hinten 14 Fuß, vorn 10 Fuß 5 Zoll tief. Am 27. August passirte die „Alpha" bei frischer westlicher Briese und diesiger Luft Rosnäs Boje, um 5 Uhr 30 Minuten Sprogoe Pricken und steuerte längs Langeland; dort wurden Segel gesetzt und passirte das Schiff um 10 Uhr 45 Minuten Abends Fackebjerg-Feuerthurm West in 4 Seemeilen Abstand nach Gissung, um 12 Uhr wurden die Segel geborgen und waren die Markelsdorfer Feuer und Marienleuchte in Sicht. Hier übergab der Schiffer das Commando an den ebenfalls als Schiffer auf große Fahrt geprüften Steuermann. Der Wind war NW, das Schiff steuerte von 12 Uhr an SO½O bei ¾ Strich Mißweisung und einer Fahrt nach Angabe des Schiffers von 7¾ bis 8 Seemeilen in der Stunde. Schon um 12,45 stieß die „Alpha" auf Grund. Das Lothen ergab hinten 12 Fuß 6 Zoll und vorn 10 Fuß Wasser; der Grund bestand aus Lehm und Steinen. Der Wind war NW steife Briese bei starker nördlicher Strömung, bedeckte diesige Luft, jedoch feuersichtig. Im Vorderraum stand 7 Fuß Wasser. Das Schiff saß ungefähr eine Seemeile von Markelsdorfer Huk fest. Der Warpanker wurde mit 120 Faden Stahlleine nach achter ausgebracht; zur Flottmachung und da dicht hinter dem Schiff und an den Seiten tiefes Wasser war, wurden aus dem Hinterraum Kohlen geworfen. Gegen 6 Uhr Morgens ging der Wind nach SW um, wodurch das Wasser sehr stark fiel. Um 8 Uhr ging der Schiffer an Land und telegraphirte nach Lübeck um Assistenz. Da mittlerweile der Wind wieder westlicher gegangen und das Wasser wieder stieg, wurde durch Werfen der Ladung die Flottmachung versucht. Am 29. August kam der Schleppdampfer „Trave", dem es dann endlich um 11 Uhr gelang, das Schiff vom Grunde zu schleppen. Um 7 Uhr Abends erreichte die „Alpha" Travemünde. Der Schaden beträgt ungefähr 16000 M..

Weder der Schiffer noch der Steuermann können sich die Strandung anders erklären, als durch eine südwestliche Strömung von ungewöhnlicher Stärke, die das Schiff von hinten gefaßt und auf die Küste gesetzt habe und die sie beide nicht hätten bemerken können, weil sie mit dem Curs gelaufen, den die „Alpha" segelte.

Die Beweisaufnahme ergab noch Folgendes:

Der Schiffer hat der Verordnung über Schiffsjournale vom 30. April/5. Mai 1883 zuwider a, nicht für jeden Tag eine besondere Seite genommen; b, das Journal nicht jedesmal von dem Steuermann unterschreiben lassen; c, der Vorschrift des Art. 487 des Handelsgesetzbuchs nicht genügt und endlich d, die etwaig vorgenommenen Lothungen nicht eingetragen. Da nun einer der Hauptzwecke der Journalführung der ist, durch die sorgsam darin aufzunehmenden Daten das Material für eine sachgemäße Navigirung zu liefern, so kann unter besonderen Umständen die mangelhafte Journalführung in ursächlichem Zusammenhang mit einem Seeunfall stehen und war daher dieser Mangel zu rügen. Eine fernere Rüge verdiente der Schiffer, daß er nach der Strandung sich von dem gestrandeten Schiffe entfernt, um selber die erforderliche Hülfe zu holen, was ihm in Art. 484 des Handelsgesetzbuches direct verboten ist, da ihm andere Mittel zur Hand waren, um Hülfe herbeizuschaffen.

Was nun die Navigirung selbst betrifft, so hat die „Alpha" um 5 Uhr 30 Minuten Sprogoe Pricken passirt und ist mit frischer Briese um 10 Uhr 45 Minuten Fackebjerg passirt. Der Abstand wird wohl nicht 4, sondern ungefähr 2 Seemeilen betragen haben. Es hatte die „Alpha", die nach Angabe des Schiffers bei voller Fahrt 7¾ bis 8 Seemeilen in der Stunde macht, mithin ungefähr 35 Seemeilen in 5¼ Stunden zurückgelegt. Schiffer Bendfeldt hat während dieser Zeit das Logg nicht benutzt und auch später, als er Fackebjerg passirte, nicht geloggt. Seine Ausrede, daß im Belt zu viel Seegras gewesen und daher der Gebrauch des Patentloggs nicht thunlich gewesen sei, konnte ihn nicht entschuldigen, da offenbar das Seegras ihn an dem Gebrauch des gewöhnlichen Loggs nicht gehindert haben kann. Das Ober-Seeamt hat es Bd. V. S. 389 ausgesprochen, daß das Unterlassen der Anwendung des Loggs in der Dunkelheit unbedingt zu mißbilligen ist, weil diese den Schiffer verhindert, diejenigen Merkzeichen wahrzunehmen, welche bei Tage allenfalls den Gebrauch des Loggs ersetzen können und daß, wenn der Schiffer behauptet, er könne in der Finsterniß ohne Logg sicher navigiren, dies als eine ungerechtfertigte Ueberhebung anzusehen sei. War nun schon das Unterlassen des Loggens als grober Fehler anzusehen, so noch in höherem Grade das Unterlassen des Lothens. Der Schiffer soll selbst, wenn er der festen Meinung ist, daß er sich auf richtigem Curs befindet, das Lothen nie unterlassen. In vorliegendem Falle ist nun offenbar die „Alpha" um 12 Uhr Nachts nicht auf der Stelle gewesen, auf welcher der Schiffer zu sein glaubte, sondern in Folge starker Strömung ungefähr 2 Seemeilen südlicher; die diesige, etwas neblige Luft mag sein Auge getäuscht haben, als er die beiden Feuer von Markelsdorf erblickte, die er entfernter wähnte, als sie wirklich waren; aber gerade der Umstand, daß der Nebel die Täuschung leicht hervorbringt, mußte ihn um so mehr zur Vorsicht mahnen.

Der Schiffer machte sich daher einer großen Fahrlässigkeit schuldig, als er, statt zu lothen, die Distanzen nur abschätzte und danach den Steuermann instruirte; auch mußte dem Reichscommissar darin beigepflichtet werden, daß die dem Steuermann gegebene Instruction etwas genauer hätte sein müssen; hätte der Schiffer gelothet und seinen Standpunkt um 12 Uhr genau gekannt, so hätte er dem Steuermann jedenfalls einen anderen Curs angegeben und da der Steuermann den angegebenen Curs SO½O genau inne halten ließ, so war das Unterlassen der Anordnung des Loggens und des Lothens jedenfalls Mitursache der Strandung.

Wenn trotzdem das Seeamt dem Antrage des Reichscommissars auf Entziehung der Berechtigung zur Ausübung des Schiffergewerbes nicht beigetreten ist, so wurde als mildernd angenommen, daß der Schiffer Bendfeldt sich bisher als sehr guter und umsichtiger Schiffsführer der Dampfer „Livadia" und „Alpha", selbst in den schlimmsten Wintertagen, bewährt hat und daß derselbe durch seine vielfachen Fahrten durch den Belt sich so sicher fühlte, daß er die nothwendigen Vorsichtsmaßregeln außer Acht gelassen; auch war zu berücksichtigen, daß der Schiffer zur Zeit der Strandung das Commando nicht hatte und diese wohl nicht erfolgt wäre, wenn er selber die Wache gehabt hätte.

Der Steuermann Wetterich hatte, wie oben erwähnt, das Commando um 12 Uhr Nachts erhalten; es war ihm vom Schiffer der angebliche Standpunkt des Schiffes angegeben und er dahin instruirt, SO½OCurs zu steuern. Er hat nach seiner eigenen Angabe auch beide Feuer gesehen, aber offenbar die Augen nachher nicht mehr offen gehabt, denn sonst hätte er bald bemerken müssen, wie sich der Gesichtswinkel der beiden Feuer verkleinerte; er hat, obschon er die Fahrt durch den Belt schon einige Male gemacht, sich darauf beschränkt, den am Ruder befindlichen Matrosen dahin zu controliren, ob derselbe den angegebenen Curs steuerte, und um weiteres sich nicht bekümmert, ja nicht einmal bemerkt, daß er das Markelsdorfer Feuer ungefähr eine Seemeile an Steuerbordseite hatte.

Die Entscheidung des Ober-Seeamts lautet:

Auf die Beschwerde des Reichscommissars gegen den Spruch des Seeamts zu Lübeck vom 19. September 1889 über den Seeunfall des

Dampfschiffs „Alpha" von Lübeck hat das Kaiserliche Ober-Seeamt in seiner zu Berlin am 30. December 1889 abgehaltenen öffentlichen Sitzung, nach mündlicher Verhandlung der Sache entschieden,

daß der Spruch des Seeamts zu Lübeck vom 19. September 1889 zu bestätigen nnd ein Ansatz der baaren Auslagen des Verfahrens nicht zu machen sei.

Gründe. Der Reichscommissar hat geltend gemacht, daß vorwiegend Schiffer Bendfeldt den Seeunfall verschuldet habe.

Wenngleich sich die Strandung während der Wache des Steuermanns ereignet hat, und das Schiff sich bei Uebergabe der Wache an diesen noch nicht in gefährlicher Lage befand, der damals gesteuerte Curs auch frei an Fehmarn vorüber führen konnte, so muß doch die nächste Ursache der Strandung darin gefunden werden, daß schon Schiffer Bendfeldt auf seiner Wache nicht sorgfärtig navigirt und namentlich bei Abgabe der Wache um 12 Uhr Nachts dem Steuermann den Schiffsort nicht näher bezeichnet hat.

Auch ist dem Seeamte und dem Reichscommissar darin beizutreten, daß wichtige Thatsachen in das Schiffsjournal pflichtwidrig nicht eingetragen sind, was annehmen läßt, daß der Schiffer der Navigirung nicht die erforderliche Sorgfalt und Aufmerksamkeit zugewandt hat. Wenn auch der Schiffer den westlichen Theil der Ostsee und die Belte von früheren Fahrten her kannte, so durfte er sich bei Abstandsbestimmungen nicht auf die Abschätzung von Landobjecten beschränken, sondern mußte, so oft sich Gelegenheit dazu bot, den Schiffsort auch durch Beobachtung unter Benutzung der Seekarten und durch Berechnung feststellen. Insbesondere hätte er bei Fackebjerg die Abfahrt des Schiffes nach dem Fehmarn-Belt genauer bestimmen sollen, wozu er das dortige Feuer erst voraus, dann quer ab und schließlich achteraus peilen und die dazwischen zurückgelegten Entfernungen nach der Uhrzeit bestimmen konnte. Das Schiffsjournal erwähnt an betreffender Stelle aber nur „10 Uhr 45 Minuten passirten Fackebjerg in West 4 Seemeilen Abstand nach Gissung", ohne anzugeben, daß gleichzeitig oder zu einem anderen Zeitpunkt auch der bisherige Curs geändert sei, so daß es ungewiß bleibt, wann letzteres geschehen ist. Auch darüber, um welche Zeit nach der Abfahrt von Fackebjerg die Feuer von Markelsdorf und Marienleuchte in Sicht gekommen sind, läßt das Schiffsjournal eine genaue Angabe vermissen, indem es und zwar für die Steuermannswache von 12 Uhr Nachts ab nur erwähnt „hatten Marienleuchte und Markelsdorfer Feuer in Sicht." Der Schiffer will zwar jene Feuer noch auf seiner Wache gesichtet und gepeilt haben; allein das

Journal ergiebt hierüber nichts, läßt es also ungewiß, wo das Schiff sich um 12 Uhr Nachts befunden hat.

Da der Ort der Strandung ungefähr 5 Seemeilen südlich von dem Punkte liegt, wo sich mit dem vom Schiffer um 12 Uhr aufgegebenen Curse SO3O¼O nach seiner Meinung das Schiff hätte befinden sollen, so kann das Schiff schon von Fackebjerg ab nicht mehr auf dem vom Schiffer angenommenen Curse gewesen sein, sondern muß südlicher gestanden haben. Dies würde dem Schiffer nicht entgangen sein, wenn er nur besser auf die Richtung der Feuer von Fehmarn voraus nnd desjenigen von Fackebjerg achteraus geachtet und seine Wahrnehmungen auf der Karte abgesetzt hätte. Auch mußte er in den dortigen Gewässern auf eine Stromversetzung stets gefaßt sein und durfte sich nicht blindlings darauf verlassen, daß das Schiff den gesteuerten Curs auch wirklich innehalten werde.

Den Umständen nach ist anzunehmen, daß in der Nacht vom 27. zum 28. August 1889 eine nach Südsüdwest oder Süd setzende Strömung bei Fehmarn vorhanden war. Wie der als Sachverständiger vernommene Hafenmeister Brüning in Lübeck angiebt, war aus den in der Trave beobachteten Wasserständen jener Tage auf einen aus den Belten kommenden nach Süden setzenden Strom zu schließen und der Matrose Uterhardt von der „Alpha" erklärt bei seiner beeidigten Vernehmung als Zeuge: „Wir brachten ein Boot zu Wasser, um einen Warpanker auszubringen, konnten aber mit 4 Mann das Boot vom Schiff nicht abkriegen, weil, wie wir glaubten, zu starker Strom lief."

Immerhin aber ist die Ursache des Seeunfalls nicht allein oder hauptsächlich in einer Stromversetzung, sondern zunächst in der Unrichtigkeit des gegißten Bestecks um 12 Uhr Nachts zu suchen, wofür lediglich den Schiffer Bendfeldt die Schuld trifft.

Zu rügen ist es auch, daß er den Steuermann bei Uebergabe der Wache nur ganz oberflächlich mit Anweisung versah und daß er ihm lediglich mit dem Hinweise, daß und wann Marienleuchte in Sicht gekommen sei, sich selbst zu orientiren überließ, statt ihn über den Standort des Schiffes und den zunächst zu steuernden Curs an der Hand der Karte zu unterrichten. In Folge dessen scheint der Steuermann denn auch nicht gewußt zu haben, wo er sich mit dem Schiffe befand, da dann er schwerlich so nahe an das Markelsdorfer Feuer herangegangen sein würde.

Die sonst noch gegen den Schiffer erhobenen Vorwürfe fallen nicht besonders schwer ins Gewicht und stehen jedenfalls nicht in ursächlichem Verhältnisse zu dem Seeunfalle. Dahin gehört der Nichtgebrauch des Loggs und des Loths auf der Fahrt längs Langeland und nach dem Fehmarn-Belt. Die Fahrgeschwindigkeit des Schiffs unter vollem Dampf bei gutem Wetter war bekannt; das Logg hätte also keine irgend erheblich abweichende Geschwindigkeit ergeben, jedenfalls aber nur die Fahrt durchs Wasser und nicht diejenige über den Grund hinweg, anzeigen können. Nach den gesichteten Landmarken und Leuchtfeuern konnten Curs und Schiffsort jederzeit genügend berichtigt und etwaige Stromversetzungen festgestellt werden. Auch der Gebrauch des Loths war entbehrlich, da eine Annäherung an die Küste von Fehmarn nicht in der Absicht lag und die Beachtung der Feuer auf dieser Insel ausreichte, um sich im tiefen Mittefahrwasser halten zu können.

Daß endlich der Schiffer nach der Strandung das Schiff auf kurze Zeit verließ und sich an Land begab, kann nicht als Pflichtverletzung gelten, da die Lage damals keine gefährliche war und es vor allem darauf ankam, rasch Hülfe zum Abbringen des Schiffes vom Lande her zu beschaffen, wozu niemand besser als der Schiffer selbst im stande war.

Nach dem Eintreten des Seeunfalls hat der Schiffer sich mit Umsicht benommen und das beschädigte Schiff noch an seinen Bestimmungsort und in Sicherheit gebracht.

Nach diesem allen ist dem Schiffer zwar vorzuwerfen, daß er sich in einem ihm bekannten Gewässer für zu sicher gehalten und deshalb die nöthige Sorgfalt in der Navigirung versäumt habe, nicht aber, daß es ihm an zur Ausübung seines Berufes erforderlichen Eigenschaften fehle. Da ihm gute Zeugnisse über seine frühere Führung als Schiffer zur Seite stehen, so erscheint die Annahme berechtigt, daß er in Beherzigung des Vorgekommenen sich als Schiffsführer künftig besonderer Sorgfalt und Gewissenhaftigkeit befleißigen und auch in ihm bekannten Gewässern mit aller Vorsicht navigiren werde.

Demnach war der Spruch des Seeamts zu bestätigen, von einem Kostenansatze aber abzusehen, weil die Beschwerde vom Reichscommissar eingelegt ist.

47. Spruch des Seeamts zu Rostock vom 22. März 1889 und Entscheidung des Kaiserlichen Ober-Seeamts vom 13. Januar 1890, betreffend den Seeunfall der Bark „Mira Flores" von Rostock.

Der Spruch des Seeamts lautet:

Die am 30. Januar 1886 an der NWKüste der Insel Rottnest stattgehabte Strandung der Bark „Mira Flores", welche deren gänzlichen Verlust sowie den theilweisen der werthvollen Ladung zur Folge hatte, ist durch diesige Unterluft und die dadurch herbeigeführte Verwechselung des Bare-Hill mit dem North-Point der genannten Insel verursacht.

Die Befugniß zur ferneren Ausübung des Schiffergewerbes wird dem Schiffer Albert Witt aus Dändorf nicht abgesprochen.

Entscheidungsgründe. I. In den am 11. Mai und 6. Juli 1888 und am 22. März 1889 stattgehabten Verhandlungen des Seeamts ist auf Grund —

A. der Registerakten,

B. der Aussagen des Schiffers Albert Witt aus Dändorf und des Steuermanns Friedrich Schröder aus Wustrow,

C. der zur Verlesung gebrachten Schriftstücke, als —

a. eines Berichts des Sir Napier Broome, Rottnest, an den Parlaments-Abgeordneten Colonel F. A. Stanley vom 15. Februar 1886,

b. einer Zählkarte datirt Fremantle, 24. Februar 1886,

c. der notariellen Verklarung datirt Fremantle, 2. Februar 1886,

d. einer gutachtlichen Aeußerung des Hafenmeisters Russel zu Fremantle vom 20. April 1887,

e. zweier Bescheinigungen über die zur Zeit des Unfalls herrschende Luft seitens des Leuchtthurm-Vorstehers N. Rickers von der Feuerstation Rottnest und des Lootsen J. G. Butcher von der Lootsenstation Rottnest, und

D. der dem Seeamt vorliegenden Karten und Segelanweisungen, als

a. einer dem Seeamt gehörenden, Fremantle und die Insel Rottnest mit enthaltenden englischen Admiralitätskarte von West-Australien größeren Bestecks mit Correctionen bis zum Jahre 1880, Nr. 1058,

b. einer mit dieser Karte völlig übereinstimmenden, dem Seeamt von dem Colonialsecretair zu Perth (Australien) übersandten Handzeichnung von der Insel Rottnest,

c. einer von Schiffer Witt überreichten englischen Karte kleineren Bestecks von der Südwestküste Australiens aus dem Jahre 1877 mit Correctionen bis zum September 1885,

d. eines dem Seeamt gehörenden Australia Directory, herausgegeben von dem hydrographischen Amt zu London im Jahre 1881,

e. eines von Schiffer Witt überreichten Dicectory for the navigation of the Indian Ocean, West-Australien mit enthaltend, von Alex George Findlay in London, herausgegeben im Jahre 1882,

das Nachstehende thatsächlich festgestellt:

1. Am 28. October 1885 versegelte die in Rostock beheimathete, von Schiffer Albert Witt aus Dändorf geführte Bark „Mira Flores“, Unterscheidungs-Signal MDLC, mit einer nach Fremantle an der Westküste Australiens bestimmten, sehr werthvollen Ladung Stückgüter aus London. Die „Mira Flores“ war im Jahre 1867 in England aus Eisen erbaut, hatte einen Nettoraumgehalt von 1415 cbm gleich 500 britischen Register-Tons und befand sich in einem durchaus seetüchtigen Zustande. Zu der 11 Köpfe zählenden Mannschaft gehörte der geprüfte Steuermann Friedrich Schröder aus Wustrow.

Wie Schiffer Witt behauptet, haben sich Exemplare von der vorstehend unter D. c. aufgeführten Karte und von den unter D. e. erwähnten Segelanweisungen an Bord befunden und sind dieselben von ihm zur Zeit des Unfalls benutzt worden. Diese Behauptung ist durch den Steuermann Schröder insofern bestätigt worden, als derselbe bekundet hat,

die an Bord befindlich gewesene Karte von einem Theile der Westküste Australiens mit Fremantle und der Insel Rottnest habe dem Aeußeren nach der ihm vorgelegten, unter D. c. aufgeführten vollkommen geglichen und sei von demselben kleinen Besteck gewesen, die Segelanweisungen aber hätten ebenso wie die unter D. e. bezielten, ihm gleichfalls vorgelegten einen 4 Finger starken Band gebildet und wären dem letzteren auch sonst ihrem Aeußeren nach ganz ähnlich gewesen.

Durch die von dem Schiffer bestrittene Angabe des Hafenmeisters Russel zu Fremantle, daß sich ersterer im Besitze der unter D. a. genannten Küstenkarte größeren Bestecks befunden haben werde, wird diese Angabe des Schiffers nicht für widerlegt erachtet.

Nachdem die Reise bis dahin ohne bemerkenswerthe Ereignisse verlaufen war, peilte man am 29. Januar 1886 Abends 8 Uhr in NO ungefähr 20 Seemeilen ab das Feuer von Rottnest, einer etwa 10 Seemeilen westlich von Fremantle belegenen, sich von Ost nach West erstreckenden, fast 6 Seemeilen langen Insel mit hohen Bergen. Um Mitternacht hatte man jenes Feuer im Ost ungefähr 10 Seemeilen ab. Es wehte eine gleichmäßige Briese aus OSO und OzS; die See war ruhig. Am 30. Januar Morgens 4 Uhr ging die Bark, welche die Nacht über unter kleinen Segeln nördlich angelegen hatte, über Stag, setzte mehr Segel und steuerte mit SSOCurs auf das westliche Ende der Insel Rottnest zu, welches man um jene Zeit SOzS etwa 11 Seemeilen ab peilte. Schiffer Witt wollte sich der Insel bis auf etwa 1½ Seemeilen nähern und dann wieder wenden, um so nach Fremantle aufzukreuzen. Eine solche Annäherung erschien ihm, wie er behauptet, unbedenklich, da man nach seiner Segelanweisung von Norden kommend bis auf jene Entfernung habe an die Küste hinangehen können. Die Luft war nach See zu klar, aber über der Insel Rottnest nebelig, so daß man, wie Schiffer und Steuermann angeben und sowohl von dem Leuchtthurm-Vorsteher Rickers als auch von dem Regierungslootsen Butcher im wesentlichen bestätigt ist, nur die Spitzen der Berge, auf deren einem so ziemlich mitten auf der Insel der Leuchtthurm steht, deutlich sehen konnte, während die tiefer belegene Küste nur dann und wann schwach durchschimmernd zu erkennen war. Alle 10 Minuten wurden Peilungen von einer Bergspitze, welche der Schiffer für den North-Point der Insel hielt, und dem Leuchtthurme genommen und auf der Karte abgesetzt. Das Loth wurde beständig im Gange erhalten, zeigte eine allmälige Abnahme der Wassertiefe an und ergab Morgens 5 Uhr 12 Faden.

Grade im Curse der Bark lagen voraus die Horse-Shoe Reefs, welche Inhalts des Australia Directory und nach Ausweis der Karte des Seeamts sich längs der Nordwestküste der Insel Rottnest erstrecken, ungefähr 1 Seemeile weit in die See hineinspringen und aus mit nur 7 bis 10 Fuß Wasser bedeckten Felsen bestehen. Von dem

Vorhandensein dieser Riffe behauptet Schiffer Witt nichts gewußt zu haben. Er war zwar in dem Jahre 1884 schon einmal in Fremantle gewesen, damals aber nicht in die Nähe von Rottnest gekommen. In der von ihm benutzten Karte finden sich die Riffe nicht mit Namen verzeichnet, und die dort längs der Nordwestküste der Insel angedeuteten springen nur ½ bis ¾ Seemeilen in die See hinein.

Die Segelanweisung, welche der Schiffer an Bord gehabt haben will, erwähnt dagegen Horse-Shoe Reefs ausdrücklich mit dem Bemerken, daß man von denselben frei bleibe, wenn man nicht weiter als 1½ Seemeilen an die Küste hinangehe und Duck-Rock Baken nördlich von North-Point gut frei sehe. Den betreffenden Passus will Schiffer Witt aber bei der Benutzung seiner Segelanweisung am Morgen des 30. Januar übersehen haben.

Die Karte des Seeamts enthält die Peilungslinie Duck-Rock Baken Nord von North-Point mit der Bemerkung, daß diese Linie frei von Horse-Shoe Reefs führe; auf der vom Schiffer angeblich benutzten Karte finden sich jedoch diese Peillinie und Bemerkung nicht. Duck-Rock Baken liegt vor der NOSpitze von Rottnest, etwa 4 Seemeilen von den Horse-Shoe Riffen entfernt.

Ein Lootse war nicht an Bord der Bark. Schiffer Witt wollte einen solchen nehmen, wenn er beim Kreuzen später in die Nähe des nordöstlichen Endes der Insel gelangen werde, wo sich die Lootsenstation befindet. Daß Lootsensignale ansegelnder Schiffe vom Leuchtthurm aus zur Lootsenstation weiter signalisirt werden, wie es der Fall ist, war ihm unbekannt. Seine Segelanweisung enthielt auch hiervon nichts.

Morgens etwa 5 Uhr 30 Minuten schätzte Schiffer Witt den Abstand der Bark von dem nächsten Punkt der Küste auf 1½ Seemeilen, und die Bergspitze, welche er für North-Point hielt, peilte O¼S. Er befahl daher, daß gewendet werde. Das grade an Backbordseite geworfene Loth ergab 9½ Faden. Als die Mannschaft eben zur Ausführung des vom Schiffer gegebenen Befehls geschritten war, stieß die Bark plötzlich auf einen der Felsen des Horse-Shoe Riffes, ohne jedoch festzukommen. Da sich bei der sofort vorgenommenen Peilung der Pumpe in dem sonst immer sehr dichten Schiffe bereits 3 Fuß Wasser fanden und letzteres so rapide zunahm, daß Schiffer Witt ein schnelles Sinken seines Fahrzeugs befürchtete, ließ derselbe, anstatt über Stag zu gehen, weiter auf die Küste zu halten, um so, wenn möglich, Schiff, Ladung und Menschenleben zu retten, und gleichzeitig das Rettungsboot klar machen. Nach weiteren

5 Minuten faßte die Bark von neuem Grund und sank bald darauf so weit weg, daß das Quarterdeck einen Fuß hoch überfluthet wurde.

Auf die Nothsignale, welche der Schiffer jetzt setzen ließ, kam eine Stunde später ein Lootse von der Rottnest-Lootsenstation herbei, von welchem Schiffer Witt erfuhr, daß ein Schleppdampfer nicht zu haben sei. Lloyd's Besichtiger, welche Nachmittags aus Fremantle eintrafen und die Bark besichtigten, erklärten dieselbe für total wrack, weshalb Schiffer Witt mit dem Löschen der Ladung und dem Abtakeln des Schiffes beginnen ließ, welches sodann am Morgen des folgenden Tages, nachdem es von seiner Besatzung verlassen worden, durch die Zollbehörde in Beschlag genommen wurde.

Das Wrack, welches bald auseinander barst, ist demnächst für 7 £, das geborgene Inventar für 285 £ öffentlich meistbietend verkauft.

2. In einer dem Seeamt von dem Herrn Staatssecretair des Innern zu Berlin mitgetheilten, auf den Unfall bezüglichen Zählkarte datirt Fremantle 24. Februar 1886 heißt es unter der Rubrik: Bemerkungen des Beamten über Einzelheiten und Ursachen des Unglücksfalles:

> „Es ist sehr schade, daß, da das Schiff ein fremdländisches war, eine Untersuchung nicht angestellt werden konnte, weil es ein Fall der unentschuldbarsten Nachlässigkeit zu sein scheint",

und in einem dem Seeamt von derselben Stelle abschriftlich zugefertigten Bericht des Gouverneurs F. Napier Broome in Perth an den Parlaments-Abgeordneten Colonel F. A. Stanley vom 15. Februar 1886:

> „Die „Mira Flores" lief bei hellem Tage und ruhigem Wetter auf das dicht am Lande befindliche Riff. Das Schiff befand sich in einer Position, in der es überhaupt nicht hätte sein dürfen".

Auf eine Anfrage nach der Bedeutung dieser letzteren Worte übermittelte sodann das Colonial-Secretariat zu Perth im Auftrage des Gouverneurs dem Seeamt ein vom 20. April 1887 datirtes sachverständiges Erachten des Hafenmeisters C. R. Russel in Fremantle, in welchem sich der letztere folgendermaßen ausspricht:

> Die Bark „Mira Flores" sei, nachdem sie während der Nacht vom 29. auf den 30. Januar nach Norden gestanden, am Morgen des letzteren Tages über Stag gegangen und habe dann mit östlichem Winde auf die Nordwestecke der Insel Rottnest zugesteuert. Der Curs sei ungefähr SSO und genau auf

die Landenge 1½ Seemeilen östlich von Kap Flaming zu gerichtet gewesen. Der Schiffsführer, welcher schon einmal in Fremantle gewesen sei, habe sich im Besitze der allgemeinen Karte des Hafens (No. 1058 Rottnest) befunden. Auf dieser Karte seien Marken, mittelst deren man die Horse-Shoe Reefs vermeiden könne, genau angegeben, nämlich: Duck-Rock Baken offen nördlich von North-Point. Wenn man einen Blick auf diese Karte werfe, werde man sehen, daß der Schiffer, wenn er jene Linie überschritten habe, nur 1 Seemeile von dem nächsten Punkte der Horse-Shoe Riffe entfernt gewesen sei. Nehme man nun an, daß die Bark, ein schneller Segler, 8 Knoten gelaufen, so habe dieselbe in 7 bis 8 Minuten auf die Felsen gerathen müssen. Falls der Schiffer überhaupt auf dem Ausguck gewesen sei, hätte er, sobald Duck-Rock Baken durch North-Point verdeckt worden, sofort über Stag gehen müssen, und wenn er auch nur einen Augenblick weiter über jene Linie herausgegangen sei, treffe ihn die schwerste Verantwortung.

II. Auf Grund der vorhergehenden Feststellungen nimmt das Seeamt an, daß zur Zeit der Strandung die Luft über der Insel Rottnest unten nebelig, und daher die ziemlich weit vorspringende Nordspitze der letzteren von Bord aus nicht sichtbar gewesen ist, während man den bedeutend höheren Bare-Hill von dort aus sehen konnte. Letztere Höhe hat Schiffer Witt offenbar irrthümlich für North-Point gehalten, und in dieser durch die herrschende diesige Luft herbeigeführten Verwechselung erblickt das Seeamt die eigentliche Ursache der Strandung. In jenem Irrthum befangen, mußte Schiffer Witt glauben, noch hinreichend weit von der Insel abzustehen, der man sich nach seiner Segelanweisung bis auf 1½ Seemeilen nähern durfte, und er mußte in dieser Annahme durch die Lothungen bestärkt werden, da sich auf der von ihm angeblich benutzten Karte Wassertiefen von 9 bis 11 Faden in 1½ Seemeilen Entfernung von der Nordküste der Insel verzeichnet finden. Wenn nun Bare-Hill erheblich südlicher liegt als North-Point, so führte die auf dessen Peilung gegründete Schätzung des Abstandes der Bark von dem in der unten diesigen Luft nicht deutlich erkennbaren Ufer nothwendig zu einem falschen Resultate, welches dann die zu große Annäherung an die gefährlichen Riffe und damit die Strandung zur Folge hatte.

Was im weiteren das Verhalten des Schiffers angeht, so legt das Seeamt den Aeußerungen des Sir Napier Broome und der

Zählkarte keinen erheblichen Werth bei und ebensowenig dem abfälligen Urtheil des Hafenmeisters Russel zu Fremantle. Denn alle jene erachtlichen Aeußerungen gehen offenbar von der Voraussetzung aus, daß der Schiffer eine Karte größeren Bestecks an Bord gehabt habe, in der die Peilungslinie North-Point—Duck-Rock verzeichnet war, und für diese Voraussetzung fehlt es an jedem Beweise. Vielmehr nimmt das Seeamt an, daß die von dem Schiffer besessene und benutzte Karte kleineren Bestecks gewesen ist und jene Peilungslinie nicht enthalten hat, und weiter, daß der Schiffer ein Exemplar der von ihm überreichten Segelanweisung an Bord hatte. Nach letzterem aber durfte er sich der Nordküste von Rottnest bis auf 1½ Seemeilen nähern.

Nicht zu tadeln ist es, daß der Schiffer den während der Nacht verfolgten nördlichen Curs nicht beibehielt, sondern am 30. Januar Morgens 4 Uhr über Stag ging und die Bark mit der Richtung auf Rottnest an den Wind legte. Er mußte gegen den östlichen Wind nach Fremantle aufkreuzen, und da der Wind in jener Meeresgegend Tags über südlich zu drängen, und eine kräftige Strömung längs der australischen Küste nordwärts zu setzen pflegt, so lag es im Interesse einer Beschleunigung der Reise, nicht weit nördlich wegzugehen, sondern im Schutze der Insel Rottnest zu bleiben, und der Schiffer konnte hoffen, mit kurzen Schlägen den Bestimmungshafen bald zu erreichen.

Auch daraus ist dem Schiffer ein begründeter Vorwurf nicht zu machen, daß er, als er sich der Insel Rottnest näherte, nicht versuchte, einen Lootsen zu bekommen, was, da die Lootsensignale vom Leuchtthurm aus zur Lootsenstation weiter befördert werden, möglich gewesen wäre. Denn der Schiffer, welchem diese letztere Einrichtung unbekannt war, beabsichtigte, zunächst wieder von der Insel abzuliegen, dann über Stag zu gehen, um sich derselben abermals zu nähern, und wenn er so in die Nähe der Lootsenstation am östlichen Ende der Insel gelangt sein werde, einen Lootsen an Bord zu nehmen; und ein solches Verfahren war an sich richtig und der Sachlage entsprechend.

Hat nun zwar das Seeamt der Versicherung des Schiffers, daß er bei der beabsichtigten Annäherung an die Insel bis auf 1½ Seemeilen an keine Gefahr gedacht habe, mit Rücksicht auf den Inhalt der von ihm benutzten Segelanweisung, auf den Umstand, daß auf seiner Karte das Horse-Shoe Riff nicht besonders angeführt war, sowie auf die offenbar geschehene Verwechselung des Bare-Hill mit dem North-Point, Glauben schenken müssen, so kann es demselben dennoch den Vorwurf der Unvorsichtigkeit nicht ersparen. Denn bei der nebeligen Luft war eine sichere Schätzung des Abstandes kaum möglich, und der Schiffer hätte daher gar nicht versuchen sollen, bis auf 1 ½ Seemeilen an die Insel hinanzugehen, umsoweniger, als eine solche Annäherung durch die Umstände in keiner Weise geboten war. Da er die Küste aus eigener Erfahrung nicht kannte, keine Karte größeren Bestecks besaß und das Vorhandensein von Riffen aus seiner Karte ersah, wäre es seine Pflicht gewesen, schon eher wenden zu lassen und so die Bark und deren werthvolle Ladung der Gefahr einer Strandung zu entziehen, welche mit den Vortheilen der beabsichtigten größeren Annäherung in gar keinem Verhältnisse stand.

Was endlich den Verlust des Schiffsjournals anlangt, so wird derselbe nach Ansicht des Seeamts durch die den Unfall begleitenden Umstände vollkommen entschuldigt. Nachdem die Bark zum ersten Mal gestoßen, war es die nächste Aufgabe des Schiffers, diejenigen Anordnungen zu treffen, welche geeignet erschienen, Schiff, Ladung und das Leben der Mannschaft zu retten. Dann aber sank die Bark so schnell weg, daß der Schiffer das in der Kajüte aufbewahrte Journal nicht mehr auf das Deck zu schaffen vermochte.

Unterliegt es nun zwar keinem Zweifel, daß der Unfall ohne die dem Schiffer zur Last gelegte Unvorsichtigkeit vermieden worden wäre, so hat das Seeamt dennoch Bedenken getragen, aus dieser einmaligen Verfehlung gegen die jedem Schiffer obliegende Pflicht der Vorsicht einen ausreichenden Grund zu einer Patententziehung zu entnehmen und daher dem Antrage des Reichscommissars,

> dem Schiffer Albert Witt die Befugniß zur ferneren Ausübung des Schiffergewerbes abzusprechen,

keine Folge geben zu sollen geglaubt.

Die Entscheidung des Ober-Seeamts lautet:

Auf die Beschwerde des Reichscommissars gegen den Spruch des Großherzoglich mecklenburg-schwerinschen Seeamts in Rostock vom 22. März 1889 über den Seeunfall der Bark „Mira Flores" hat das Kaiserliche Ober-Seeamt in seiner zu Berlin am 13. Januar 1890 abgehaltenen öffentlichen Sitzung nach mündlicher Verhandlung der Sache entschieden,

daß der Spruch des Großherzoglich mecklenburg-schwerinschen

Seeamts zu Rostock vom 22. März 1889 zu bestätigen und von Ansatz der baaren Auslagen des Verfahrens abzusehen sei.

Gründe. Den Schiffer Witt treffen folgende Vorwürfe:

1. Er hat sich zu der Reise von London nach Fremantle nicht ausreichend mit Karten ausgerüstet, obwohl sich dazu in London die beste Gelegenheit bot.

Er hatte keine besondere Küstenkarte West-Australiens, sondern nur eine allgemeine Küstenkarte von sehr kleinem Maßstabe an Bord, welche die 5 Breitengrade von Champion-Bay bis Cap Naturaliste umfaßt. Genügte diese Karte auch zur Ansegelung der westaustralischen Küste, so war sie doch für die Annäherung an den Hafen von Fremantle bei weitem nicht genau genug und von zu kleinem Besteck. Vielmehr war dazu eine Specialkarte unerläßlich, die der Schiffer zeitig zu beschaffen nicht hätte unterlassen sollen. Eine zu große Sparsamkeit in der Anschaffung der nothwendigen guten Karten und sonstigen Hülfsmittel für die Navigation ist übel angebracht und sie rächt sich oft bitter durch Schäden, deren Belauf die geringe Ersparniß leicht um ein Vieltausendfaches übersteigt, ganz abgesehen von dem Verluste unersetzlicher Menschenleben.

2. Da der Schiffer nun keine Specialkarte besaß, so hätte er bei der Annäherung an die Küste der Insel Rottnest die allergrößte Vorsicht beobachten sollen, was er verabsäumt hat. War auch auf der an Bord befindlichen Karte das Horse Shoe-Riff, auf welches er auflief, nicht mit Namen angegeben, so ergab die Karte doch, daß die Insel Rottnest überall von Riffen umgeben sei. Schon danach war es für ihn geboten, sich der Insel nicht unnöthiger Weise zu nähern und mindestens stets mehrere Seemeilen von ihr entfernt zu bleiben. Es kommt aber hinzu, daß das an Bord vorhandene Findlaysche Segelhandbuch für den Indischen Ocean, Ausgabe von 1882, die Untiefen um Rottnest herum sehr genau beschreibt. Der Schiffer konnte sich aus ihm nicht nur vergewissern, wie ungenügend seine Karte für die Annäherung an die Insel sei, sondern sich auch über die verschiedenen Untiefen genau genug unterrichten. Er will dasselbe an den betreffenden Stellen auch gelesen, aber übersehen haben, daß auf S. 339 warnend auf das Horse-Shoe-Riff hingewiesen wird; denn in seiner Vernehmung vor dem Seeamt am 29. Juni 1886 hat er ausgesagt:

„Lootsensignale zu machen, dazu lag kein Grund für mich vor, da ich ja wenden und wieder abliegen wollte und nicht wußte, daß die blinde Klippe, auf welche wir stießen, und welche der Lootse das „Hufeisenriff“ nannte, vorhanden war.“

Es geht daraus hervor, daß er in leichtfertiger Weise verabsäumt hat, sich die offen vor ihm liegenden Mittheilungen seines Segelhandbuchs zu nutze zu machen. Nur das will er gelesen haben, daß man frei von allen Riffen der Insel Rottnest bleibe, wenn man letztere in 1½ Seemeilen Abstand behalte. So weit will er auch beim ersten Aufstoßen des Schiffes von der Küste noch entfernt gewesen sein.

3. Hierin aber hat er sich verschätzt. Nach einer vom Colonial-Secretair zu Perth in Westaustralien mitgetheilten Skizze der Insel Rottnest und der Strandungsstelle der „Mira Flores“ hat diese im Abstande von nur ¾ Seemeilen vom nächsten Lande zum ersten Male aufgestoßen und sich damals bereits mitten auf dem Horse-Shoe-Riff befunden. So nahe am Lande und auf eine so geringe Entfernung hätte er sich einer solchen unrichtigen Schätzung nicht schuldig machen sollen. Es war aber auch höchst unvorsichtig, sich an einer fremden Küste und bei der Unmöglichkeit, auf einer Karte kleinen Bestecks Peilungen genau abzusetzen und zur Peilung geeignete Punkte festzustellen, auf Abstands-Schätzung zu verlassen und mit einem gefährlichen Curse mit 4½ Knoten Fahrt gerade auf diese Küste zuzusteuern. Wollte Schiffer Witt, der seiner Angabe nach das Loth beständig im Gange hielt, sich auf dieses verlassen, so mußte er schon wenden, sobald das Loth nur noch 20 Faden zeigte; auf geringeren Tiefen war das Loth an dieser felsigen Küste überhaupt unzuverlässig und keine Orientirung damit möglich. Es könnte dem Schiffer Witt auch nicht zur Entschuldigung gereichen, wenn er die große Annäherung an Rottnest etwa zur Beschleunigung seiner Reise gewagt haben sollte. Nach der langen Fahrt von London her wäre es beim Kreuzen auf ein Paar Schläge mehr oder weniger nicht angekommen, ja es wäre aus Gründen der Vorsicht besser gewesen, einen Lootsen abzuwarten, selbst auf die Aussicht hin, den Hafen dann einen Tag später zu erreichen.

Hat sonach Schiffer Witt zwar die Strandung der „Mira Flores“ verschuldet, weil er es an der nöthigen Vorsicht fehlen ließ, so ist hierin doch nicht der Mangel solcher Eigenschaften zu finden, die zur Ausübung des Schiffergewerbes erforderlich sind. Hierbei kommt in Betracht, daß er zur Zeit des Unfalls noch ein sehr junger Mann war, dem es an Erfahrung mangelte, und daß seitdem vier Jahre verflossen sind, während welcher er theils als Steuermann, theils als

Schiffer in seinem Berufe rüstig weiter gestrebt und sich weiter ausgebildet hat, ohne daß Nachtheiliges über ihn bekannt geworden ist. Sind also seine Uebung und seine Erfahrung seitdem gewachsen, so darf auch angenommen werden, daß er es an der in seinem Berufe so nöthigen Vorsicht nicht wieder fehlen lassen werde.

Die baaren Auslagen des Verfahrens waren außer Ansatz zu lassen, weil die Beschwerde vom Reichscommissar eingelegt ist.

48. Spruch des Seeamts zu Rostock vom 21. Januar 1890, betreffend den Seeunfall der Bark „Emma Römer" von Rostock.

Der Spruch des Seeamts lautet:

Die Ursache des am 28. März 1889 auf der Bark „Emma Römer" im Hafen von Macassar ausgebrochenen Feuers, welches den Verlust des Schiffes zur Folge gehabt, hat nicht ermittelt werden können. Es ist zu tadeln, daß der Steuermann Radloff beim Verstauen von Copra im Schiffsraum offene Stearinlichte gebrannt hat.

Entscheidungsgründe. Die Bark „Emma Römer" Unterscheidungssignal MDFH, Heimathshafen Rostock, erbaut 1874/75 aus Eichenholz, vermessen zu einem Netto-Raumgehalt von 1202,4 cbm gleich 424,45 britischen Register-Tons, ist am 28. März 1889 im Hafen von Macassar auf Celebes durch Feuer zerstört. Die eingeleitete Untersuchung hat folgendes Beweisresultat ergeben:

Am 4. Februar 1889 langte die Bark unter Führung des Schiffers Albert Pernien aus Wustrow, welchem 120/360 Parte im Schiffe gehörten, mit einer Ladung Stückgüter von Amsterdam auf der Rhede von Macassar an. Nach Löschung der Stückgüter ward eine nach Lissabon bestimmte Ladung Copra wieder eingenommen, an welcher bis zum 28. März ca. 6000 Pikuls an Bord verstaut waren. Bei dieser Arbeit wurden regelmäßig 6 bis 7 Eingeborene, sogenannte Kulis, verwendet. Dieselben sind durchweg leidenschaftliche Raucher. Auch an den Nachmittagen des 27. und 28. März 1889 waren Kulis an Bord. Es ward damals unter Leitung des zweiten Steuermanns, Gustav Radloff aus Warnemünde, in der Nähe der Hinterluke gearbeitet. Da es im Raum zu dunkel war, ließ der Steuermann am

Nachmittag des 27. März drei ungeschützte Stearinlichte brennen. Zwei derselben wurden, so lange sie brannten, von zwei Schiffsjungen in der Hand gehalten, das dritte befestigte der Steuermann auf einem ca. 3 Fuß langen und 11 Zoll breiten Brett und stellte es so auf die Copra. Sämmtliche Lichte sind auf Deck angezündet und gelöscht. Als der Steuermann am Vormittag des 28. März wieder in den Raum hinabkam, hat er alles in Ordnung gefunden, insbesondere keinen Brandgeruch bemerkt. Am Nachmittag des 28. März ist wiederum bei offenem Licht im Raume gearbeitet. Diesmal hat aber nur ein Stearinlicht gebrannt, welches der Steuermann Radloff unausgesetzt in der Mitte des Schiffes stehend in der Hand gehalten und später auf Deck ausgeblasen haben will. Im Widerspruch hiermit ist von zwei Kulis behauptet, daß das fragliche Licht ohne Leuchter auf die Copra gestellt sei und dort noch gestanden habe, als sie nach Schluß der Arbeit den Raum verlassen hätten. Gegen 5 Uhr 45 Minuten ist die Arbeit beendet worden. Die Kulis sind um diese Zeit von Bord gegangen. Als letzter hat der Steuermann Radloff unmittelbar nach den Kulis den Raum verlassen. Die außer den Seitenlaternen an Bord befindlichen beiden Ankerlaternen sind angeblich um deswillen nicht bei der Arbeit gebraucht, weil sie, wenn beschädigt, nicht überall reparirt werden konnten. Weitere Laternen sind an Bord nicht vorhanden gewesen. Gegen 7 Uhr Abends bemerkte der Koch Müller, als er mit dem Zimmermann Ramm zusammen auf der Großluke saß, einen Brandgeruch. Er überzeugte sich zunächst, daß die Lampe bei der Schiffsuhr in Ordnung und im Kochhaus kein Feuer mehr sei, und öffnete dann, da er bei seinem Gange über das Deck die Bretter des letzteren knacken hörte, die Hinterluke. Während ihm aus derselben ein betäubender Qualm entgegenschlug, sah er, daß es hinten im Raum hell brannte. Auf seinen Feuerruf kamen die beiden Steuerleute Krugmann und Radloff — der Schiffer war seit Nachmittags 4 Uhr an Land — herbei und überzeugten sich, daß das Feuer an der Steuerbordseite querab von der Achterluke sei, an welcher Stelle nach Aussage des Radloff am Nachmittage die Kulis gearbeitet hatten. Krugmann ließ an der Stelle, an welcher es am heißesten war, vom Zimmermann ein Loch in das Deck schlagen, die Speigatten schließen und die Pumpen, bei welchen etwa 10 Zoll Wasser standen, in Gang bringen, so daß das Wasser in den Raum floß. Außerdem ließ er, so viel es ging, durch die Achterluke Wasser in den Raum gießen. Trotzdem griff das Feuer mit großer Schnelligkeit um sich. Als der Schiffer gegen 8 Uhr an Bord kam, war der Fußboden seiner auf Deck stehenden Kajüte bereits durchgebrannt. Fast gleichzeitig mit ihm kamen der Gouverneur und der deutsche Consul, während der Hafenmeister und ein Officier mit Mannschaft von dem dort ankernden belgischen Kriegsschiffe „Sperber" bereits früher zur Hülfe gekommen waren. Da des in der angegebenen Weise fortgesetzten Löschens ungeachtet das Feuer stetig zunahm, wurden die Sachen der Mannschaft und des Schiffers in einen vom Lande gekommenen Prahm befördert. Gegen 10 Uhr schlug das Feuer hinten allenthalben aus dem Raum heraus, so daß zwei dort beschäftigte Matrosen nicht mehr vorauskommen konnten, sondern gezwungen waren, über Bord zu springen. Dieselben wurden von dem erwähnten Prahm aufgenommen. Bald kam das Feuer auch aus der Großluke und der Großmast brannte. Jetzt verließ der Schiffer mit der Mannschaft das Schiff. Schleppdampfer, mittelst deren man das Schiff auf eine in der Nähe befindliche Bank bringen und dort hätte auf Grund setzen können, waren nicht zur Stelle, wie es denn überhaupt im Hafen an Löschvorrichtungen fehlte. Man versuchte mit Hülfe von Booten, die der Hafenmeister geschickt hatte, das Schiff in flacheres Wasser zu bringen, und schlippte zu diesem Zweck erst die Backbordkette und dann, als der Wind sich drehte und der Hafenmeister fürchtete, das brennende Schiff würde dem Lande zu treiben, die Steuerbordkette, allein der Versuch mißlang. Bis 12 Uhr Nachts blieben Schiffer und Mannschaft beim Schiff. Zu dieser Zeit waren Großmast und Besahnmast bereits über Bord gefallen. Am nächsten Tage ward vom Hafenmeister zwei Mal der Versuch gemacht, das noch immer brennende Schiff auf Grund zu holen; es gelang jedoch nicht, da man des starken Feuers wegen die Ankerkette nicht kappen konnte. Die Mannschaft versuchte an diesem Tage noch soviel wie möglich vom Inventar zu bergen, brachte aber nur verbranntes Tauwerk und einige Blöcke an Land. Am 30. März ist das Wrack auf Anordnung des deutschen Consuls in Macassar besichtigt, für reparaturunwürdig erklärt und noch an demselben Tage öffentlich meistbietend für 315 Gulden holländisch verkauft. Der Antheil des Schiffers am Schiffe ist mit 15000 M. versichert gewesen, die Effecten des Schiffers sowie diejenigen des Steuermanns Radloff waren jedoch nicht versichert.

Ueber die Entstehung des Feuers haben weder Schiffer noch Mannschaft, welche sowohl vor dem deutschen Consul als auch vor dem hiesigen Seeamt vernommen worden, Aufklärung zu geben vermocht. Auch das Seeamt hat sich in Uebereinstimmung mit dem

Herrn Reichscommissar eine bestimmte Ansicht nicht bilden können. Es sind drei Möglichkeiten erwogen:

1. zufälliger Ausbruch des Feuers durch Selbstentzündung der Ladung,
2. absichtliche Brandstiftung,
3. fahrlässige Brandstiftung.

Hinsichtlich der Selbstentzündung der Ladung hat das Seeamt ein Gutachten von dem Herrn Senator Dr. Brunnengräber hierselbst als Sachverständigen eingeholt, sowie die Erklärung von drei Firmen von Macassar, welche den Export von Copra betreiben, herbeigeführt. Sämmtliche Experten halten bei der öligen Beschaffenheit der Copra eine Selbstentzündung durch Reibung für ausgeschlossen, und der Sachverständige Dr. Brunnengräber hat hinzugefügt, daß er nach der chemischen Zusammensetzung des in der Copra enthaltenen Oeles auch eine Entzündung in Folge Verbindung dieses Oeles mit dem Sauerstoff der Luft nicht für möglich erachte. Auf Grund dieser Gutachten muß davon ausgegangen werden, daß der Brand durch Selbstentzündung der Ladung nicht entstanden ist.

Für die zweite Alternative, absichtliche Brandstiftung, liegen keinerlei Anhaltspunkte vor, insbesondere erscheinen weder der Schiffer noch der Steuermann Radloff in dieser Beziehung verdächtig. Der Schiffer ist zur Zeit der Entstehung des Feuers, welches, da Copra sehr schnell brennt, nicht früher als bei Schluß der Arbeit am Nachmittag des 28. März ausgebrochen sein kann, nicht an Bord gewesen; die Versicherung seiner Schiffsparte war angemessen; seine an Bord befindlichen Effecten sind nicht versichert gewesen, ebensowenig diejenigen des Steuermanns Radloff. Dafür, daß das Feuer von einem anderen Mitgliede der Mannschaft, sei es aus Rache oder aus einem anderen Grunde, angelegt sei, spricht nichts. Das Verhältniß zwischen Schiffer und Mannschaft ist ein gutes gewesen. Die Ermittelungen bezüglich einer vorsätzlichen Brandstiftung haben mithin ein lediglich negatives Resultat ergeben.

Hinsichtlich der fahrlässigen Brandstiftung waren wieder zwei Möglichkeiten denkbar, insofern nämlich das Feuer durch die beim Verstauen der Copra gebrauchte ungeschützte Kerze oder durch heimliches Rauchen der Kulis entstanden sein kann. Denn wie von dem Sachverständigen Dr. Brunnengräber in der Hauptverhandlung demonstrirt worden, fängt die Copra außerordentlich leicht Feuer, so daß dieselbe sowohl durch ein umgefallenes Licht als auch durch ein weggeworfenes brennendes Schwefelholz in Brand gesetzt werden kann. Es haben sich jedoch keine Momente ergeben, aus welchen mit überwiegender Wahrscheinlichkeit auf die eine oder die andere dieser beiden möglichen Entstehungsarten geschlossen werden könnte. Gegen die Annahme, daß der Brand durch das offene Stearinlicht verursacht sei, spricht die bestimmte Aussage des Steuermanns Radloff, daß er das Licht während der ganzen Zeit des Gebrauchs, und zwar an einer Stelle, an welcher das Feuer nicht aufgegangen ist, in der Hand gehalten und auf Deck ausgelöscht habe. An dieser Aussage zu zweifeln, liegt genügender Grund nicht vor, auch nicht in Beihalt der widersprechenden Angaben der erwähnten beiden Kulis. Denn abgesehen davon, daß dieselben möglicherweise von sich selbst den Verdacht ablenken wollen, ist eine Verwechselung mit dem Tage vor dem Brande, an welchem der Steuermann das Licht mit einem Brett auf die Copra gestellt hatte, nicht ausgeschlossen. Außerdem ist es nicht erklärlich, daß der Steuermann, falls die Flamme des Lichts, die Copra entzündet hätte, dies nicht bemerkt haben sollte; man müßte denn schon annehmen, daß er beim Verlassen des Raumes das Licht in demselben brennend zurückgelassen hätte. Diese Annahme aber ist durch nichts unterstützt. Für die zweite Möglichkeit, daß die Kulis bei Schluß der Arbeit heimlich ihre Cigarretten im Raume angezündet und dabei durch ein weggeworfenes brennendes Schwefelholz den Brand verursacht haben, spricht einmal, daß denselben, wie von dem Kaiserlich deutschen Consulat in Macassar bestätigt wird, ein heimliches Rauchen bei der Arbeit zugetraut werden darf, außerdem, daß der Steuermann Radloff sie einige Tage vor dem Brande wirklich im Raume bei der Arbeit rauchend betroffen hat, und endlich, daß das Feuer in der Nähe der Stelle, an welcher die Kulis am Tage des Brandes gearbeitet haben, aufgegangen ist. Allein auch diese Verdachtsmomente sind für eine bestimmte Ueberzeugung des Seeamts, daß das Feuer grade auf diese und nicht auf andere Weise entstanden sei, nicht ausreichend. Demzufolge konnte der Spruch des Seeamts, den Ausführungen des Herrn Reichscommissars entsprechend, nur dahin lauten, daß die Ursache des Feuers nicht ermittelt sei. Trotzdem hat das Seeamt geglaubt, das Brennen der ungeschützten Lichte im Raum beim Verstauen einer so feuergefährlichen Ladung, wie Copra, ernstlich rügen zu müssen, wenn es auch dem Steuermann Radloff einigermaßen zur Entschuldigung gereichen mag, daß er diese Feuergefährlichkeit nicht voll erkannt hat. Ebenso ist nicht zu billigen, daß sich auf dem Schiffe außer den beiden Anker- und Seiten-Laternen keine zum Gebrauch bei der Arbeit im Raum bestimmte Laterne, wie sonst allgemein üblich, befunden hat. Schließlich kann das Seeamt auf Grund des vorliegenden Falles seine Ansicht nur dahin aussprechen, daß ihm bei der großen Feuergefährlichkeit der Copra und ihrer Bedeutung im Handelsverkehr eine gesetzliche Bestimmung dahin, daß bei Copra-Ladungen nur Licht in geschlossenen Laternen im Schiffsraum gebrannt werden darf, wünschenswerth erscheint.

49. Spruch des Seeamts zu Hamburg vom 29. Januar 1890, betreffend den Seeunfall der Bark „Angostura" von Hamburg.

Der Spruch des Seeamts lautet:

Die Ursache der Strandung der Bark „Angostura" auf Bornriff bei Ameland ist auf die Ueberschätzung der Entfernung vom Lande zurückzuführen.

Die Strandung hätte leicht vermieden werden können, wenn nur gelothet worden wäre.

Das Verhalten des Schiffers Ulrich wie auch des Steuermanns Hengsbach verdient den schärfsten Tadel.

Thatbestand und Gründe. Am 14. December 1889 strandete die in Hamburg beheimathete Bark „Angostura" auf dem Bornriff vor Ameland. Durch Dampferhülfe kam das Schiff nach einiger Zeit wieder vom Grunde ab und wurde dann schwer beschädigt nach Amsterdam behufs Reparatur geschleppt.

Die „Angostura", Unterscheidungssignal RDCG, ist eine Bark von Holz, mit Kupferhaut versehen und mit Metall und verzinktem Eisen verbolzt, deren Netto-Raumgehalt 1180,3 cbm = 416,64 britischen Register-Tons beträgt. Das Schiff gehört einer Partenrhederei, deren Correspondentrheder Johannes Carl Matthias Block in Hamburg ist. Geführt wurde das Schiff von dem Schiffer Heinrich Friedrich Ulrich. Einschließlich desselben bestand die Mannschaft aus 12 Personen.

Das Schiff befand sich auf einer Reise nach Callao mit Stückgütern. Am 13. December war die „Angostura" von Hamburg aus in See gegangen. Um 10 Uhr Abends hatte der Schleppdampfer das Schiff bei der rothen Tonne losgeworfen. Der Wind wehte frisch aus SSW, die See war bewegt; man führte volle Marssegel. Um 12 Uhr peilte Schiffer Ulrich das Weser Feuerschiff in SW per Compaß in 6 Seemeilen Abstand. Die Luft war klar und heller

Mondschein. Während der Morgenwache wurden alle Segel beigesetzt. Um 4 Uhr Morgens peilte man Norderney Feuer in SSW per Compaß nach Gissung in 10 Seemeilen Abstand; um 6 Uhr 30 Minuten wurde Borkum Feuer in SzW nach Gissung in 12 Seemeilen Abstand gepeilt. Mit Tagwerden wurde es stark diesig. Der Wind war unbeständig und lief zeitweilig südlicher, so daß man mit raumerem Winde segeln konnte. Das stündliche Logg ergab am Morgen des 14. December 5, 8, 7, 6, 5, 4 und 3 Knoten Fahrt. Gegen 11 Uhr wurde es wieder sichtiger; man sah jetzt die Küste durchschimmern. Schiffer Ulrich hielt sich des südlichen Windes wegen dicht unter Land, um bei Texel dann mehr Höhe zu haben. Gegen 12 Uhr kam der Feuerthurm von Ameland in Sicht und zwar nach Schiffer Ulrich's Angabe etwas weiter nach vorn als querab in 7 bis 8 Seemeilen Entfernung, nach Steuermann Hengsbach's Angabe in 6 Seemeilen Abstand. Um 12 Uhr klarte es dann noch mehr auf und wurde vom Ausguckmann dem gerade nach vorn kommmenden Steuermann Hengsbach eine rothe Boje an Steuerbord voraus gemeldet. Nach Hengsbach's Angabe befand dieselbe sich in WNW Richtung auf Steuerbord voraus in 1/4 bis 1/2 Seemeile Abstand. Schiffer Ulrich ließ sofort abhalten. Anscheinend gehorchte das Schiff dem Ruder aber nicht mehr gut; auch war die Briese zu der Zeit flau. Als die Boje bis ungefähr gerade voraus gekommen war, stieß das Schiff bereits und saß sehr bald ganz fest. Zur Zeit des Auflaufens war ungefähr Hochwasser. Einige Zeit nachher kam der holländische Schleppdampfer „Adsistent" auf die von der „Angostura" gegebenen Signale heran. Nachdem die angebotene Hülfe desselben angenommen worden, brachte der Dampfer seine Anker aus. In Folge der inzwischen eingetretenen Ebbe legte sich die „Angostura" nach Steuerbord über, man geite nunmehr die Segel auf, da zur Zeit an ein Abkommen nicht zu denken war. Während des Ebbens stieß das Schiff nur leicht auf Grund und machte nur wenig Wasser. Man setzte die Boote aus, um auf alles vorbereitet zu sein und brachte auch noch ein Kabeltau aus. Bei Eintritt der Fluth fing das Schiff heftig an zu stoßen und machte bedeutend mehr Wasser, so daß man fortwährend pumpen mußte. Um 8 Uhr Abends spannte der Dampfer sich vor; gleichzeitig fing dann die Besatzung an, das Kabeltau einzuhieven. Das Schiff stieß zunächst noch sehr heftig auf und machte 3 1/2 Zoll Wasser per Stunde. Nachts 1 Uhr 30 Minuten gelang es dann endlich mit Hochwasser das Schiff flott zu machen; man kappte das Kabeltau und beschloß sich nach Nieuwediep schleppen zu lassen.

Am folgenden Morgen um 9 Uhr kam unweit Terschelling ein Seelootse an Bord; um 11 Uhr ankerte man dann auf der Rhede von Vlie. In Folge eingetretenen Nebels und starker Strömung, gegen welche der „Adsistent" nicht antauen konnte und deshalb das Schleppen an einen größeren Schleppdampfer abgeben mußte, gelangte man erst am 17. December nach Buitenhuizen, unweit Amsterdam. Hier wurde zunächst die Dynamit- und Pulverladung gelöscht und später das Schiff nach Amsterdam zur Reparatur geschleppt.

Das Schiff hatte besonders schwer im Boden gelitten. Am Hintersteven war anscheinend durch Aufstoßen auf einen harten Gegenstand ein Loch entstanden.

Nach einer Meldung des Kaiserlichen Generalconsulats zu Amsterdam beziffert sich der Gesammtschaden am Schiff auf ungefähr 10- bis 11 000 fl.

Die Mannschaft der „Angostura" ist größtentheils vor dem deutschen Generalconsulat zu Amsterdam vernommen worden; vor dem Seeamt sind nur der Schiffer Ulrich und der erste Steuermann Hengsbach erschienen, welche beide zur Zeit der Strandung an Deck waren. Die Mannschaft, welche größtentheils bei dem Mittagessen war, als das Schiff festgerieth, wußte über das Auflaufen des Schiffes selbst Näheres nicht anzugeben.

Schiffer Ulrich und Steuermann Hengsbach erklären beide, daß auf der Fahrt von der Elbe her nicht gelothet worden sei. Die Berechnungen seien lediglich nach dem Logg gemacht. Die im Journal angegebenen Peilungen sind von Schiffer Ulrich selbst nach dem Steuercompaß genommen worden. Schiffer Ulrich hat sich bei den Peilungen eines großen Lineals bedient; eine Peilvorrichtung war nicht auf dem Compaß vorhanden. Die Compasse waren nach Angabe der Rhederei in völlig gutem Zustande und erst unmittelbar vor dem Antritt der Reise durch einen Mechaniker regulirt und geprüft worden; auch will Schiffer Ulrich sich von deren Richtigkeit auf der Elbe speciell überzeugt haben.

Die Strandung führen der Schiffer sowohl wie der Steuermann auf eine ihnen unbemerkt und unbekannt gewesene Strömung zurück, welche in die auf der Fahrt passirten Einläufe zwischen den Nordseeinseln hineingesetzt haben muß.

Nach den Mittheilungen der Kaiserlichen Seewarte veranlaßte eine flache barometrische Depression über Frankreich, in Wechselwirkung mit einem hohen Luftdruck über West-Rußland an der in Frage kommenden Küste schwache bis mäßige östliche Winde. Das Wetter war an diesem Tage theils klar, theils bedeckt und die See ruhig.

So giebt denn auch der Führer des Schleppdampfers „Adsistent“ an, daß die obere Luft und namentlich nach Land zu klar gewesen sei; der Horizont sei jedoch nebelig gewesen. Der Wind habe von SSW bis SSO variirend geweht und zur Zeit als die „Angostura“ auf dem Bornriff gestrandet, sei die Brandung auf dem Bornriff wenig sichtbar gewesen, weil des Hochwassers wegen die Bänke einige Fuß hoch unter Wasser standen.

Von einer besonders starken Strömung meldet der Führer jenes Schiffes gleichfalls nichts. Da weder die Windrichtung noch die Stärke des Windes eine besondere Strömung, abgesehen von den gewöhnlichen Gezeitenströmungen, bedingte, so erscheint es nicht glaublich, daß hierdurch jene Strandung herbeigeführt ist.

Die Gezeitenströmungen setzen auf dem Wege vom Weser Feuerschiff nach Ameland in der Nähe der Inseln und Flußmündungen im Mittel nordwestlich und südöstlich, d. h. der Fluthstrom südöstlich, der Ebbstrom nordwestlich. Weiterab z. B. beim Borkum Feuerschiff läuft die Strömung mehr längs dem Lande, die Fluth östlicher, die Ebbe westlicher. Die Geschwindigkeit der Strömung beträgt in der Entfernung, in welcher die „Angostura“ Borkum passirt sein will, (12 Seemeilen nach der Peilung von 6 Uhr 30 Minuten Morgens) nur höchstens 1½ Seemeilen per Stunde. Bei Borkum Feuerschiff wird die größte Stromgeschwindigkeit bei Springfluth auf 1,3, bei Ebbe auf 1,2 Seemeilen angegeben.

Als die „Angostura“ um 12 Uhr Nachts vom 13. bis 14. December das Weser Feuerschiff passirte, war Fluth (Hochwasser bei Cuxhaven 4 Uhr 33 Minuten Morgens, bei Wargeroog 3 Uhr 23 Minuten), doch schon zwischen 3 und 4 Uhr, ehe man Norderney passirte, mußte der Strom kentern und etwas in WNW Richtung setzen. Mit dieser Gezeit, deren Geschwindigkeit durch den südlichen Wind eher vermehrt, als vermindert werden konnte, passirte man Borkum und die Emsmündung, da bei Borkum Feuerschiff der Fluthstrom erst 5 Stunden nach Hochwasser bei Cuxhaven, also am 14. Morgens erst um 9 Uhr 30 Minuten eintrat. In Folge der gewöhnlichen Gezeitenströmungen — und die Annahme einer anderen außergewöhnlichen, nach Süden zu setzenden Strömung muß bei dem herrschenden südlichen Winde als völlig ausgeschlossen erachtet werden — konnte also die „Angostura“ bis zur Emsmündung aus der Richtung ihres Curses heraus nicht näher dem Lande versetzt werden, sondern mußte eher weiter abkommen. Passirte man aber

Borkum und die Emsmündung in dem durch den gesteuerten West-Curs gegebenen Abstande, so konnte man in den letzten 3 Stunden vor der Strandung bei unverändertem Curse mit dem gegen 9 Uhr eintretenden gewöhnlichen Fluthstrom gegen den Wind nicht so weit nach Süden versetzt werden, um, wie geschehen, auf Ameland zu stranden. Die Curslinie des Schiffes führt 7 Seemeilen von der Strandungsstelle vorüber und da der Fluthstrom in dieser Entfernung vom Lande keineswegs direct nach Süden quer auf die Küste zu setzt, sondern in südöstlicher bis ostsüdöstlicher Richtung, so müßte die Geschwindigkeit der Strömung in dieser Richtung über 3 Seemeilen die Stunde betragen haben, um die Strandung zu erklären, was unter den obwaltenden Verhältnissen (es war 5 Tage nach Springfluth) bei dem südlichen Winde nicht möglich erscheint. Zur Erklärung der Strandung bleibt also nur übrig, daß der angeblich gesteuerte Curs, entweder durch unaufmerksames Steuern oder durch eine dem Schiffer unbekannt gebliebene Deviation (aus Holz gebaute Schiffe haben auf hohen nördlichen Breiten gewöhnlich auf westlichen Cursen eine westliche Deviation von 1/4 bis 1/2 Strich, werden also nach Süden versetzt) thatsächlich nicht innegehalten wurde und man sowohl Norderney als auch besonders Borkum in einem um mehrere Seemeilen geringeren Abstande passirte, als man vermuthete. War dieses der Fall, so trug die Vormittags eintretende Fluth allerdings noch dazu bei, das Schiff näher dem Lande zu bringen. Ein solcher Fehler hätte aber leicht erkannt werden können, wenn während der Nacht und am Vormittage einige Male gelothet worden wäre. Für die Unterlassung einer so einfachen und in der Nordsee so sehr gebotenen Vorsichtsmaßregel ist der Schiffer Ulrich um so mehr zu tadeln, als einerseits das Lothen wegen der ruhigen See und der Richtung des Windes mit keinerlei Schwierigkeiten verknüpft, andererseits eine auch nur annähernd richtige Schätzung der Entfernung der gesichteten Landfeuer und des Landes von Ameland bei der diesigen Luft nicht ausführbar war. Für die angegebenen Entfernungen hatte man keinen anderen Anhalt als den gesteuerten Curs und scheint es auch in der That, da diese Gissungen mit der Entfernung der Curslinie vom Lande so nahe übereinstimmen, daß man hiernach allein die Entfernungen ohne weitere Prüfung und weitere Peilungen festgestellt hat, was als ein sehr oberflächliches Verfahren angesehen werden muß. Eine solche nachlässige Navigirung zeigt sich auch noch in der ungenauen Bestimmung der durchlaufenen Distanz, die weit geringer gemessen und weiter gerechnet wurde, als sich nach den Peilungen der Landfeuer herausstellte. Ebenso ist die geringe

Aufmerksamkeit zu tadeln, welche dem Compaß und der Deviation desselben zugewandt wurde; es befand sich nicht einmal eine Peilvorrichtung auf dem Compaß, so daß die Peilungen nur ganz roh gemacht und eigentliche Bestimmungen der Deviation gar nicht ausgeführt werden konnten. Diese sind aber auch auf Holzschiffen bei der jetzigen Bauart der Schiffe und den häufig eisenhaltigen Ladungen nicht mehr zu entbehren. Zu rügen ist ferner noch, daß bei der Journalführung überall in die Spalte „wahrer Curs" stets der mißweisende Curs eingetragen ist, ohne die Ueberschrift der Spalte zu ändern.

Alles dieses beweist zur genüge, wie außerordentlich nachlässig und oberflächlich die Navigirung des Schiffes vom Schiffer Ulrich, sowie vom Steuermann Hengsbach ausgeübt wurde und ist lediglich dieser Nachlässigkeit die Strandung des Schiffes zuzuschreiben.

Dieser Vorwurf trifft den Schiffer Ulrich um so schwerer, als das Seeamt schon in der Verhandlung über den vom Schiffer Ulrich im Jahre 1888 erlittenen Schiffbruch mit der Schoonerbrigg „Alwine" demselben den Vorwurf machen mußte, daß er das Loth hätte besser gebrauchen sollen, wenngleich die Strandung der „Alwine" nicht allein auf die Unterlassung des Lothens zurückzuführen war.

Von seiner Rhederei wird dem Schiffer Ulrich wie auch dem Steuermann Hengsbach ein sehr gutes Zeugniß ertheilt und hervorgehoben, daß beide sich als tüchtige, geschäftlich zuverlässige und ehrenhafte Seeleute auf ihren früheren Reisen erwiesen haben. Es ist zu hoffen, daß beide, Schiffer Ulrich und Steuermann Hengsbach sich diesen Unfall und dessen verhältnißmäßig glücklichen Verlauf zur Lehre dienen lassen und in Zukunft auch bei ihrer Navigirung zuverlässiger verfahren werden. Dies wird beiden dringend anempfohlen, ihr Verhalten im vorliegenden Fall aber auf das schärfste getadelt.

Inhalt (Fortsetzung von Seite 2 des Umschlags).

FSC
www.fsc.org
MIX
Papier | Fördert gute Waldnutzung
FSC® C083411

Kolibri 360 GmbH
Ferdinand-Jühlke-Straße 7
99095 Erfurt, Deutschland
produktsicherheit@kolibri360.de